国家治理研究丛书

乡规民约与
农村社会治理

黄 晗 著

中国社会科学出版社

图书在版编目（CIP）数据

乡规民约与农村社会治理 / 黄晗著 . —北京：中国社会科学出版社，2024.1

ISBN 978 – 7 – 5227 – 3030 – 1

Ⅰ.①乡…　Ⅱ.①黄…　Ⅲ.①农村—社会管理—乡规民约—研究—中国　Ⅳ.①C912.82

中国国家版本馆 CIP 数据核字（2024）第 037546 号

出 版 人	赵剑英
责任编辑	许　琳
责任校对	苏　颖
责任印制	郝美娜

出　　版	中国社会科学出版社
社　　址	北京鼓楼西大街甲 158 号
邮　　编	100720
网　　址	http://www.csspw.cn
发 行 部	010 – 84083685
门 市 部	010 – 84029450
经　　销	新华书店及其他书店

印　　刷	北京君升印刷有限公司
装　　订	廊坊市广阳区广增装订厂
版　　次	2024 年 1 月第 1 版
印　　次	2024 年 1 月第 1 次印刷

开　　本	710×1000　1/16
印　　张	16.75
字　　数	267 千字
定　　价	98.00 元

凡购买中国社会科学出版社图书，如有质量问题请与本社营销中心联系调换
电话：010 – 84083683
版权所有　侵权必究

总　序

2013年，中共十八届三中全会通过的《中共中央关于全面深化改革若干重大问题的决定》庄严宣示，全面深化改革的总目标是"完善和发展中国特色社会主义制度，推进国家治理体系和治理能力现代化"，从而在全面深化改革的意义上，确定了国家治理现代化的目标。2019年，中共十九届四中全会通过的《中共中央关于坚持和完善中国特色社会主义制度、推进国家治理体系和治理能力现代化若干重大问题的决定》，把国家治理现代化提升到"五位一体"总体布局和"四个全面"战略布局层面，进一步明确中国的国家治理现代化，就是坚持和巩固中国特色社会主义根本制度、基本制度和重要制度，完善和发展中国国家治理的体制机制，并且提升运用国家制度科学、民主、依法和有效治理国家的能力，由此使得坚持和完善中国特色社会主义制度、推进国家治理体系和治理能力现代化成为国家建设、改革和发展战略的重要构成内容。

基于对于中华民族伟大复兴和中国人民幸福的伟大事业、中国特色社会主义建设、改革和发展历史进程和中国特色社会主义现代化宏伟工程的初心使命和责任担当，北京大学国家治理研究院协同兄弟院校、科研机构，紧紧围绕国家治理现代化的重大迫切需求，通过与国家机关、地方政府、企业事业、社会组织的合作，促成政治学、行政管理学、法学、经济学、财政学以及相关学科的协同创新，承担科学研究、人才培养、学科建设和社会服务的重要任务，建成"国家急需、世界一流、制度先进、贡献突出"的一流科研和教学机构，为推进国家治理现代化培养一流人才、贡献智力支持。

在新时代，根据坚持和完善中国特色社会主义、推进国家治理体系和治理能力现代化事业的本质内涵、实现目标、战略部署、实际内容、方略路径和方针政策，我们具有以下认知：

1. 坚持和完善中国特色社会主义、推进国家治理体系和治理能力现代化，是决定当代中国命运的关键抉择，是实现中华民族伟大复兴的必由之路，同样也是世界和中国现代化历史进程的重大命题。在人类社会现代化发展的历史长程中，在共产党执政规律、社会主义社会发展规律和人类社会发展规律的结合上，探索国家治理现代化的发展规律和中国国家治理现代化的基本特点，是坚持和完善中国特色社会主义、推进国家治理体系和治理能力现代化的理论视野和认识使命。

2. 坚持和完善中国特色社会主义、推进国家治理体系和治理能力现代化，必须坚持马克思列宁主义、毛泽东思想、邓小平理论、三个代表重要思想、科学发展观和习近平新时代中国特色社会主义思想为指导。马克思主义是科学的理论、人民的理论、实践的理论和不断发展的开放的理论，它创造性地揭示了人类社会发展规律，第一次创立了人民实现自身解放的思想体系，指引着人民改造世界的行动并且始终站在时代前沿。

中国共产党人坚持马克思列宁主义政治学基本原理，并把它与中国革命、建设、改革的具体实践紧密结合起来，在领导人民在长期的革命、建设和改革实践中，积极推进马克思主义中国化，实现了两次历史性飞跃，形成了毛泽东思想和中国特色社会主义理论体系。这些理论成果蕴含着丰富的政治思想，在中国的社会主义政治实践中丰富和发展了马克思主义政治学理论。

党的十八大以来，以习近平同志为核心的党中央运用辩证唯物主义和历史唯物主义方法，深刻分析了世情、国情、党情、民情及其发展变化，深入阐发了党在改革发展稳定、治党治国治军和内政外交国防等领域的新理念、新思想、新战略，从理论和实践结合上系统回答了新时代坚持和发展什么样的中国特色社会主义、怎样坚持和发展中国特色社会主义这一主题，促进了我国社会的根本性历史变化，创立了习近平新时代中国特色社会主义思想。习近平新时代中国特色社会主义思想，是对马克思列宁主义、毛泽东思想、邓小平理论、"三个代表"重要思想、科学发展观的继承和发展，是马克思主义中国化最新成果，是党和人民实践经验和集体智慧的结晶，是中国特色社会主义理论体系的重要组成部分，是全党全国人民为实现中华民族伟大复兴而奋斗的行动指南。

3. 坚持和完善中国特色社会主义、推进国家治理体系和治理能力现代化，必须坚持党的全面领导。中国共产党的领导是中国政治发展历史逻辑、理论逻辑和实践逻辑的必然，是中国特色社会主义最本质的特征，是中国特色社会主义制度的最大优势。

党是最高政治领导力量，必须坚持和加强党对一切工作的全面领导。必须坚持和完善党的领导制度体系，提高党科学执政、民主执政、依法执政水平。必须坚持党政军民学、东西南北中，党是领导一切的，坚决维护党中央权威，健全总揽全局、协调各方的党的领导制度体系，把党的领导落实到国家治理各领域各方面各环节。要建立不忘初心、牢记使命的制度，完善坚定维护党中央权威和集中统一领导的各项制度，健全党的全面领导制度，健全为人民执政、靠人民执政各项制度，健全提高党的执政能力和领导水平制度，完善全面从严治党制度。

4. 坚持和完善中国特色社会主义、推进国家治理体系和治理能力现代化，必须坚持中国特色社会主义现代化的根本方向。这就是说，国家治理现代化必须在中国共产党领导下，在坚持和完善中国特色社会主义制度的前提下推进。与此同时，国家治理现代化，必须在推进社会生产力发展、实现中华民族伟大复兴和人的全面解放的方向和轨道上展开。

这就是说，在新时代，推进国家治理现代化，必须在中国共产党领导下，以人民为中心，优化和创新国家治理的主体格局、体制机制和流程环节，提升治国理政的能力，把我国的根本制度、基本制度和重要制度内含的价值内容、巨大能量和潜在活力充分释放出来，使得这些制度显著优势转化为国家治理的效能。

5. 坚持和完善中国特色社会主义、推进国家治理体系和治理能力现代，必须清醒认识到，我国仍然并将长期处于社会主义初级阶段，社会主义初级阶段是我国的基本国情和最大实际。中国特色社会主义新时代与我国社会主义长期处于初级阶段，构成了我国社会发展的时代历史方位与社会主义发展历史阶段的有机统一。

关于我国社会所处历史阶段和历史时代的判断，为人们把握我国政治发展形态确定了历史背景和时代坐标，我们必须切实基于社会主义初级阶段政治的经济基础、本质特征、基本形态和发展规律，认识我国政治的社会基础、领导力量、依靠力量、拥护力量、根本属性和阶段性特性，按照国家治理现代化方向，统筹推进政治建设与经济建设、社会建设、文化建设、生态文明建设一体发展。

6. 坚持和完善中国特色社会主义、推进国家治理体系和治理能力现代化，必须立足于现实中国看中国。同时，也需要立足于历史和世界看中国，借鉴人类文化和文明的优秀成果，通晓其他国家和地区的积极经验和做法，在马克思主义指导下，在古往今来多种文明的相互交流、比较甄别和取舍借鉴中，进行创造性转换和创新性发展，不断开拓视野、验证选择、吸取经验教训并形成思路和举措。

7. 坚持和完善中国特色社会主义、推进国家治理体系和治理能力现代化，涉及经济、政治、社会、文化、生态五位一体的总体布局和四个全面的战略布局，涉及党的领导、人民当家作主和依法治国有机统一，涉及利益、权力、权利、制度、法律、组织、体制、机制和价值等多方面要素，涉及社会主义市场经济条件下政府与市场、政府与社会、中央与地方、治理体系与治理能力、效率效益与公平正义等多方面关系，需要研究和解决的问题具有复杂性、综合性和高难性，改革需要思维、制度、机制、政策和路径的系统性、整体性和协同性创新，因此，多主体、多学科、多层面、多角度和多方法的科学协同创新，是深化改革思想认知，形成科学合理、现实可行的理论和对策成果的重要方式。

8. 坚持和完善中国特色社会主义、推进国家治理体系和治理能力现代化，在现实性上，必然体现为重大问题及其解决导向，因此，"全面深化改革，关键要有新的谋划、新的举措。要有强烈的问题意识，以重大问题为导向，抓住重大问题、关键问题进一步研究思考，找出答案，着力推动解决我国发展面临的一系列突出矛盾和问题"，这就需要把顶层设计和基层实践、整体推进和重点突破有机结合起来，需要准确把握全面深化改革面临的突出问题和矛盾，把这些重大问题和矛盾转变为研究的议题和课题，围绕这些议题和课题，从理论与实践、规范与实证、体制与机制、战略与政策、规则与价值、体系与能力多方面有机结合出发展开专门研究，形成专项成果，从而不断积累跬步，以助力于国家治理现代化的长征。

基于这样的认知，北京大学国家治理研究院整理、征集和出版"国家治理研究丛书"，期望对于坚持和完善中国特色社会主义，推进国家治理体系和治理能力现代化有所助益，对于加快构建中国特色政治学科体系、学术体系和话语体系有所助益，对于形成中国特色、中国风格和中国气派的政治学研究成果有所助益，对于中华民族伟大复兴和人的全面发展有所助益。

丛书的编辑出版得到北京大学校领导、社会科学部领导的指导和支持，得到中国社会科学出版社领导和编辑的鼎力相助，特此表达衷心的谢忱！

北京大学国家治理研究院欢迎各位同仁积极投稿于丛书，具体可见北京大学国家治理研究院网（http：//www.isgs.pku.edu.cn）《"国家治理研究丛书"征稿启事》。同时，任何的批评指正都会受到挚诚的欢迎！

北京大学国家治理研究院

2020 年 7 月 10 日

目　　录

引　言 …………………………………………………………（1）
　一　研究问题的提出 ………………………………………（1）
　二　已有研究回顾 …………………………………………（3）
　三　研究对象和主要内容 …………………………………（13）

第一部分　中国乡约制度的流变 ……………………………（17）
　第一章　宋代乡约的发轫 …………………………………（21）
　　一　《吕氏乡约》 …………………………………………（24）
　　二　朱熹《增损吕氏乡约》 ……………………………（31）
　第二章　明代乡约的发展与转变 …………………………（36）
　　一　王阳明的《南赣乡约》 ……………………………（39）
　　二　章潢的《图书编》 …………………………………（46）
　　三　吕坤的《乡甲约》 …………………………………（50）
　　四　刘宗周的乡治思想与实践 …………………………（56）
　　五　陆世仪的《治乡三约》 ……………………………（64）
　　六　明代乡约的实践状况 ………………………………（74）
　　小结 ………………………………………………………（85）
　第三章　清代乡约的蜕变 …………………………………（88）
　　一　清代乡约发展的总体特征 …………………………（88）
　　二　张伯行寓乡约、保甲于社仓 ………………………（94）

三　江苏乡约局 …………………………………………………… (97)
　第四章　民国时期的乡村自治与乡村建设 …………………………… (100)
　　一　山西村治 …………………………………………………… (101)
　　二　翟城村治 …………………………………………………… (113)
　　三　梁漱溟的乡学村学 ………………………………………… (124)
　　四　乡村教育派 ………………………………………………… (135)
　小结　乡约制度所蕴含的农村社会治理思想 ………………………… (141)

第二部分　乡规民约与当代农村社会治理 ………………………… (150)
　第一章　乡规民约的发展及演变 ……………………………………… (155)
　　一　传统中国乡规民约的发展与演变 ………………………… (155)
　　二　中华人民共和国成立以后乡规民约的隐伏与恢复 ……… (160)
　　三　乡规民约与当前农村社会治理 …………………………… (164)
　第二章　当前农村乡规民约的实施情况 ……………………………… (167)
　　一　当前农村乡规民约的实施背景 …………………………… (167)
　　二　当前农村乡规民约的实施现状 …………………………… (169)
　　三　当前农村乡规民约的类型划分 …………………………… (175)
　第三章　当前乡规民约推动农村社会治理的典型案例 …………… (183)
　　一　浙江绍兴："乡村典章"推进制度治村 …………………… (184)
　　二　广东云浮："乡贤理事会"激活村庄社会资源 …………… (186)
　　三　厦门同安："公序良俗"助力村庄纠纷调解 ……………… (189)
　　四　北京顺义："乡规民约"促进农村利益沟通协调 ………… (192)
　　五　贵州塘约："红九条"养成淳美乡风民俗 ………………… (193)
　第四章　当代乡规民约的性质、特征及功能 ………………………… (197)
　　一　当代乡规民约的性质 ……………………………………… (197)
　　二　当代乡规民约的特征 ……………………………………… (205)
　　三　当代乡规民约的功能及其作用机制 ……………………… (208)

第五章　当前农村乡规民约建设的问题及对策 …………………（211）
　一　乡规民约的现代性改造问题 …………………………………（212）
　二　乡规民约的内容定位问题 ……………………………………（219）
　三　乡规民约的效力保障问题 ……………………………………（227）
　四　推进乡规民约建设的几个着力点 ……………………………（236）

结语　理解农村社会的内在结构，从利治走向善治 ……………（243）

参考文献 ……………………………………………………………（247）

引 言

一 研究问题的提出

农村社会治理是推进国家治理现代化的重要内容。探索农村社会治理的有效路径是当前农村建设和治理的重要任务。当前，我国农村社会治理出现了很多新的突出矛盾和问题，具体表现为：基本公共物品供给不足、村民自治组织趋于涣散、农村社会矛盾日益凸显、乡土社会道德及文化快速消亡。从深层次看，村庄共同体解体、内生治理能力弱化、基层政府职能错位、民主管理虚置、村民自治空转、国家管控低效等多种因素共同导致了当前农村社会治理"内力不足、外力失灵、治理资源碎片化"的状况。

怎样应对上述问题？怎样处理农村基层社会治理中国家意志与社会诉求的关系？怎样破解农村社会治理中制度系统完备化与治理实践空心化、空转化之间的悖论？面对当前农村社会治理的困境，结合中华人民共和国成立以来农村社会治理的变迁历程，按照党的二十大关于深入推进国家治理体系和治理能力现代化的取向要求，不难看出，要实现良好有效的农村社会治理，就必须在农村社会真正构建起多主体、多机制协同共治的治理格局。而构建这一治理格局需要三个层面的努力：一是，建立和完善多元主体的协同共治体系，把多种主体纳入农村社会治理体系中来；二是，改进社会治理方式，遵循"强化道德约束，规范社会行为，调节利益关系，协同社会关系，解决社会问题"的思路，通过多种方式和途径使农村社会治理体系真正有效地运转起来；三是，寻求符合新型社会治理方式的多元化治理资源。这事实上指出了当前改进农村基层社会治理方式的一种可能性路径，即将正式制度体系与具有非正式制度和深层次文化特征的本土社会治理资源有机衔接起来，激发农村治理体系的内生动力，促进政府治理、农村社会自我调节、村民自治之间的良性互动,从而实现对农村基层社会的低成本、高效能治理,切实地推进中国特色农村基层社会治理现代化。

乡规民约即是这样一种可资利用的本土社会治理资源。作为从乡村生产生活中自发产生的、由乡民自主订立的、用以调节一定范围内人们行为的社会规范,乡规民约有着悠久的发展历史,其对中国乡村社会治理的作用也十分令人瞩目。古代乡规民约自春秋战国至两汉时期已初具雏形,它最早起源于人们在生产生活互助中所约定俗成的一些行为规则。及至北宋熙宁年间,陕西蓝田吕氏兄弟倡立《吕氏乡约》,并创制出一套完整的组织和管理体系,古代乡规民约发展到了一个新的高度。《吕氏乡约》浓厚的民治色彩使其成为帝制中国大环境下一抹独特的亮色,其所提出的"德业相劝,过失相规,礼俗相教,患难相恤",也为后世乡约奠定了基调,为古代乡村道德、文化、经济建设提供了一个全面的纲领。此后,经过南宋朱熹的增损和明清两代士大夫在思想和实践两个层面的发展,乡约逐渐在道德教化的基础上,将经济民生、争讼调解、赋税收缴、社会治安等内容纳入其统摄范围,并与保甲、社学、社仓相融合,发展成一个以德治为中心的综合性乡治体系。清末至民国时期,秉承文化保守主义和社会改良主义立场的有识之士再度将目光聚焦于乡土社会,本古人乡约之意组织乡村,融乡约传统于西式民主自治之法,希望从本民族社会文化传统中转化出现代性因素。这一继承和发展了古代乡约精神的乡村自治和乡建运动也成为近代中国现代化转型中一次重要的尝试。1949 年以后,乡规民约经历政权对乡村社会的超强控制和改造,曾一度沉寂。但随着改革开放后国家政权从乡土社会的回撤,短暂蛰伏的乡规民约又再度活跃起来,并在基层社会秩序调节中发挥了重要作用,很大程度上填补了后集体化时代乡村社会治理的真空地带。

近年来,不论是在学术界,还是在一些地方的政治实践中,乡规民约都重新引起了人们的关注。一方面,在村民自治的框架之下,现有农村村民自治制度需要探索新形势下的有效实现形式;另一方面,在乡村社会治理创新的框架下,乡规民约在诸如农村社会治安秩序、利益分配、社会保障、纠纷调解、道德风尚等实际问题领域均展现出切实有效的作用,较好地解决了政府管不到、不好管的问题,同时也体现了国家建设的现代化目标。为此，党的十八届四中全会《中共中央关于全面推进依法治国若干重大问题的决定》提出，要发挥市民公约、乡规民约、行业规章、团体规章等社会规范在社会治理中的积极作用。2017年，党的十九大报告中提出："发挥乡规民约、市民规约对于调节基层社会的作用"。2018年，民政部等七部门联合出台的《关于做好村规民约和居民公约工作的指导意见》中也提出，要在2020年全国所有村普遍制定或修订形成务实管用的村规民约，推动健全党组织领导下的"自治、法治、德治"相结合的现代基层社会治理机制。

可以说，乡规民约作为内生于中国传统乡土社会的文化资源和社会规范，在当前国家治理现代化和社会治理的总体格局中又具有了现代化社会治理资源这一新的属性。因此，对乡规民约进行系统的考察是十分必要的。具体而言，我们需要较为深入地探究：历史上的乡规民约经历了怎样的发展历程，这一历程对于当前农村社会治理有怎样的启发和借鉴意义？如何理解当代乡规民约的性质、特征以及对农村社会治理的推进作用？这种作用的机制和机理是怎样的？怎样推动乡规民约这一传统治理资源的现代化转型，从而使其更好地发挥作用功效？本书以上述问题为出发点，以传统中国和当代中国乡规民约为研究对象，试图梳理乡规民约从古至今的发展和演变历程，阐释其性质、特征，分析乡规民约在当前农村社会治理中的功能及其作用机制，并在此基础上讨论进一步建设和完善乡规民约，更好地发挥其推动农村社会治理功能的若干可能性路径。

二 已有研究回顾

从时间维度来看，学术界对乡规民约的相关研究经历了两个大的阶段：一是，20世纪二三十年代"乡村建设运动"时期，以梁漱溟、杨开道为代表的一些学者对传统中国乡约制度做了较为系统深入的研究，这一阶段的史料耙梳和观点论述为此后的相关研究奠定了重要的基础；二是，80年代以来伴随着村民自治的确立，学者们开始重新关注乡规民约在当代中国农村的实践，并从法治建设、村民自治和农村社会治理等角度研究乡规民约的当代价值。尤其是近年来，随着农村各方面社会治理问题的日益凸显以及国家乡村振兴战略的提出，探讨乡规民约对于当前农村社会治理的功能及其实现机制成为一个较为热门的话题。

乡约研究的高潮出现在 20 世纪 30 年代，彼时一场声势浩大的民国乡村建设运动正拉开帷幕，以曾留学美国的乡村社会学博士杨开道及乡村建设运动的领袖人物梁漱溟为代表，他们从致用的角度出发，希望通过对古代乡约的研究来为彼时轰轰烈烈的乡村自治与乡村建设摇旗呐喊。这一时期乡约研究的代表性人物有杨开道、王兰荫、吕著清、王宗培、吕思勉、林耀华等。[①] 杨开道的《中国乡约制度》（1937）是这一时期乡约研究的代表性作品，也是迄今乡约研究领域的扛鼎之作。这本书梳理了北宋至明清历代代表性乡约思想的内容和特征，其对各个时期乡约的介绍和评析为学术界做出了开创性的贡献，很多基本观点也为后世学人所广泛采信和引征。杨开道对《吕氏乡约》给予高度评价，将其视为皇权专制制度下一个极为难得的自治典范，而明清两代乡约的官方化，终使其由人民的公约沦为宣教的工具和政府施政的手段，丧失了民治的意涵。同一时期，以日本为代表的海外学界对中国古代乡约的相关研究成果也颇为可观，在此不予赘述。[②] 整体而言，这一阶段的研究大多具有一个鲜明的共性，那就是从基层社会自治的角度去理解和分析乡约。杨开道等人更是将他们强烈的现实观照带入到对历代乡约的研究中，希望能为民国地方自治实践提供更多可资借鉴的思想资源和可以效法的实践样本。

20 世纪 60 年代，乡约研究领域的代表性人物是日本学者酒井忠夫和中国学者萧公权。前者将乡约纳入其善书研究范围，视乡约为教化的工具，后者以 19 世纪中国乡村为研究对象，也将乡约理解为政府对乡土社会的一种控制手段。[③] 八九十年代，海外关于明清乡约的研究渐次深入，尤

[①] 这一时期乡约研究的代表作包括王兰荫的《明代之乡约与民众教育》（1935）、吕著清的《中国乡约概要》（1936）、王宗培的《中国之合作制度》（1930）和《中国之合会》（1931）、吕思勉的《中国宗族制度小史》（1929）、林耀华的《从人类学的观点考察中国宗族乡村》（1936）等。

[②] 据朱鸿林的整理，这一时期乡约研究较具代表性的日本著作如，和田清：《支那地方自治发达史》（东京：中华民国法制研究会，1939）；清水泰次：《支那的家族和村落的特质》（东京：文明协会，1927）；清水盛光：《中国族产制度考》（东京：岩波书店，1949），后来收入氏著《中国乡村社会论》（东京：岩波书店，1951）。

[③] 参见酒井忠夫《中国善书的研究》（东京：国书刊行会，1960），第 7—77 页。Kuang-chuan Hsiao, *Rural China: Imperial Control in the Nineteenth Century*, University of Washington Press, 1960, pp. 184 – 205, 616 – 623.

以徽州地区乡约的研究成果较多，代表性的有陈柯云、铃木博之、井上彻等人。① 另外，Kandice Hauf 对江西王阳明弟子邹守益、聂豹、罗洪先等人所参与拟订的乡约进行了研究。② 朱鸿林对山西潞州、解州、运城和河南许州四个地区的乡约史料进行了整理和分析，一定程度上填补了明清两代北方地区乡约研究的空白。③ 此外，朱鸿林还对明代广东增城的沙堤乡约进行了个案研究。④ 他认为，明代乡约制度体现了一种在保甲组织内恢复明初里甲制度原有的社区精神的努力。保甲制度体现了严厉的社会控制，而乡约制度则在有限度的自治机制上给它提出了替换或缓和手段。通过对部分明代乡约的研究，他也指出了乡约研究所存在的某种误区。比如，想要对各个时期、各个地方的不同乡约进行一个整体性概括是不可行的，因为它们在性质、功能、成效、权威来源、活动项目、宽严程度上都各有不同，难以一概而论。同时他还指出，不能把乡约的规划性拟议文字当作实际施行的文字，把乡约预想或宣称所要取得的成效当作其真实的历史成效。因此，乡治思想和乡治组织、乡治的历史成效三者应该分开来看。

20 世纪 90 年代中后期及新世纪初期，国内史学界对于明清乡约的研究也更加细致和深入，代表性的研究者有杨念群（1993，1997）、曹国庆（1993，1994，1997）、段自成（1998，1999，2003，2004，2005）、卞利（2002）、常建华（2003）、王日根（2003）等，他们的研究内容涉及明清乡约的发展历程、乡约性质的演变、乡约推行的特点以及乡约教化、行政、司法职能的变迁。21 世纪以来，古代乡约研究方面也出现了一些具有代表性的著作。董建辉的《明清乡约：理论研究与实践发展》（2008）对

---

① 根据朱鸿林的整理，这一时期明清徽州乡约代表性的研究有，陈柯云：《略论明清徽州的乡约》，《中国史研究》1990 年第 4 期。铃木博之：《明代徽州府の乡约について》，《山根幸夫教授退休纪念明代史论丛》（东京：汲古书院，1990）。Joseph P. McDermott, "Emperor, Elite, and Commoners: The Community Pact Ritual of the Late Ming", in State and Court Ritual in China, ed, Joseph P. Mcdermott (Cambridge: Cambridge Unviersity Press, 1999), pp. 299 – 351.

② Kandice Hauf, "The Community Covenant in Sixteenth Century Ji'an Prefecture, Jiangxi", Late Imperial China, 17: 2 (1996), pp. 1 – 50.

③ 这四个地方的乡约并不是分散的现象，而是同与著名儒臣吕柟有关。参见朱鸿林《明代中期地方社区治安重建理想之展现——山西、河南地区所行乡约之例》，《中国学报》（韩国）第 32 辑（1992）。

④ 朱鸿林：《明代嘉靖年间的增城沙堤乡约》，《燕京学报》新 8 期（2000）。

明清两代乡约，尤其是明代乡约在理论和实践上的发展与转变进行了较为细致全面的阐述。氏著延续了杨开道的基本观点，对作为自治性民间基层组织的《吕氏乡约》给予高度评价，认为乡约制度在明代发生了重大的转变，从一种自发性的、以教化为主的民间自治组织转化为以控制乡村社会为主的基层行政组织，而清代乡约更是流于空洞和形式主义，彻底沦为官治的工具。尽管如此，书中对各阶段一些较有代表性的乡约实践还是做出了客观的评价，肯定了其积极作用，并指出进一步研究明清乡约在发展过程中所表现出来的差异性和个性仍然具有重要的理论和现实意义。段自成的《清代北方官办乡约研究》（2009）对清代山东、陕西、新疆等北方地区官办乡约的推行情况、组织形式、职能，以及乡约与官府和地方社会的关系进行了详细的分析，具有很高的学术价值。常建华的《明代宗族组织化研究》（2012）一书对明代宗族组织化与乡约化合流的现象进行了深入的阐述和分析。他认为，官府依靠乡绅在族中推行乡约，将国家权力对社会的控制深入到了最基层，而宗族乡绅借助乡约推行族法，获得了官方的支持，使自己对宗族的管理合法化了。宗族乡约化也构成了明代乡约的一个特点。此外，牛铭实的《中国历代乡约》（2014）一书对古代乡约中一些代表性的思想和实践进行了简要评述及摘录，同时也对乡规民约在当前中国乡村生产生活、经济发展、生态保护、教育公益、纠纷调解、民主决策等方面的作用进行了简要举例。

同时，20世纪80年代以来，除古代乡约制度的研究有所拓展以外，传统中国乡规民约的专门性研究也开始出现。中国乡土社会自古以来就存在着许许多多由乡民自发产生、自主制定的，用以解决基层社会实际问题的乡规民约，它们作为古代中国社会规范的重要组成部分，对调节民间社会秩序起到不可替代的作用。随着人民公社的解体和村民自治制度的确立，农村基层社会如何填补公社解体后留下的组织空白、解决自身所面临的一系列实际问题，成为人们普遍关注的问题。正是在这种背景下，人们开始意识到，重拾乡规民约这一中断的传统资源具有重要的意义。于是，乡规民约的相关研究重新回到人们的视野。在这类研究中，人们关注的重点不再是起始于《吕氏乡约》的、作为一种基层德化组织的乡约传统，而是发端更早、范畴更广、作为乡土社会自主制定的社会规范的各类乡规民约，尽管依托于乡约组织所制定的约文和条规仍是历史上乡规民约最典型的类型之一。80年代至90年代，一批学者开始挖掘和整理传统中国的乡规民约。最早的一批成果就有关注到明清时期的家族规约（刘广安，1988；朱勇，1987；冯尔康，1994；许水涛，1997；费成康，1998；等）、西南少数民族地区的村寨规约和民族习惯法（赵崇南，1984；朱文运，1988；白正骝，1997；等），以及一些与村庄公共资源使用、生态环境保护和婚丧等互助性事项相关的村落规约（郑立盛，1985；朱刚，1991；宁可、郝春文，1994等）。相关研究也集中于乡规民约资料较为丰富的地区，代表性的包括云南、广西、贵州等西南民族地区的村寨规约；安徽、福建、广东、浙江等地的宗族规约；山西、陕西等地的民间水利规约等。

21世纪以来，学界关于乡规民约的研究更加深入和多元。一方面，历史学界关于传统中国乡规民约的史料整理和挖掘更加深入。许多学者从不同角度关注到乡规民约在传统中国自然资源和生态保护（卞利，2003；关传友，2003）、社会保障和社会救济功能（陈瑞，2007）、土地交易和资产借贷等经济活动（卞利，2007）方面的功能。其中，尤以水资源保护利用为典型，明清两代水利碑刻成为多年来学者们研究的热点。人们通过汉中、山陕两个区域流传下来的大量水利碑刻资料，讨论了水例、渠册等民间规约在当时民间社会水利建设及水资源保护、使用等方面所发挥的重要作用（行龙，2000；张俊峰，2001、2003；李三谋，2003；胡英泽，2004；任宏伟，2005；钞晓鸿，2006；韩茂莉，2006；等）。另一个最显著的体现，是除历史学之外，法学、社会学、政治学等学科也都相继参与到相关研究中来，这使得关于乡规民约的性质、发展脉络、权威基础、法治和社会治理功能等问题的分析得以多层次、多角度地展开。

法学是继历史学之后对乡规民约展开较多研究的学科。法学界的研究主要集中在两个方面：一是关于乡规民约的法律属性问题。不同的学者分别采用"民间法"（田成友，2005；谢晖，2004）、"习惯法"（高其才，1995；梁治平，1996；张冠梓，2002）、"软法"（罗豪才，2009）、"民间规约"（刘笃才，2006）等不同的概念来界定乡规民约的法律属性。这些概念各有侧重，例如习惯法的概念强调它是在民众的长期生活和劳作中逐渐形成的，并且主要在一个特定的关系网络中被实施，也就是说，它来源于一套不同于国家法的一种知识传统。民间法的表述强调其民间性和非官方性,即,民间法是存在于国家法之外的调整社会关系的行为规范,其约束力不来自于国家的公权力,而是来自于诸如社会评价、舆论压力、非正式组织强制等其他强制力。软法强调这样一套行为规范原则上没有国家强制力作为实施保障,不具备法律约束力,但却能产生实际效果。民间规约的表达则力图规避前述诸种表达所带来的关于国法以外的社会规范是不是法的争议和混淆,从法的成长的角度去分析民间规约在这一过程中的功能定位。① 但是,无论采用以上何种概念表述,其背后所隐含的法律多元论的立场是一致的:国家法不是唯一的法律,在正式法律之外,还存在着大量的非正式法律,他们是国法的重要补充,也构成了一个社会规范体系的重要组成部分。正如张中秋所论,在国法所确立的至高无上、一统天下的社会大秩序之外,还存在由家法、族规、乡约、帮规、行规等民间法所确立各种社会小秩序,共同构成一个"一极二元主从式多样化"的秩序结构和法律文化传统(张中秋,2004)。② 在法律史研究领域,海外学者贺滋秀三的《清代中国的法和审判》(1984)、寺田浩明的《明清时期的民事审判和民间契约》(1998)、黄宗智的《清代的法律、社会与文化:民法的表达与实践》(2001)以及本土学者梁治平的《清代习惯法》(1996)等著作都分析了包括乡约、家规等非正式规范在传统中国的司法审判和民事纠纷调停中所发挥的重要作用。因此,就法是指"使人的行为服从于规则治理的事业"这一定义而言,民间法、习惯法、软法抑或规约都应该被纳入

---

① 张冠梓将南方山地民族的固有法按照俗成习惯法、约定习惯法、准成文习惯法、初阶成文法进行了分类,突出了法的成长的过程性。以乡规民约为代表的民间规约大体属于准成文习惯法,在法的成长过程中具有重要的过渡性意义。参见张冠梓《论法的成长》,社会科学文献出版社2002年版。刘笃才对包括乡约、村社规约、村寨规约、寺庙、书院、行会、帮会、善会、宗族等在内的各类型民间规约进行了系统的梳理,并分析了民间规约的性质、作用、与国家法的关系,及其功能定位。他认为,区别于调整公共权力活动的国法和调整私人关系领域的契约,民间规约调整的是社会公共事务领域。参见刘笃才《民间规约与中国古代法律秩序》,社会科学文献出版社2014年版。

② 张中秋认为,这种传统的影响范围延及日本、朝鲜等地,形成一种东亚社会特有的法律文化现象。但随着19世纪末以来西方法律文化的冲击和东亚社会的转型,这一传统一度沉寂;自1905年清廷"变法修律"至民国时期,中国法律建设的主线是学习日本化的欧陆法律体系;新中国建立之后,又转而全面接受苏联的法律制度。无论是欧陆法律还是苏联法律体系,其本质上都是建立在政治国家和民间社会二元分立的现实和理论基础上的,与传统中国家国一体的社会结构和理想不同,都排斥乡约这类文化传统。同时,实证主义的法律观也只承认国家权力机关制定和颁布并以国家强制力为保障的规范,对于传统、习俗、情理、判例等法律渊源较不承认。近年来,随着东亚国家的进步以及文化自主意识的增强,乡约这种社会文化传统才重新得到重视。

广义的"法"的范畴。这一点对于当代中国国家和社会法治建设的指导意义在于，应避免一味运用政府强制力去规制经济和社会的法制模式，而是要尊重和充分运用包括传统习俗、习惯和乡规民约等在内的本土法治资源进行法治国家建设（梁治平，1996；罗豪才，2009；苏力，2015）。

二是乡规民约与国家法的关系。这一领域主要关注乡规民约与国家法的张力、冲突和调适性问题，探讨如何构建乡规民约与国家法的良性互动，以实现其现代秩序价值（李朝晖，2001；卞利，2006；谭万霞，2013；等）。总体而言，学者们普遍认为，乡规民约作为一种民间法，构成了对国家法的必要和重要补充。民间秩序是社会规范的重要组成部分，在调解社会秩序方面发挥着重要作用，两者之间在理想状态下应是互为补充、良性互动的关系。但同时，两者的冲突和抵触是现实存在的，因此要寻求平衡与整合。少数民族乡规民约是这一研究领域中较受关注的一个分支。少数民族乡规民约较汉族更具有民族、地方和宗教特色，因此，它们与民族固有习惯法的关系，及其与国家法的调适就成为一个特别值得关注的问题。迄今为止，学者们所关注的少数民族乡规民约包括瑶族的石牌制、苗族的"议榔"、布依族、侗族、水族的"合款"、海南岛黎族的"峒"、台湾高山族的"社"等（高其才，1995；徐晓，2004；罗昶，2010；徐晓光，2013；谭万霞，2013；等）。整体而言，少数民族乡规民约在处理涉及村庄物权认定、借贷、交换、婚姻、析分家产、互助、公共事务、丧葬、纠纷解决等问题方面发挥着重要的作用，但其中也不可避免存在一些与现代法治精神相悖的内容。因此，应该尊重习惯法的客观存在，吸收其积极功能，同时扬弃其恶法因素，达到与国家法律的协调和良性互动。此外，一些学者就乡规民约的司法运用、合法性审查等问题进行了具体的探讨，所涉及的问题包括乡规民约作为司法判例是否具有有效性、乡规民约对集体收益权益或村庄成员资格的判定是否具有合法性、规约惩罚及其执行是否具有正当性等（管洪彦，2012；徐宗立，2010；罗鹏、王明成，2019）。

社会学对于乡规民约的研究主要关注以下几个问题：一是，乡规民约所体现的村庄治权与国家政权建设之间的关系（张静，2000）。这种研究指出，不同于基于普遍平等的公民身份而享有平等权利的国法体系，乡规民约体现的是基于共同体成员身份而享有权利资格的村庄治权。村民首先生活在村庄这一初级组织中，然后才生活在宪法确定的权利关系中。其生活的一般权利并不在抽象意义上由国法授予，而是在实际意义上由他们所生活的初级组织授予。尽管国家政权建设的过程力图实现国法的下渗和统一管辖，但以习惯法为依据的村庄治权始终存在，并与前者竞争管辖的地位和范围。这一研究较为深刻地阐明了乡规民约所体现的村庄治权区别于国家政权对社会民众管辖权的不同性质特征。同时，它也提出了一个问题，即，国家政权需要实现对社会更广泛深入的控制，而社会自生自发秩序长期存在并切实发挥作用，当两者发生碰撞冲突的时候，需要寻求制度化的方式以协调两者关系。二是，乡规民约的权威来源和基础（周家明、刘祖云，2013）。这方面研究主要探讨乡规民约作为一种民间非正式制度规范，其控制力和约束力来自哪里，其权威基础和条件是什么，其运行机制如何。相关研究揭示了传统乡规民约与当代乡规民约的不同权威基础：传统乡规民约的权威来源于乡土社会传统礼法、乡约组织、家族制度、乡村精英等，而当代乡规民约是人们在合意的基础上制定的行为规范，村庄成员服从的不仅仅是乡规民约的首倡者、制定者和执行者的身份、地位和声誉，更是共同体每个成员共同认可的一套伦理道德、行为规范。因此，当代乡规民约的合法性来源于共同体成员的同意，更接近于韦伯所讲的法理型权威。三是，乡规民约作为一种社会资本的生成基础、运作逻辑和作用方式。这方面的研究聚焦于乡规民约作为一种社会资本如何生成，如何促进了乡土社会的信任和合作。部分学者重点关注了从传统型社会资本向制度性社会资本的转型问题（钱海梅，2009；张静，2020）。相关研究提出一个重要问题：从社会资本的分类而言，建立在血缘纽带、人际关系网络等基础上的社会资本是内外有别的，是特享型社会资本，这种社会资本可能促进一定范围内特定人群间的合作，但在更大范围内却会引发不信任，带来社会资本的流失，甚至造成社会冲突。在以特殊主义的庇护关系为特征的亚洲社会文化环境中，人际关系网络发达而社会诚信和合作程度低，正表明了这一点。而通用型社会资本则建立在人们对于共同规则的普遍信任基础上，是价值和利益相异的人群实现合作更稳定和可持续的基础。在乡土社会从传统向现代转型的进程中，乡规民约也应实现从传统型社会资本向制度性社会资本抑或说通用型社会资本的转型。这在实践层面，即是要通过更规范和制度化的乡规民约的订立，为村庄治理提供更有效更稳定的普遍信任机制，推动乡村社会的行为准则从以血缘联系、人际关系等为导向向以公共规则为导向的过渡。

相比而言，政治学界对于乡规民约的研究起步较晚、数量较少。尽管80年代，村民自治制度已经确立，乡规民约也得以正名，但迟至20世纪90年代，政治学对于乡规民约的研究几乎是缺位的。进入21世纪后，随着农村社会管理层面各种问题的浮现，以及社会管理理念向社会治理理念的转变，乡规民约逐渐进入政治学者的关注视野。现有政治学界关于乡规民约的探讨主要基于基层自治和社会治理两种框架。村民自治框架下的相关研究主要涉及以下方面：一是阐述乡规民约的自治意涵，指出乡规民约是一种基层群众自治的有效办法，是村民直接参加基层社会生活管理的民主自治形式（叶小文，1984；杨文光，1985）；二是论述乡规民约背后村民自治与国家治理两种逻辑的冲突，相关研究将村民自治置于国家政权建构的逻辑之下，讨论其发生背景、生成原因、成长逻辑及发展困境（徐勇，2006；黄辉祥，2008）。研究指出，村民自治是国家主导和法制权威下的授权性自治，自治的状况取决于国家政权所提供的体制空间。由于国家主义的权威导向和集权式村治习惯的影响，乡规民约事实上成为了基层政府和乡村组织用"形式民主"来管制村民的工具，因而背离了其自治意涵（于建嵘，2001）；三是从实践创新的角度，具体讨论如何增强村民自治的组织、财政、文化和社会基础，激活农村发展内在动力，更充分地发挥乡村治理现代化过程中农民的主体性作用。一些学者主张从利益相关、地域相近、文化相连、群众自愿、便于自治等角度寻找村民自治的有效实现形式（徐勇，2014）。乡规民约作为村庄成员共同立约以解决公共事务的行为，当然被视为推进村民自治的一种有效方式。

社会治理框架的乡规民约相关研究主要涉及以下方面：一是传统中国乡约制度和乡规民约对当代乡村社会治理的启示。一些学者从文本内容、组织特征、演变过程等方面分析传统中国乡约制度，并阐述其对当代中国乡村社会治理的启示性意义（党晓虹、樊志民，2010；牛铭实，2014；金根，2014）。一些学者借助历史学、法学积累的丰富材料，阐述了传统中国乡规民约在教化民众、息讼罢争、患难相助、资源利用、生态保护等方面的重要作用。二是乡规民约对于当代农村社会治理的价值。相关研究分别指出了乡规民约在当前乡村社会利益协调、纠纷化解、生活互助、风俗改良等方面的有效作用，认为乡规民约应该被作为一种有效的治理资源和治理方式纳入现代国家治理体系（贺雪峰、何包钢，2002；陈寒非、高其才，2018）。一些学者也注意到了传统乡规民约的现代化转型问题，强调应摒弃传统乡规民约中前现代以及与国法相抵触的内容，使之适应现代国家治理结构和法治精神。同时，随着近年来"三治融合"理念的提出，研究者也讨论了乡规民约在促进自治、法治、德治融合，提高基层治理水平方面的重要作用。虽然乡规民约之于当前农村社会治理的作用日益得到研究者的认同，但乡规民约自身也面临自治色彩淡化、法治精神不足、德治资源流失、权威地位弱化、执行力下降等问题，因此，很多研究者认为应从规范乡规民约制定程序，处理好其与国法的衔接，培育村庄公共精神等方面提高乡规民约的权威性和执行力。

整体而言，在乡规民约相关研究领域，政治学的研究要滞后于其他学科。而事实上，从政治学的角度对乡规民约进行深层次研究是必要和有益的。具体而言，政治学视角的相关研究需要解决以下问题：一是需要区别乡约和乡规民约这两个不同的传统。尽管历史学已有的研究已经澄清了这一点，但其他学科的研究者们多将两者混同而论。尽管两者存在交集，但就性质而言，乡约是一种辅助政教的德化组织，在明清两代的理论和实践发展中拓展成为一个以德化为核心，但包含乡村治理各方面的乡治体系。乡规民约则是用以规范村庄事务和成员行为的民间规约，其起源应早于乡约组织，但以依托于乡约组织所制定的约文为乡规民约之最突出的代表。两者存在交叉，但属性上有实质的区别。政治学的分析应厘清两者的不同，并分别阐述其政治学意义。二是，国家治理视域的乡规民约不仅体现了村民自治的逻辑，也体现了国家政权意志主导下运用融合乡治传统和民主法治理念而成的柔性治理方式推动农村社会现代化的诉求。当前全国各地在运用乡规民约推动农村社会治理方面事实上已有诸多实践探索和经验积累，例如利用乡规民约调解农村社会纠纷的"同安经验"、运用乡规民约加强农村治理制度化的"乡村典章"、利用乡规民约盘活农村社会资本的"云浮经验"等，这些实践都具有丰富的社会治理意涵。但现有研究对上述实践及更广范围的实践样本还缺乏全面的整理。同时，在经验整理的基础上，现有政治学相关研究中对当代农村乡规民约的性质还缺乏清楚的阐述，对其在农村社会治理中的价值和功能有分别的触及，但缺乏全面的归纳。尤其是，对乡规民约作用于当前农村社会治理的具体机制和作用机理有待进一步分析和提炼。这也正是本研究聚焦于运用乡规民约推动农村社会治理的出发点。

三 研究对象和主要内容

1. 研究对象

需要首先说明的是，严格而言，乡约与乡规民约并不是同一概念。从历史起源来看，乡规民约应早于乡约。根据董建辉的考证，乡规民约的历史则可以追溯到春秋战国和秦汉之间。春秋战国时期，基层社会的乡里民众就有"兴弹""街弹"这样的相互劝勉、纠过的习俗和传统。到了东汉，民间就已经出现了类似于乡规民约的文本。[①] 张广修认为，乡规民约的历史可以追溯到以地缘关系为纽带的异姓杂居村落形成之时。当时，异姓家族因同居一村而产生较为复杂的社会关系，客观上需要一种超越家族规范的社区性公共规范加以处理，这种规范可能冠以乡约之名，也可能被称为乡规、村约等。[②] 乡规民约作为一种小传统，作为一种民间自生自发的秩序，从产生以来几乎从未中断过。中华人民共和国成立以来，即使在乡村社会经历了社会主义改造的情况下，它仍然隐伏地存续下来，并在改革开放之后重新焕发生机。而在乡约一边，它的历史起源于北宋的《吕氏乡约》。乡约思想和实践的主要发展时期是明清两代。及至民国，一些乡村自治和乡村建设实践也一定程度上继承了古代乡约制度的德化内涵、组织理念和乡治思想，但乡约作为一种基层组织却走向了终结。

从表现形态来看，《吕氏乡约》所开创的乡约传统不同于乡规民约的地方在于，它在乡规民约这种民间规约的基础上又发展出了一套完整的组

[①] 关于最早的乡规民约产生于何时，学者们意见不一。有的学者以北宋蓝田的《吕氏乡约》为最早的成文形式的乡规民约；王铭铭和王斯福认为，乡规民约可以追溯到1030年范仲淹为羌人制定的规条。而根据董建辉的研究，1973年河南偃师县出土的《汉侍廷里父老僤买田约束石券》记载了侍廷里的25个民众自发组织了一个名为父老僤的团体，筹集资金买进田亩，以作为里父老之供养。券文即作为这个民间组织的一种内部协约，已经具有乡规民约的性质。参见董建辉《明清乡约：理论演进与实践发展》，厦门大学出版社2008年版，第18页。

[②] 张广修：《村规民约的历史演变》，《洛阳工学院学报》（社会科学版）2000年第2期。

织和管理体系,具有民间基层组织的性质。① 这具体表现为,它有明确的组织机构和负责人员,有定期的聚会、特定的活动场所和一整套仪式,甚至一些乡约中,乡民入约还需缴纳一定的会费。尽管早期的乡规民约可能也依托于村落组织调节处理村落民事纠纷甚至刑事案件,村落组织也自动担负起了维护和执行乡规民约的职责,但只是在北宋的《吕氏乡约》出现之后,才有了村落组织之外的专设的乡约组织。依托于乡约组织,古代乡规民约在规范性、影响力方面也取得了显著的进步。②

就核心功能而言,乡约组织作为一种民间基层组织,其根本目的是社会教化。③ 不论是在野的乡绅所主导的旨在敦睦风俗的乡约,还是在朝的士大夫地方官员所主导的官办乡约、官督绅办乡约,其核心功能在于德润乡里、化民成俗,进而辅助政教。因此,乡约本质上是一种德化组织,乡约之治本质上是一种乡治的德化方案。当然,单纯的道德说教是空洞而缺乏生命力的,因此,经过朱熹的增损和明清两代士大夫在思想和实践两个层面的发展,乡约逐渐在道德教化的基础上,把经济民生、争讼调解、赋税收缴、社会治安等内容纳入其统摄之下,从而由单一的德治组织发展成了一个以德治为中心、涵盖广泛的综合性乡治体系。与组织化的乡约相比,乡规民约没有固定和显在的组织程式,它在形式上表现为一些成文的约文和规条,是村庄内成员围绕公共事务的解决而共同制定出来供大家遵照执行的一些行为准则和社会规范,是民众自发订立的民间规约。④ 乡规

---

① 张明新按照传统乡规民约的存在形态将其划分为文本形态和组织形态两方面。文本形态的乡规民约以族谱、文集、碑帖、笔记、公牍等文字资料为载体,以乡民合意或会众议约为基础,是对乡民行为进行规范的契约条文。而组织形态的乡约则是指乡里村落组织之外专门设立的用于处理地方性事务的一种组织。同时,乡规民约一直延续至今,而乡约则在民国昙花一现之后退出了历史舞台。参见张明新《从乡规民约到村民自治章程——乡规民约的嬗变》,《江苏社会科学》2006年第4期。

② 此外,乡约一词在历史上的不同时期也曾被赋予不同含义,乡约这一概念还被扩大地运用到很多其他情况。在一些地方,乡约被作为一种职位,同时也是乡约组织中领袖人物的代称。例如它曾经被作为乡村保正官职的称谓;还有的地方,乡约被作为一个地方组织的层级。例如在清代的西北地区,乡约甚至曾是回民基层政教合一组织的代称;在东北地区,乡约一度曾是基层政权的名称。

③ 王日根:《论明清乡约属性与职能的变迁》,《厦门大学学报》(哲学社会科学版) 2003年第2期;段自成:《清代北方官办乡约研究》,中国社会科学出版社2009年版。

④ 谢长法:《乡约及其社会教化》,《史学集刊》1996年第3期;刘笃才、祖伟:《中国民间规约引论》,《法学研究》2006年第1期。

民约的内容也可能涉及道德规训，但更主要则在于生产生活互助、资源维护和利用、社会自力救济等方面。就本质而言，乡规民约可以被理解为一种公共事物的治理之道。

总体而言，"乡约"与"乡规民约"两个概念，前者强调组织面向，而后者则强调规则面向。[1] 不过，尽管如上所述，乡约不等同于乡规民约，两者的交集和内在联系还是不言而喻的。早期会社组织的规约为北宋乡约组织的创立提供了重要的启发，而依托于乡约组织而产生的约条也是传统中国乡规民约中最重要的一种类型。从更深层次而言，发轫于北宋，历经明、清两代并延及民国的乡约制度无疑是对中国乡土社会影响十分深远的一种乡治传统，也是我们今天探讨运用乡规民约推动农村社会治理的一个极为宝贵的思想资源。因此，本书将乡约和乡规民约都纳入研究的范围，在第一部分重点讨论古代中国乡约制度的流变，同时也延伸至民国时期乡村自治和乡村建设运动。第二部分则在对乡规民约发展历程加以简要梳理的基础上，重点讨论当代乡规民约的性质、特点及其对当前农村社会治理的作用和作用机制。

2. 主要内容

本书分为两个部分：

第一部分是中国乡约制度的流变。这部分主要梳理宋、明、清三代及民国时期中国乡约制度在思想和实践两方面的发展与变化过程，阐述历代乡约所蕴含的乡村社会治理思想。

第二部分是乡规民约与当代农村社会治理。这部分主要包括以下几方面内容：一是，简要阐述传统中国乡规民约以及中华人民共和国成立以后乡规民约的发展历程。二是，分析乡规民约的性质、特征及其在农村社会治理中的功能。具体而言，从非正式制度、社会资本、软法等方面阐述乡规民约的本质属性；从地方性、道德性、契约性等方面阐述乡规民约的内在特征；从自治功能、法治功能、整合功能等方面阐述乡规民约在农村社会治理中的功能。三是，总结当前运用乡规民约推动农村社会协同共治的

---

[1] 王日根：《论明清乡约属性与职能的变迁》，《厦门大学学报》（哲学社会科学版）2003年第2期；段自成：《明清乡约的司法职能及其产生原因》，《史学集刊》1999年第2期；张中秋：《乡约的诸属性及其文化原理认识》，《南京大学学报》（哲学·人文科学·社会科学）2004年第5期。

几个典型案例。这些典型案例来自对当前各地乡规民约实践经验的类型化整理。通过典型案例的归纳和总结，进一步分析乡规民约作用于当前农村社会治理的方式，包括：提升村治制度化水平、激活和培育农村治理社会资本、建立多元化纠纷调节机制、培养多元主体间平等和协商的契约精神等。四是，分析当前农村乡规民约的问题和对策。重点从乡规民约的现代性改造、内容定位、效力保障三个方面分析当前乡规民约所存在的突出问题，并论述相应的对策和进一步推进乡规民约建设的可能性路径。

第一部分　中国乡约制度的流变

中国最早的乡约是北宋陕西蓝田的《吕氏乡约》。乡约诞生于北宋，一方面肇因于唐末五代战乱对乡村社会基本秩序和格局的冲击和破坏，另一方面也得益于宋代士大夫的某种政治自觉。就远因而言，经历了长期的动乱和失序，儒家士大夫希望通过乡约制度复兴《周礼》的乡饮酒礼，以达到以礼教民、敦风化俗，重塑社会道德秩序的目的。从近因来说，自魏晋以来，佛老思想的冲击造成了儒学衰微的局面，及至宋代，理学挺立而起，力图复兴儒学之精神和地位。《吕氏乡约》即诞生于理学之中关学一派盛行的关中地区，吕氏兄弟亦深受儒家学说的熏陶和经世致用思想的影响，以"躬行礼仪""敦化风俗"为己任。因此可以说，乡约是宋明理学发展的一个产物。北宋中期，朝政积弊渐深，社会矛盾凸显，积极参政的士大夫阶层形成了两派阵营：一派以推行新法的王安石为代表，着眼经济建设，主张以自上而下的官治解决社会问题；另一派则以反对变法的理学家张载、程颐等为代表，着眼道德教化，主张以自下而上的民治敦本善俗、巩固社会秩序。关中吕氏兄弟受理学影响甚深，其所制定的《吕氏乡约》由乡绅倡导、乡民自愿入约，内容上偏重道德教化，"乡人相约，勉为小善"[①]，主要目的是劝善戒恶、感化乡里、淳厚风俗。《吕氏乡约》在形式上注重"乡饮酒礼"的仪式，强调通过以礼俗化民，塑造乡民彼此亲近、友爱、和乐的关系。这一乡约虽然没有真正持久地得以实行，其意旨也未跳脱榜样教化的窠臼，但它鲜明的民治色彩不失为帝制中国的一抹别样颜色，它所提出的"德业相劝、过失相规、礼俗相交、患难相恤"的理

---

① 吕大钧：《吕氏乡约乡仪》，(宋)吕大临等撰，陈俊民辑校《蓝田吕氏遗著辑校》，中华书局1993年版，第569页。

念也为后世乡约奠定了基调,为乡村的道德、文化、经济建设提供了一个全面的纲领。

《吕氏乡约》在南宋时受到程朱理学代表人物朱熹的高度关注,并经由朱子及其门徒的推广而被世人所瞩目。朱熹秉持复兴"治道合一"的三代之治的文化理想,他发现乡约具有使乡里社会的民众"彼此交警、教人善俗"的功效,正与其所倡导的礼治相契合。他设想通过家礼、乡约和宗法等制度建立起一整套民间社会道德秩序。朱熹对吕氏乡约最大的贡献在于设计了一套细致完备的"月旦集会读约之礼"①。他结合其对礼教的理解,对《吕氏乡约》做了一定的发展和完善,撰成《增损吕氏乡约》。同时,他还对保甲、社仓有所提倡。朱熹对古代乡约的贡献是巨大的。康王南渡之后,关中文化消失殆尽,乡约也销声匿迹。如果没有朱熹对《吕氏乡约》的修改和提倡,《吕氏乡约》恐怕难逃永被埋没的命运。尽管《增损吕氏乡约》在朱熹生前没有产生太大影响,但其去世之后声誉与学术地位日益提升,《吕氏乡约》也随之声名远播。

明代统治者采纳了宋儒学者的治国思想,重视在基层社会推行德治教化,这奠定了明代乡约发展的社会基础。明成祖时期将《吕氏乡约》列于性理成书,颁降天下,乡约自此被正式采纳和推广。明武宗正德以降,明朝统治出现了深刻危机,乡村治理陷入混乱。在这种社会背景下,一些官僚士绅纷纷在乡里、任所倡行乡约,以期教化乡民,维系地方秩序。王阳明的《南赣乡约》是这一时期乡约的代表,亦是明代乡约的典范。王阳明巡抚闽粤赣湘四省交界的南赣地区,针对当地流民众多、反乱频繁、匪盗猖獗、社会秩序遭受严重破坏的现实问题,于正德十二年推行"十家牌法"②,通过相互监督的网络,有效地组织民众、管控流动人口,达到了消弭盗贼、维护乡里治安稳固的目的。但在此过程中,王阳明也逐渐意识到,"民虽格面,未知格心"③,建立好的社会秩序仅仅依靠"十家牌法"

---

① (宋)朱熹:《朱文公文集》卷七十四《增损吕氏乡约》,朱杰人等(主编)《朱子全书》(修订版)第24册,上海古籍出版社、安徽教育出版社2010年版,第3601页。

② 十家牌法"编十家为一牌,开列各户姓名,背写本院告谕,日轮一家,沿门按牌审察动静"。据史料记载,王阳明的十家牌法施行后很快就平息了当地的社会动乱。参见王守仁《案行各分巡道督同十家牌》,吴光编,(明)王守仁编校《王阳明全集》卷十六《别录八》,上海古籍出版社1992年版,第531页。

③ 吴光编,(明)王守仁编校:《王阳明全集》卷三十三《年谱一》,上海古籍出版社1992年版,第1255页。

第一部分 中国乡约制度的流变

这样外在的制度设计是不够的，更重要的是对民众进行德化教育，以使乡民心存善念，育成仁厚风俗。基于此种思路，王阳明转而颁行《南赣乡约》①，通过道德教化达到息讼罢争、敦化风俗的目的。②《南赣乡约》不同于《吕氏乡约》，其倡行者归于地方官员，其组织采取乡民整体强制加入的形式，其约文采洪武皇帝之圣训六谕，其组织更扩大和复杂，集会又增加了宣读戒谕等宣教仪式。总之，《南赣乡约》较《吕氏乡约》而言，乃是乡约由民治向官治转变过程的一个重要节点。同时，王阳明融乡约于保甲的做法，也为其后官方制度与价值秩序的相互渗透与配合开出了一条路径。

在王阳明之后，乡约又经地方官员发扬，与保甲、社仓、社学等制度进一步有机结合起来，最终在明朝中后期形成了一套较为全面的、包含"乡约、保甲、社仓、社学"四位一体的整体性乡治思想。最初在理论上看到乡约与其他三者关系的，是嘉靖年间的章潢。他在其编纂的《图书编》中，将乡约与保甲、社仓、社学四个规条并列而论，并对四者的关系首次做出了清晰的阐释："保甲之法，人知足以弭盗也，而不知比闾族党之籍定，则人自不敢以为非。乡约之法，人知足以息争讼也，而不知孝顺忠敬之教行，则民自相率以为善。由是社仓兴焉，其所以厚民生者为益周。由是社学兴焉，其所以振民德者为有素。"③ 概括而言，保甲使人不敢妄为，乡约使人相率为善，社仓厚民生，社学振民德。吕坤在实践层面回应了章潢关于乡约、保甲、社仓、社学四者并行的理论设想。他把乡约与保甲合并为"乡甲约"，其中，乡约为本、保甲为副，将乡约的教化精神熔铸于保甲的组织之中。吕坤乡甲约所着重强调的对于乡约领袖的训练，也是乡约发展史上的一个创举。刘宗周进一步探索了乡约与保甲的融合。

---

① 《南赣乡约》约文："自今凡尔同约之民，皆宜孝尔父母，敬尔兄长，教训尔子孙，和顺尔乡里，死丧相助，患难相恤，善相劝勉，恶相告诫，息讼罢争，讲信修睦，务为良善之民，共成仁厚之俗。"参见王守仁《南赣乡约》，《王阳明全集》卷十七《别录九》，上海古籍出版社1992年版，第600页。

② 《南赣乡约》的推行对当地的风俗和治安产生了积极有益的影响，附近州县"近被政教，甄陶稍识，礼度差正，休风日有渐矣"。参见赵劢《鑫靖瑞金县志》卷一《风俗》，天一阁本，转引自曹国庆《王守仁的心学思想与他的乡约模式》，《中国哲学史》1995年第2期。

③ （明）章潢：《保甲乡约社仓社学总序》，《图书编》卷九十二，上海古籍出版社1992年版，第775页。

他根据晚明京城城市保卫的实际需要,将二者联为乡保制度,反吕坤之法而行之,以保甲为主、乡约为辅,寓保甲于乡约之中。吕坤和刘宗周融合乡约与保甲的做法都相当程度地借助保甲的政治力量增强了乡约教化的势力和效果,但另一方面,乡约与保甲这一政治组织的结合也导致其很大程度地背离了乡约原有的民治色彩,成为了行政和职役的工具。明代乡约思想的集大成者,是晚明的陆世仪。根据他的"治乡三约","乡约为纲而虚、社学保甲社仓为目而实"①,一纲三目、一虚三实,四者相辅相成。乡约作为总体道德规范与保民安民的各种具体举措结合起来,共同维系着乡村社会的良序运行。经由他的阐述,乡治的几个因素联成了一个整体,最终形成了一个以德治为基础的综合性乡治体系。只可惜,身处王朝更迭之际,他的乡治思想已不及施行。除乡治思想的发展以外,明代也涌现出一批可圈可点的地方性乡约实践,代表性的有岭南、徽州、江西地区乡约以及北方的山西、陕西、河南等地乡约,后文将简述之。

  清代统治者也立图在基层恢复明代的乡约制度,目的是加强对民众的控制。顺治时期正式宣布设立乡约,宣讲"圣训六谕";康熙朝颁布"上谕十六条",雍正朝再颁布《圣谕广训》,要求各地在乡约中宣讲。据史料记载,从顺治至光绪的两百多年间,清廷共颁布乡约谕旨三十二道,不可谓不重视。然而清代对乡约的重视仅仅偏重于乡约对于民众的宣教功能,以朝廷颁布的各种圣训、圣谕取代士绅和乡民的订约,使乡约流于空洞形式。清朝历代皇帝虽无不提倡乡约、保甲、社仓、社学,但却是四者分别提倡,由不同官僚部门负责,自明代中后期形成的关于乡治整体性的认识却全然被抛弃了。这样做的结果是,乡治系统支离破碎,乡治事务因循敷衍。更重要的是,乡约的官方化色彩不断加深,被赋予了越来越多稽查、催科等基层行政职能,日益变成官府控制基层的工具,官方也进一步介入甚至控制了乡约的人事选任和事务决策权力。到了清代中后期,乡约恃权坐大、鱼肉百姓、为害乡里的事情时有发生。乡约制度原有的自治精神和德治内涵至此丧失殆尽,沦为了官方基层行政体系中一个位卑而德轻的层级。

  民国初年,乡约迎来了又一个小高潮。这是一个国家社会急剧转型的

---

  ① (明)陆世仪:《思辨录辑要》卷十八《治平类》,王云五(主编)《丛书集成初编》第670册,商务印书馆1936年版,第189页。

时代，各种思想、主张竞相登场。以阎锡山、米迪刚、梁漱溟等人为代表的一批思想者和实践者主张将西方先进的政治制度与中国文化传统相结合，以自身文化为基点来吸收先进的外来文明，找到一条适合中国的民族富强、文化复兴的路径。秉承这样一种文化保守主义和社会改良主义立场，他们将目光聚焦于乡土社会，融合古代乡约传统与西式民主自治之法，"本古人乡约之意来组织乡村"①。翟城村治由乡绅主导，仿效西制建立了村级自治机构和组织，同时吸取古代乡约守望相助的精神兴办各类合作社，是近代中国第一个村自治的实例，也成为中华报派和村治派两个乡村建设思想和实践的大本营。山西村治由政府主导和推动，以编村为基本单元，建立起了一套兼具古代乡约德治内涵和西式民主分权外观的村级自治制度，被誉为民国政府乡村自治的典范，也是民国时期持续时间最长、声势最隆、影响范围最广的一项地方自治实践。梁漱溟的新礼俗思想则将中国古代的尚贤传统、礼俗之治糅合进西式民主自治制度中，他所设计建立的乡学村学更是成为取代基层政权的、充满儒家理想色彩的政教合一的组织。民国时期的乡治思想与实践兼具现代性和传统性两面。从乡约制度发展的角度而言，这一时期的乡村自治和乡村建设可以看作是对古代乡治思想进行现代化发展和改造的一种尝试。尽管从实际效果来看，这种对传统儒家治国理念与西式民主自治制度的嫁接并不成功，主要参与者对西式政治制度及其内在机理的理解也多有粗疏错谬之处，但就其初衷而言，是希望改造固有的社会文化土壤以适应民主自治的制度实践，抑或说从本民族的文化传统中转化出某种现代性因素，对此，或可报以同情之理解。

以上是对中国传统乡约整体发展历程的概述，下文将具体阐述传统中国乡约发展历程中一些具有代表性的理论与实践，并对其背景、内容以及对乡约发展的贡献进行详细分析。

第一章　宋代乡约的发轫

历史上第一个有记载的乡约《吕氏乡约》产生于北宋熙宁时期。杨开

---

① 梁漱溟：《乡村建设理论》，上海书店1992年版，第201页。

道据此将中国古代农村组织的发展分为三个大的阶段，分别是：周以前的传说时期、秦汉以后的破坏时期和北宋熙宁以后的补救时期。① 虽然这种阶段划分带有片面性，也夸大了乡约组织在历史上的重要性，但要理解乡约为何会产生于这一时期，确实要溯源到前两个阶段。

周以前农村组织的相关记载多见于《周礼》。《周礼》是一部叙述周代官职及其执掌的典籍，其真伪尚存在争议，所述或部分源于周代的真实状况，也可能来源于战国时期儒家知识分子的某种设想。但无论如何，《周礼》的意义却是非常重大的，它在后世学者的思想里占有重要的地位。根据《周礼》的记载，周朝有了国、野之别，"王城百里为郊。乡在郊内，遂在郊外，六乡谓之郊，六遂谓之野。"国是指国都地区，大概在王城百里以内，设六乡；野是国都以外的地区，是王城百里到两百里的地方，设六遂，统治规模实际上非常小。六乡的组织是"五家为比，使之相保；五比为闾，使之相爱；四闾为族，使之相葬；五族为党，使之相救；五党为州，使之相赒；五州为乡，使之相宾。"② 除了族以四闾构成，其他皆采用五五进制的编制办法，十分整齐和严密。每一级组织都有一个乡官，乡大夫、州长、党正、族师、闾胥、比长，都由本地人充当，统称为乡官，主持一切教化、军旅等事宜。六遂的组织是"五家为邻，五邻为里，四里为酂，五酂为鄙，五鄙为县，五县为遂。"③ 乡官设邻长、里宰、酂长、鄙师、县正、遂大夫。可见，六遂跟六乡的组织差不多，不过各级官阶要低一等。除了普通户籍组织之外，卒伍组织也是农村组织的一部分。卒伍制度也采用五五进制的编制方法，"五人为伍，五伍为两，四两为卒，五卒为旅，五旅为师，五师为军。"可推算，每卒百人，每旅五百人，每师两千五百人，每军一万二千五百人，皆由同级的乡官统率。（《周礼·地官·小司徒》）

在后世儒家士大夫的想象里，三代之治的最大特征是"治道合一"，也就是制度与道德的高度统一。西周统治者吸取夏商因为专任刑罚而亡国的教训，注重用"德""礼"对民众行教化，而不是一味使用刑罚，从而确立了"敬德保民""明德慎刑"的统治思想。同时，西周又延续了夏商

---

① 杨开道：《中国乡约制度》，商务印书馆2015年版，第3页。
② 陈戍国点校：《周礼·仪礼·礼记》，岳麓书社1989年版，第29页。
③ 陈戍国点校：《周礼·仪礼·礼记》，岳麓书社1989年版，第41页。

两代行政、军事、司法不分的管理体制，从中央到地方各级官吏都同时掌握行政、军事和司法等事务，使得整个国家制度表现出行政与教化上高度统一，寓教化于行政、寓行政于教化的"政教合一"特征。各级乡官既是执掌"政令之法"的行政长官，也是执掌"教治之法"、教化民众的"教官"。他们所教之"法"在当时即指一些基本的社会准则和行为规范，主要来源于三个方面：一是习惯和风俗中演变而来的"礼"；二是统治者制定的各种成文法如《吕刑》；三是周天子和各级诸侯颁布的各种王命如诰、誓、训、命等。[①] 在这一系列的社会规范中，礼仪的内容远超刑罚的内容，礼教乃是"教法"的根本。教法的实施方式是由乡大夫受教法于司徒之后，回到本乡施教于下级乡官，乡官再递次施教于民众。因此，州长、党正、族师、闾胥等基层乡官在完成政务的同时，也负责组织民众进行"读法"，以达到"考其德行道艺而劝之，以纠其过恶而戒之"的教化目的。

自秦汉以降，这种"治道合一"的格局却发生了深刻的改变。秦统一六国，变封建为郡县，县以下的乡里规制也相应做了调整，将周代以来的什伍组织改造为"五里一邮，十里一亭，十亭一乡"的乡亭之制。乡亭的设置创始于战国，发展于秦代，到了西汉时期已经十分普遍，一种较为完善的乡官制度亦由此成形。其中，乡是秦汉乡治的主要单位，乡里设有三老、啬夫、游徼等领袖。三老是乡治中的最高领袖，一般都是德高望重，由有感化民众能力的人担任。三老对下可以教化民众，对上可以直达朝廷，关心和干预国家大事，具有较高的社会地位，深得皇帝的重视。[②] 啬夫同样是乡里常设的重要组织领袖，拥有很大的自主权，以至有"人但闻啬夫，不知郡县"的说法。可见，秦汉时期的乡官制还是具有某种社会自治性质的，其治下的乡里社会基本处于半自治的状态。然而这种自治性质很快被认为于统治不利，因为它与闾里亲戚等非国家的社会关系密切，如果任其势力扩大，恐将对专制政权产生挑战。因此，隋朝统一之后，众多官员抨击乡官制"不便于民，党与爱憎，公行货贿"[③]。中唐以后，随着均田制的废弛和两税法的实行，乡官制更加向职役制转化。"乡"的重要性不断下降，乡官的权力日益减少，教化乡里的职能日渐衰微。到了北宋，

---

① 董建辉：《明清乡约：理论演进与实践发展》，厦门大学出版社2008年版，第35页。
② 赵秀玲：《中国乡里制度》，社会科学文献出版社1998年版，第9页。
③ 魏徵等：《隋书》卷42《李德林传》，中华书局1973年版，第1207页。

乡里组织的领袖已经到了名不副实、徒有虚名的程度。王安石实行新法之后，乡里组织被政府所控制，乡官沦为任州县官驱使的差役。

上述这一转变无疑构成北宋乡约出现的一大背景。乡官蜕变为职役，乡官不再具有教化的功能，制度不再承载道德的价值，这在很多儒家士大夫看来，乃是乡里社会世风日下的重要原因。如何恢复乡里社会的教化，应对乡村社会治道分离所带来的各种现实问题，成为儒家知识分子思考的一个重要问题。如前所述，西周统治者反对任用刑罚、注重德礼教化的政治主张一直备受儒家的推崇。从孔子及至孟子、荀子等儒家圣贤都或多或少地发挥了德礼教民、导民向善的思想。从秦汉至隋唐，儒学的地位虽有起落，但以教化民，通过德礼教化唤起民众内在道德自觉，以维护社会的纲常伦理来稳固社会秩序的政治理想始终传承未变。应该说，乡约之所以发轫于北宋，就在很大程度上体现了这一儒学复兴时期儒家学者力图重拾西周的"读法之典"，重温三代"治道合一"理想制度的初衷。

一 《吕氏乡约》

《吕氏乡约》出现于北宋陕西蓝田地区。其创始人据考证为蓝田吕氏兄弟（吕大忠、吕大钧、吕大临），其中，尤以吕大钧（字和叔，1029—1080）为主创。因此，蓝田乡约也称《吕氏乡约》。吕氏兄弟三人皆曾师从关中著名理学家张载。张载的"关学"与同时代周敦颐的"濂学"、程颢和程颐兄弟的"洛学"以及南宋朱熹的"闽学"并称为理学的四大派。关学又名"礼学"，注重礼仪实践，希望通过复兴古礼来教化百姓，移易风俗。《吕氏乡约》正是在此学风的影响下产生的。据杨开道考证，乡约的制定过程吕氏兄弟都有参与，而吕大钧则是"中心人物"，是《吕氏乡约》最主要的草创者和实行者。[①] 他在《乡约》中提出"德业相劝、过失相规、礼俗相教、患难相恤"，规定了乡约的主要内容和功能，为后世乡约奠定了基调。

《吕氏乡约》分为《乡约》和《乡仪》两部分。[②] 其中《乡约》中"德业相劝、过失相规、礼俗相交、患难相恤"是整部乡约的核心纲领。

[①] 杨开道：《中国乡约制度》，商务印书馆2015年版，第47页。
[②] 《乡仪》的制定在《乡约》之后，主要规范了一系列家庭和社交的礼节，可以看作是《乡约》中"礼俗相交"一条的补充。

"德业相劝"由德和业两部分组成。德主要指见善必行、闻过必改,包括"能事父兄、能教子弟"等普通德行和"能兴利除害、能居官举直"等特殊德行。业则包含在"居家则事父兄,教子弟,待妻妾;在外则事长上,接朋友,教后生,御童仆""读书治田,营家济物,好礼、乐、射、御、书、数"等。"过失相规"是"德业相劝"的反面,包括犯义之过6项:酗博斗讼、行止逾违、行不恭逊、言不忠信、造言诬毁、营私太甚;犯约之过4项:德业不相劝、过失不相规、礼俗不相交、患难不相恤;不修之过5项:交非其人、游戏怠惰、动作无仪、临事不恪、用度不节。"礼俗相交"则是关于婚丧、祭祀、交往等方面的礼节规定,包括"凡行婚姻丧葬祭祀之礼""凡与乡人相接,及往还书问""凡遇庆吊""凡遗物""凡助事"等五项。据杨开道所言,"礼俗相交"是整个乡约中内容较为空洞、安排较差的一个部分,因而也是后来朱熹在增损《吕氏乡约》时所重点修改的内容。① "患难相恤"主要是指凡乡人遇有患难,同约中人应该根据情势缓急,告知乡约主事者或同约中人,给予救助。这些救助内容包括"水火""盗贼""疾病""死丧""孤弱""诬枉""贫乏"七款,每一款都针对乡村社会的一种实际问题,提倡乡民通力合作、共同解决。吕大钧还提出,患难相恤不应以是否入约为限,而是"凡有患难,虽非同约,其所知者亦当救恤,事重则率同约者共行之"②。"患难相恤"的内容可谓是乡约创立者对先秦儒家"先养后教"主张的一种践行,也是对孟子"出入相友、守望相助、疾病相扶持"的理想社会的一种尝试。这一约条使得乡约在教化之外,又兼具了社会互助和救济的功能,使得整个乡约具备了社会救助机制的性质。按照杨开道的看法,这种普遍化的互助观念也已经具备了现代合作制度的雏形。③ 因此,整体来看,乡约的四条纲领是层层深入的:德业相劝和过失相规注重在个人道德层面,礼俗相交延伸到人和人的社会接触和社会交往层面,而患难相恤则进一步推进到社会合作和团体活动层面。整个乡约也在患难相恤中达到了最大的深度。

除了以上四条纲领之外,《乡约》还设有罚式、聚会和主事三项具体

---

① 杨开道:《中国乡约制度》,商务印书馆2015年版,第111—112页。
② 吕大钧:《吕氏乡约乡仪》,(宋)吕大临等撰,陈俊民辑校《蓝田吕氏遗著辑校》,中华书局1993年版,第566页。
③ 杨开道:《中国乡约制度》,商务印书馆2015年版,第73—79页。

的制度性条款。"罚式"规定了各种过失的轻重及相应的惩罚措施，比如记录在案、罚款、重罚、清除出约等。"聚会"则在形式上取法《周礼》，订立了一套类似"乡饮酒礼"的仪式，对乡约集会仪式的场地、人员、程序等都有细致的规定，强调通过这一套"礼"来进行教化，塑造彼此亲近、友爱、和乐的关系。聚会的重要目的之一是"书其善恶、行其赏罚"，对行善者记录在案、口头表彰；对行恶者记录在案，还要根据罚式加以惩处，严重的甚至革除出约。聚会采取制度化的共同议事形式："每月一聚，具食；每季一聚，具酒食。遇聚会，则书其善恶，行其赏罚。若约有不便之事，共议更易。"① "主事"则对乡约主事人的产生办法、职责等做出了规定。乡约主事人由村民轮流担任，"约正一人或两人，众推正直不阿者为之，专主平决赏罚当否；直月一人，同约中不以高下，依长少轮次为之，一月一更，主约中杂事"②。从上述罚式、聚会和主事这几项制度性条款来看，《吕氏乡约》已经具备了一套简单的组织机构，不仅定期聚会，而且有固定的活动场所和规范化的议事规则、主事人产生办法，这使得它不同于传统中国乡村社会各种形式的民间规约，而成为一种前所未有的社会组织。

整体来看，《吕氏乡约》具有鲜明的民治色彩。这一点体现在几个方面：首先，就乡约的实施范围而言，乡约以社会的自然单元——"乡"为基本单位来推行，着力于一时一地的风俗再造，这区别于自上而下的官治主义，具有鲜明的自下而上的民治色彩。③ 其次，就乡约的发起者和推动者而言，《吕氏乡约》是由乡绅发起、民众自发自愿参与的绅民之约。吕大钧创办乡约的出发点在于"乡人相约，勉为小善"④ "愿与乡人共行斯道"⑤，立

---

① 吕大钧：《吕氏乡约乡仪》，（宋）吕大临等撰，陈俊民辑校《蓝田吕氏遗著辑校》，中华书局1993年版，第567页。

② 吕大钧：《吕氏乡约乡仪》，（宋）吕大临等撰，陈俊民辑校《蓝田吕氏遗著辑校》，中华书局1993年版，第567页。

③ 杨开道将《吕氏乡约》的特色归纳为四个方面：一是其以乡为单位，体现自下而上的治国之道；二是其为人民的公约，而不是官府的行为；三是乡民的入约是局部的、自愿的参加而非全体的、强迫的参加；四是它第一次订立了成文的法则。参见杨开道《中国乡约制度》，商务印书馆2015年版，第72页。

④ 吕大钧：《答刘平叔》，吕大临等撰，陈俊民辑校《蓝田吕氏遗著辑校》，中华书局1993年版，第569页。

⑤ 吕大钧：《吕氏乡约乡仪》，吕大临等撰，陈俊民辑校《蓝田吕氏遗著辑校》，中华书局1993年版，第567页。

约的纲领则是"敢举其目，先求同志，苟以为可，愿书其诺"[①]，这清楚地表明了乡约的组织活动全部是民间行为，而非政府行为，正如朱鸿林所说，《吕氏乡约》是"不预期在政府的监管下运作的"[②]。再次，从组织形态而言，《吕氏乡约》并不以某种行政辖区为范围，并未强制居住于本地的民众务必参加，而是全凭首倡者个人和乡约纲领的道德感召力吸引乡民自愿加入。士绅与入约乡民之间乃是一种首倡与唱和的关系，乡民加入乡约也是局部参加、自愿参与，而不是全体参加、强制参与。正因为《吕氏乡约》的民治属性，它对于中国历史而言具有重要意义，可谓是专制王朝统治下一抹独特的亮色。秦汉以来，乡村社会的乡官、地保等大体都是"辅官以治民"，其选任出于政府；至北宋王安石变法，虽锐意革新，以青苗、保甲治乡，但仍未脱官治主义的窠臼。而浸淫理学的吕大钧所创之乡约，则以绅民之约的形态树立了民间自我治理的典范。也正是在这个意义上，《吕氏乡约》被称为中国民间首创的第一个自治制度，萧公权评价其"于君政官治之外别立乡人自治之团体，尤为空前之创制。"[③] 杨开道也评价它第一次打破了"智识阶级永远和政府打成一片，永远和人民分成两体"的格局，对后世的"知识分子到民间去参加民众运动"树立了精神的标杆。

但事实上，将《吕氏乡约》的民治色彩理解为自治是不尽准确的。对乡约主创者吕氏兄弟而言，他们要践行的仍是儒家"修齐治平"的使命与理想。只不过由身而家、由家而乡，在修身、齐家和治国之间，就自然衍生出一个亲乡的维度，成为那些致仕归乡或未能入朝为官的士绅的志业。在儒家士大夫一边，乡约承载的仍然是他们强烈的"佐治"抱负，举行乡约的目的当然在于辅助政教，而不是皇权之外的自治，这与建立在社会与国家的相对独立性甚至抗衡性基础上的自治是有本质区别的。同时，乡约的主要内容在于道德教化，对乡村社会的具体事务并无过多涉及，乡约的实施范围也不以固定的地理区域为限，而是采取同志者自愿加入的办法，这也使其与现代之地方自治有明显区别。正如萧公权所言，"乡约乃私人之自由组织而非地方之自治政府。且所约四事，偏重道德。经济教育诸要

---

① 吕大钧：《吕氏乡约乡仪》，吕大临等撰，陈俊民辑校《蓝田吕氏遗著辑校》，中华书局1993年版，第567页。
② 朱鸿林：《孔庙从祀与乡约》，生活·读书·新知三联书店2015年版，第226页。
③ 萧公权：《中国政治思想史》，辽宁教育出版社1998年版，第496页。

务，均在合作范围之外。衡以近代之标准，实非完备之自治。"① 就根本性质而言，《吕氏乡约》更像是一个私人发起、基于自愿参与的、旨在促进小地域范围内的良好社会行为和互助精神的民间团体，是一种以某种事业为根据、凡志同道合者都可自由参与的事业组织，而非以地方为根据、凡居住此地者必参加的地方组织。

应该说，《吕氏乡约》是一个典型的德化组织，它也是儒家以德治为根本原则的经世治乡方案的典型体现。如前所述，乡约之所以肇兴于北宋，从远的线索而言，正是因为三代之后基层社会德治传统的衰微、道德与制度的分离带来了唐末至五代十国的乱世。这一时期武人当政，政权更迭频繁、战乱四起，是一个极其黑暗的时期。有了五代十国铁与血的教训，儒家士大夫更加深切地意识到制度与道德相融合的重要性，因而试图在乡土社会恢复道德秩序，重建儒家道德教化的乡治传统，借此安顿民众的精神世界，维系儒家文化的传承与嬗延。为此，他们构想了包括封建、宗法、井田等在内的一系列方案。乡约亦是此种思想动机之下的一个产物。《吕氏乡约》的作者吕大钧从学于北宋张载，深受理学思想影响。其所制定的乡约，亦是理学乡治理念的突出反映，其核心就是要德润乡里、化民成俗，在民间风俗层面恢复一套道德伦理秩序。这也是为什么《吕氏乡约》本身表现出很强的自限性，它并不希望染指包括治安、赋役、司法等在内的更多行政事务，而是单纯地作为一个德化组织而存在。对此，杨开道评价道："自政教分离之后，治民的官不管教化，教化的官因循苟且。学者有学社可相互规劝，乡村便屏诸文化之外了！……我们很感激他（吕大钧）以亲老辞官，不然他只会有暂时的感化，而不会有永久的乡约，只会有官治的成绩，而不会有民约的实现。乡约真是中国文化的产物，乡约真是复古时代的产物。"②

除了宋代士大夫恢复三代之治的政治理想之外，《吕氏乡约》的诞生还直接体现了北宋熙宁年间一些儒学士大夫对当时王安石新法的反向行动。③

---

① 萧公权：《中国政治思想史》，辽宁教育出版社1998年版，第496页。
② 杨开道：《中国乡约制度》，商务印书馆2015年版，第42页。
③ 韩明士（Robert Hymes）认为《吕氏乡约》出于改革派宰相王安石的对手之手，是对王安石所立的、让民众相互监督的保甲法的一种替代性办法。参见 Robert P. Hymes, *Statesmen and Gentlemen: The Elite of Fu-chou, Chiang-his, in Northern and Southern Sung*, Cambridge: Cambridge University Press, 1986, pp. 132-135, 315, note33, 转引自朱鸿林《孔庙从祀与乡约》，生活·读书·新知三联书店2015年版，第226页。

《吕氏乡约》诞生的北宋中期，是王安石变法亟行的时期。与理学家类似，王安石的变法也是以恢复三代之治为最高的政治理想。同时，新法也以《周礼》为经典根据，青苗、保甲等措施也关涉乡治。但本质上，新法与乡约实处在截然相反的立场上。新法是依靠皇权自上而下强制推行，着眼于地方经济、治安管理，而全无道德教化意味。杨开道曾就王安石新法中的青苗法和乡约思想中的社仓做一对比：青苗法的根本理论出于周官泉府和中国旧日的社仓，近似于现代的信用合作，皆是有无相通、以有余补不足。然而，社仓借贷以谷，而青苗借贷以钱；社仓是相互借贷，而青苗是借贷于官；社仓利息极低，而青苗利息颇高。一个具有典型的地方自治主义色彩，一个是典型的国家社会主义做法。① 保甲法的根本理论出自《周礼》《管子》"农兵合一""寓兵于农"的观念，近于现代的民兵制，根本上也是一种政府制定的基层防卫制度，主要是为了解决朝廷冗官冗兵冗员带来的财政缺口问题，同时也达到富国强兵的目的。可见，王安石新法的种种举措都是国家主导、自上而下推行、直接着眼于经济和军事。虽然其初衷在于强国富民，但这种缺乏下层组织基础、自上而下推行的变法，在实际施行过程中往往不是敷衍塞责便是变本加厉，遂使"良法变成恶法、助民反以殃民"。② 乡约则反其道而行之，自下而上、着眼于对民众的教化和道德熏染。杨开道对此总结道："乡约为民众工作，新法为政府工作；乡约自下而上，新法自上而下；乡约以一乡为单位，新法以一国为单位。……吕氏乡约以民治，荆公新法以官治；吕氏乡约行教化，荆公新法行保养。可见吕氏乡约是在那个新法盛行时代独标一格，独树一帜的。"③

尽管《吕氏乡约》在很多方面具有开创性，但在现实中它却未能得以充分推行并造成足够的影响。这很大程度上也正是由于其浓厚的民治色彩。在吕氏兄弟看来，乡约是"乡人相约，勉为小善"，所约之事无外乎水火、盗贼、死丧、疾病等乡间寻常事务，是国家法令所许可但未必能关切得到的，因此未必需要大人物来主导，乡里读书人加以提倡，即可为之。但在习惯了从上而下的社会教化的体制性下，人们对通过乡里自主立约的方式来进行教化，在心理上还是不能完全接受的，视其为异事。乡约

---

① 杨开道：《中国乡约制度》，商务印书馆2015年版，第30—31页。
② 杨开道：《中国乡约制度》，商务印书馆2015年版，第70页。
③ 杨开道：《中国乡约制度》，商务印书馆2015年版，第30—31页。

施行不久，吕大钧就在与友人书信中提到："乡人相约，勉为小善……而传闻者以为异事，过加论说"。乡约本为善举，但"必待有德有位者倡之，则上下厌服而不疑，今不幸出于愚且贱者，宜乎訾訾者之纷纷也。"① 在当朝者看来，乡约更有结党或干政之嫌。吕氏兄弟中的仲兄吕大防当时作为出外主政一方的知州，就认为此事"非上所令而辄行之，似乎不恭"，唯恐人们将大均等兄弟的做法与汉代的党事联系起来，招致刑祸。尽管吕大钧在给吕大防的书信中极力辩驳，乡约绝无结党营私之嫌②，但大防仍忧心因此惹出刑祸，因而一再书信劝和叔将乡约改为家仪或乡学规，以免干政之嫌。③ 这说明乡约作为古代专制制度下的民间组织，难免不被视为异端、招致非议。

除政治因素外，《吕氏乡约》的参与或退出全凭个人自愿自觉，缺乏适度的边界和激励机制或也导致其在实践中难以长期维持。南宋的学者张栻就曾在给朱熹的信函中就《吕氏乡约》的这一问题提出疑问："乡约细思之，若在乡里，愿入约者只能纳之，难以拣择。若不择，择或有甚败度者，则又害事。择之，便生议论，难以持久。"④ 可见，乡民入约是不加拣择的纳入，还是有所甄别的纳入，似乎两难。不加拣择会使得约众良莠不齐，若加甄别又等同于把一些人排斥在约众群体之外，有违其作为德化组织感化民众的初衷。这表明在开放和自愿加入的前提下，乡约组织能否有效维持及达到预期效果乃是很大的问题。此外，乡约的惩戒措施较为严厉或许也是一个影响因素。对于乡约这样的德化组织而言，约束标准如何制定本就是一个问题，过严可能强乡人所难、招致非议，过宽又达不到化民成俗的目的。《吕氏乡约》中的处罚性手段大体分为"书籍""罚钱"和"除名"三种，分别涉及名誉惩罚、物质惩罚和社会关系排斥三种方式，当算严格。前文论及，《吕氏乡约》对教化以外的乡村社会经济事务本就不多措意，加之道德方面的惩戒措施又较为严厉，对于民众而言，乡约没

---

① 吕大钧：《吕氏乡约乡仪·答刘平叔》，《蓝田吕氏遗著辑校》，中华书局2012年版，第569—570页。

② 吕大钧在信中说："（汉代）党事之祸，皆当时诸人自取之，……不知乡约有何事近之？"（吕大钧：《吕氏乡约乡仪·答仲兄一》，《蓝田吕氏遗著辑校》，中华书局2012年版，第568页）表明当时确有把吕氏兄弟推行乡约比附于汉代党祸的言论，和叔则力辩乡约绝无结党之嫌。

③ 牛铭实：《中国乡约制度》，中国社会科学出版社2014年版，第10页。

④ 张栻：《答朱元晦》，《张栻全集》卷22，长春出版社1999年版，第426页。

有带来切实的好处,而平添一份道德的约束,可想而知,参加的积极性应并不乐观。正如吕大钧在给刘平的书信中所坦言:"或谓其间条目宽猛失中、繁简失当,则有之矣"。①

可见,专制对于民治的戒备,以及乡约组织本身在开放性、约束力方面的问题都可能构成了乡约实施和推广的障碍。据杨开道的推测,从乡约告成的熙宁九年(1076)六月到和叔去世的元丰五年(1082)十二月之间"只有五年半的光景",其间和叔还曾去外地任职,"亲身提倡乡约的日子也是不多"。② 乡约虽名为一乡之约,但其实质范围也可能只是吕氏家族的某种扩大化。据现有史料来看,《吕氏乡约》应确有实行,但也的确范围有限、行之不远,这当中大概既有大环境的制约,也有其自身的因素。

二 朱熹《增损吕氏乡约》

乡约自北宋蓝田吕氏肇始之后,并未在历史上产生太大的影响,甚至连乡约的文本都险些亡逸于南北宋易代之际的战火。及至南宋,乡约终于迎来了其发展史中的第二个关键节点,那就是朱熹(字元晦,1130—1200)对《吕氏乡约》的整理和增损。

朱熹作为宋代大儒,集宋代理学之大成及孔子以下儒学思想之大成,开创了儒学的新局面。正因为传承儒家思想文化、重塑儒家价值秩序的远大理想,朱熹十分重视社会教化。他提出了"明德新民"的教化理念,肯定人性本善,而恶的根源乃是气禀之杂,因此学者和统治者应该先自明明德,以恢复自己的善良本性,然后推己及人,做新民的功夫,通过教化来彰明人伦、感发善性。朱熹社会教化理念的一大特色,是将原本局限于儒家士大夫的礼教推行到庶民阶层。宋以前,礼不下庶人,甚至在宋代儒学复兴之后,官方对于在庶民中间推行礼教并无特别兴趣。朱熹则十分重视推动庶民在日常生活中也遵循儒家之礼,他亲自编订《家礼》,作为一般士庶家庭实行冠婚丧祭仪式的依据。书中的礼教内容在他辞世之后被弟子们推广至民间。晚年的朱熹还曾编撰一部大型的礼仪著作,以讨论家礼、乡礼、学礼、邦国礼、王朝礼等典礼。

---

① 吕大钧:《答刘平叔》,吕大临等撰,陈俊民辑校《蓝田吕氏遗著辑校》,中华书局1993年版,第570页。
② 杨开道:《中国乡约制度》,商务印书馆2015年版,第85页。

朱熹历任地方长官，倡导和推行礼教是其贯彻始终的为政方针。在任地方官期间，他都致力于整顿州、县学，修复书院，使之成为求学和道德教化之所。朱熹晚年于绍熙元年（1190）知漳州，为更易当地土俗，发布了针对保甲的劝谕榜文。前文已述，保甲法为北宋王安石新法所创，至南宋则逐渐成为乡村中流行的组织形式。朱熹推行社仓之时即已与保甲结合：以十家为一甲，甲推一人为首；五十家为一社，社推一人通晓者为社首；十人一保，以甲户为单位，登记人口，居住地及收入状况。通过保甲制度掌握人口状况，发放粮贷，人户向队长、保长申报，再上报至社首、保正副，以进行支贷，保证有借有还，保障社仓正常运行。[1] 知漳州时，保甲已在当地施行，朱熹便利用这一网罗家户村乡的地方保安组织宣传礼制、广推教化，其《劝谕榜》首列"劝谕保伍互相劝戒事件"，有"互相劝戒，孝顺父母，恭敬长上，和睦宗姻，周恤邻里，各依本分，各修本业"之语[2]，可谓在仅着眼于地方治安、全无德化意味的官方保甲制度中，或多或少地注入了理学至为看重的价值评判因素。此前，朱熹曾在会稽禹穴中寻得北宋古灵先生陈襄所著《劝谕文》[3]，其《劝谕榜》条目多有取于此。知漳州时亦将古灵之文一并颁布，令同保之人诵读奉行[4]，杨开道评之为"何等别致的感化方案"[5]。

如前所论，宋代理学家普遍面临着制度与道德相互分裂的历史境遇，而试图通过重建基层秩序的方式重新统合二者，落实到实践层面，就是反对全然按皇权的逻辑和官僚体系的方式来组织民间社会，提倡在民间重建以血缘、地缘、人情为纽带的共同体。因此，他的道德主张很大程度上依赖于宗法、乡约、私学等社会组织及其规则与皇权国家的平衡，也就是"以土地士绅为中心、通过乡约和宗法，重建道德、经济与政治相互统一的社会基础"[6]。正是在这种思想框架下，朱熹亲自编写了《古今家祭礼》

---

[1] 参见牛铭实《中国历代乡约》，中国社会科学出版社2005年版，第16页。
[2] 朱熹：《劝谕榜》，《晦庵先生朱文公文集》卷一百，《朱子全书》（修订本）第25册，上海古籍出版社、安徽教育出版社2010年版，第4620—4621页。
[3] 参见朱熹《答刘子澄》，《晦庵先生朱文公文集》卷三十五，《朱子全书》（修订本）第21册，上海古籍出版社、安徽教育出版社2010年版，第1543页。
[4] 朱熹：《揭示古灵先生劝谕文》，《晦庵先生朱文公文集》卷一百，《朱子全书》（修订本）第25册，上海古籍出版社、安徽教育出版社2010年版，第4619—4620页。
[5] 杨开道：《中国乡约制度》，商务印书馆2015年版，第69页。
[6] 汪晖：《现代中国思想的兴起（上卷）》（第一部：理与物），生活·读书·新知三联书店2015年版，第286页。

《家礼》，设计了详细的家族礼仪，并论证了祠堂和族田的必要性。也正因为如此，当朱熹接触到《吕氏乡约》之后，他立即发现乡约具有使乡里社会的民众"彼此交警、教人善俗"的功效，便决意对其进行修订和发扬。可以说，在朱熹整体构想中，乡约是重要的一环，朱熹设想以"德治"为原则，通过乡约的形式和宗族制度建立地方社区秩序，通过地方社区在国家干预和家户利益之间发挥调节作用。朱熹在其与友人书信中提及："《乡约》之书，偶家有藏本，且欲流行，其实恐亦难行，如所喻也。然使读者见之，因前辈所以教人善俗者，而知自修之目，亦庶乎其小补耳。"① 又云："又欲修《吕氏乡约》《乡仪》，及约冠婚丧祭之仪，……所惧自修不力，无以率人，然果能行之，彼此交警，亦不为无助耳。"② 表明其增损《吕氏乡约》的初衷，正在于将此乡人"自修"自治之法推广流行于乡里，"教人善俗"，使"彼此交警"，共成一乡之治。

朱熹对于《吕氏乡约》的增损，主要体现在以下几个方面：首先，朱熹为乡约设计了一套完备细密的"月旦集会读约之礼"。《吕氏乡约》对于集会仪式，包括会期、聚餐、记录善恶、执行赏罚等，本只有寥寥数语的规定，朱熹则将其大加扩充增补。《吕氏乡约》本只设约正一至二人主赏罚当否，以及由约民轮值的直月一人负责约中杂务及备办集会酒食等；《增损吕氏乡约》则于主事人中增加"副约正二人"。按朱熹制定的礼仪，每月朔日举行集会之时，优先选择当地乡校为会场。集会之日，约正、副约正、直月先在家中行礼，再到会场互相礼拜，然后由直月率众约民先按五等尊幼辈行依次礼拜约正。其后，直月高声朗读约文一遍，副约正负责阐述约文义理，并回答约民疑问。其后开始推善纠恶，约正就结果询问约中公意，如无异议，则由直月书于籍。善籍所载善行由直月当众朗读，树立榜样；恶籍所载过失则仅在众人中默默传看，给犯过者仍留颜面。仪式结束后有聚餐，餐后大家回场复会，形式自由，可以说书、习射、议论等。至午后则散会。③ 这一月旦集会之礼尽管周详审慎，但礼度仪文显得

---

① 朱熹：《答张敬夫》，《晦庵先生朱文公文集》卷三十一，《朱子全书》（修订本）第21册，上海古籍出版社、安徽教育出版社2010年版，第1350页。
② 朱熹：《答吕伯恭》，《晦庵先生朱文公文集》卷三十三，《朱子全书》（修订本）第21册，上海古籍出版社、安徽教育出版社2010年版，第1458页。
③ 朱熹：《增损吕氏乡约》，《晦庵先生朱文公文集》卷七十四，《朱子全书》（修订本）第24册，上海古籍出版社、安徽教育出版社2010年版，第3601—3602页。

太过繁琐，与古代乡村的简易生活方式并不契合。正如杨开道评论的："这样繁复的礼节，除了孔门弟子的士大夫以外，在农民队里是不容易实用的。"①

其次，朱熹对《吕氏乡约》的约文进行了完善，而这一工作也尤其侧重于"礼俗相交"这一方面。在约文条目上，原约中比较详备的"德业相劝""过失相规""患难相恤"几条内容改易不多，其更改多集中在部分细目的小注说明上，但对于"礼俗相交"一条则增益颇多。《吕氏乡约》约文中，"礼俗相交"一条从内容上看最不完善，其原因盖在于吕大钧除作《乡约》之外还定有《乡仪》，其为乡人制定的礼制规范多体现于后者，《乡约》中则从略。朱熹据此，以《乡仪》中的大量内容充实《乡约》，其更改后的"礼俗相交"条占到了《乡约》全文篇幅的三分之一以上，具体内容分四款：一为尊幼辈行，二为造请拜揖，三为请召送迎，四为庆吊赠遗。其中，"尊幼辈行"涉及尊者、长者、敌者、少者、幼者五等辈分排行；"造请拜揖"涉及礼见的选时与原委，登门造访、道途相遇时的礼节；"请召送迎"涉及请客方式、座次高下、献酒方式及远处送迎的礼节；"庆吊赠遗"则涉及吉事、凶事的礼仪、礼物、助力等。这些内容囊括了乡村人伦日常、交往行事的方方面面，对每一方面的礼仪节度都做了详细规定。②

再次，朱熹对乡约的入约、赏罚措施方面做出了一定的修改。这方面或许得益于其与挚友、理学家张栻的讨论。对于损益《吕氏乡约》一事，朱熹曾去书于张栻，张栻对乡约一事也深表赞同，称之为"善俗之方"，但就其中入约之人是否需加以甄别以及约文中惩罚措施是否可行等问题提出了疑问。③ 朱熹在增损乡约之时，也部分参考了张栻的意见。《增损吕氏乡约》规定，乡约须有三个记录名册，"凡愿入约者书于一籍，德业可劝

---

① 杨开道：《中国乡约制度》，商务印书馆2015年版，第99页。
② 参见杨开道《中国乡约制度》，商务印书馆2015年版，第96—97页。
③ 张栻在给朱熹的回信中论及："昨寄所编《祭仪》及《吕氏乡约》来，甚有益于风教。但乡约细思之，若在乡里，愿入约者只纳之，难于拣择。若不择，而或有甚败度者，则又害事。择之，则便生议论，难于持久。兼所谓罚者可行否，更须详论精处。若闲居得行，诚善俗之方也。"张栻：《答朱元晦》，《南轩集》文渊阁四库全书版，卷二十二。

者书于一籍，过失可规者书于一籍。"① 此规定为《吕氏乡约》原本所无，既保留了乡约的自愿加入原则，又通过对于"愿入约者""德业可劝者""过失可规者"的分别记录，除可使约民互相比对激励、奋起自新之外，也相当于对同约之人的品行材质做了筛选甄别，一定程度上可以解决张栻担心的"愿入约者只得纳之，难于拣择"的问题。另外，《吕氏乡约》本有"罚式"，即针对违反乡约规范的入约者的惩罚措施，其方式除将犯过之人的名字录籍公示以表警戒之外，尚有罚钱之法。张栻在书信中对这种惩罚措施能否实行存有疑问，朱熹大概也认为物质惩罚有违德化原则，于是完全取消了罚金，只保留"过失可规者书于一籍"的方式。对于书籍警示的具体步骤的制定，朱熹也十分审慎，首先强调同约之人要"各自省察，互相规戒"；如众人规戒不听，则在集会之日由直月告知约正，"约正以义理诲之，谢过请改，则书于籍以俟"；如果仍不信服改正，则"听其出约"。② 对罚式的这一更易，意味着乡约既可自由参加也可自由退出，显然更强化了乡约作为局部私约的性质，同时更加符合儒家以士大夫的道德感召力教化民众的根本精神。③ 而且，对于怙恶不悛者"听其出约"的方法，也有助于规避张栻提出的"或有甚败度者，则又害事"的问题。

朱熹尽管完成了《吕氏乡约》的考订与增损，但根据现有历史资料的记载，其生前似乎从未真正将此乡约付诸实践。这一方面应是受限于其自身面临的政治环境。朱熹晚年因政治斗争而被目为奸党，其学被斥为伪学，如果再去推行乡约，更容易加深嫌疑、招致非议。朱熹不行乡约，恐怕正是出于此种顾虑。而增损乡约之未获实行的更重要原因，或许缘于其增损乡约的仪式过繁、而实用性欠佳的弊病。如前所述，《吕氏乡约》"患难相恤"一条中本有许多解决农村生活实际问题的内容，朱熹对之却未多措意，把精力主要放在日常礼节、集会礼仪等仪文形式的增益上，这无疑降低了乡约的实用性。朱熹曾创办社仓、劝谕保甲，这些本是针对乡村经济、治安等问题的有益实践，但这些乡治的实质举措与乡约的礼教德化在

---

① 朱熹：《增损吕氏乡约》，《晦庵先生朱文公文集》卷七十四，《朱子全书》（修订本）第 24 册，上海古籍出版社、安徽教育出版社 2010 年版，第 3594 页。
② 朱熹：《增损吕氏乡约》，《晦庵先生朱文公文集》卷七十四，《朱子全书》（修订本）第 24 册，上海古籍出版社、安徽教育出版社 2010 年版，第 3596 页。
③ 参见杨开道《中国乡约制度》，商务印书馆 2015 年版，第 93—94 页。

他那里却始终分作两途，未能相合相融而成一整体性的乡治理路。这些都使得朱熹增损的乡约仍然只是一个偏于理想化和形式化的基层秩序构想。

不过，尽管因种种因素，增损《吕氏乡约》在朱熹生前默默无闻、未行于世，但在他身后，随其学术日昌，声名日隆，他所提倡的乡约也终于为世人所知、广为传布。正如杨开道所言："假使没有朱子出来修改，出来提倡，恐怕连吕氏乡约的原文，吕氏乡约的作者，也会葬送在故纸堆里，永远不会出头。中国民治精神的损失，中国乡治制度的损失，那是多么重大呢！……正因为他是一个名重全国，名闻后世的大儒，乡约制度才受天下后世的重视，乡治组织才有四面八方的发展。"[1] 总结来说，朱熹对《吕氏乡约》的整理与修订，在对礼俗、赏罚、仪式等具体内容加以变更损益的同时，完整保留和继承了理学乡治理念倡导乡村道德教化、确立基层价值秩序的精神内核。虽然《增损吕氏乡约》有其自身的问题与矛盾，但朱熹对于乡约的继承之功、提倡之绩，仍为古代中国乡治做出了卓越的贡献。

第二章　明代乡约的发展与转变

明代乡约的发展大致可以分为三个阶段：第一阶段为洪武至永乐年间的萌发时期。明朝以推翻元朝的异族统治、恢复汉族文化为政治目标而建立，因此，明朝初年的举措极具儒家文化复兴的色彩。当然这种复兴分为两个层面：一方面是复兴早期儒家德治教化的政治主张；另一方面，也是更为直接的，是接续元代中断了的宋代新儒家政治主张。明太祖在开国初年就远采《周礼》，近取朱熹《家礼》等宋儒治国思想，以为文治之基。这一点从朱元璋登基之初召请三十多位在野儒士进京议礼、修纂《大明集礼》可见端倪。明初这些儒士大多正是朱子后学。太祖朱元璋虽然没有直接推行乡约，但他对加强农村社会教化颇为重视。洪武初年，他"令天下郡县选民间年高有德者，里置一人，谓之'耆宿'，俾质正里中是非。"[2]

---

[1] 杨开道：《中国乡约制度》，商务印书馆2015年版，第87页。
[2] 《明太祖实录》卷193，上海书店出版社1983年版，第2894页。

同时，又令"天下邑里皆置申明、旌善二亭，民有善恶则书之，以示劝惩。凡户婚、田土、斗殴常事，里老于此剖决。"①设立老人制度，旨在提高耆老在乡里的社会地位，尤其是赋予其民间司法、裁断争讼的权力，同时以礼仪劝诫百姓，起到社会教化的作用。设置申明、旌善二亭几乎仿效《吕氏乡约》的做法，彰善惩恶，敦风化俗。洪武五年，朱元璋颁诏天下，举行乡饮酒礼，"采周官属民读法治"之意，由有司与学官率士大夫之老者行之于学校，或里社以百家为一会，由粮长或里长率领读法。②洪武二十七年，明廷恢复任用里老，命民间高年老人理其乡之词讼，实际上赋予了里老以民间司法的权力。洪武十八年、十九年，朱元璋又相继颁布《大诰》三编，旨在劝谕官员及百姓遵守法制，后又诏令官民结合乡饮酒礼加以传诵、讲读。洪武三十年，朱元璋复命每乡里置木铎，命耆老持铎于乡间选读"孝顺父母、尊敬长上、和睦乡里、教训子孙、各安生理、毋作非为"，即"圣谕六言"。③洪武三十一年，又命将上述"圣谕六言"、诵读《大诰》三编、乡饮酒礼以及里社祀神、兴办社学、奉养老人、祭祀祖先等社会教化措施合编为《教民榜文》，颁行全国。可以说，这一系列在乡里推广教化，并结合其他具体措施以臻教化的做法与此后乡约之施行并无二致，为明代乡约的正式出现和发展奠定了基础，甚至可以被理解为一种广义的乡约。④到了永乐年间，朱棣将《吕氏乡约》列于性理成书，颁降天下，这是明代官方首次直接宣传乡约，明确地表明了朝廷对乡约的肯定态度。受到这一过程的启发，一些地方乡绅开始自发地践行乡约。

第二个阶段是从正统到正德年间民办与官办乡约并举的阶段。这一时期推行乡约的人日益增多。明朝中期各地乡约的推行与这一时期里甲制度的崩坏有很大关系。如前所述，明代初年以里甲组织为基础，设立里老，并结合宣读圣谕、乡饮酒礼、兴办社学、祭祀祖先等教化措施的一系列办法，实际上为当时的里甲制度注入了浓重的教化意涵，使之不只为一个专

---

① 顾炎武撰，黄汝城集释：《日知录集释》卷8《乡亭之职》，上海古籍出版社2007年版，第474页。
② 《明太祖实录》卷73，上海书店出版社1983年版，第1342页。
③ 《明太祖实录》卷255，上海书店出版社1983年版，第3677页。
④ 常建华将里甲，特别是里社为基础，结合社学、乡饮等制度，设立里老与旌善、申明二亭，以调解民间纠纷、施行教化的做法理解为广义的乡约制度。参见常建华《明代宗族组织化研究》，故宫出版社2012年版，第224页。

司催征钱粮、维持基层社会秩序的基层行政控制制度。明初里甲制度的运行效果是较为显著的，甚至正统至成化、弘治年间，乡里社会秩序和教化情况也不算糟糕，所以这一阶段乡约虽有推行，但属零星现象，发展较为缓慢。① 但到了正德时期，基层社会开始出现深刻的危机，里甲毁坏，社学失修，老人制度难以为继，教化缺失，乡村社会秩序急剧恶化。正是在这种背景之下，一些主政地方的官员和关心乡里的士绅希望借乡约来建立新的乡村社会组织，重新恢复地方秩序。

这一阶段推行的乡约既有政府官员提倡推行的乡约，如王阳明的《南赣乡约》，也有地方乡绅自发实践的乡约，如山西潞州仇氏的《雄山乡约》等，出现了官办乡约和民办乡约共举的局面。其中，最有代表性的是王阳明。他针对当时南赣地区基层秩序遭到严重破坏的社会现实，借鉴传统保甲制度，于正德十二年在当地创立并推行"十家牌法"，在此基础上又于正德十三年推行《南赣乡约》。王阳明作为一代心学大家，其门徒后学遍布整个南中国，因此他所推行的乡约以及将《吕氏乡约》四条原则与明太祖圣谕六言相结合、将乡约与保甲并举的诸种做法，都对明代中后期的乡约理论与实践产生了深远影响，也相当程度上为明嘉靖以后乡约的全国性推广奠定了基础。

第三个阶段是嘉靖以降乡约大范围推广的阶段。明嘉靖八年，四川、湖广、河南、陕西、山东、山西六省经历了严重的灾荒，百姓饥馑流亡者众多，甚至到了人相残食的地步，或沦为劫盗，苟延旦夕之命。有鉴于此，兵部侍郎王廷相提出设立义仓的建议。他认为明代开国以来天下皆有预备仓之设，意在广储备荒、悲民穷、重邦本，这本是好的，但因为经年日久，法弊而政偷，以致预备仓之制已经有名无实了。他因此建议借鉴隋唐宋三代之法，改之前州县官府以官米救荒的预备仓为民间社会按户等出米互救的义仓，以避免管理低效、基层官吏腐败等问题："一村社居民大约二三十家，定为一会，每月二次举行，各以人户上中下等则出米，收贮一处，积以岁月，所蓄必富。遇有荒歉之年，百姓自相计议而散，既无官府编审之烦，又无胥吏颠倒之弊，赈恤不劳于上，而实惠得沾于民，纵有

---

① 明初设立里甲制，"以一百十户为一里，推丁粮多者十户为长，余百户为十甲，甲凡十人。岁役里长一人，甲首一人，董一里一甲之事。"张廷玉等：《明史》卷77《食货一·户口》，中华书局1974年版，第1878页。

水旱之灾,决无流亡之患,活民之法莫善于此。"① 同时,他建议将义仓和乡约、保甲结合起来,使义仓兼具乡约教化和保甲弭盗的功能:"可以寓保甲以弭盗贼,寓乡约以敦风俗,一法立而三善兴,养民之中而教民之义存焉"。② 王廷相的这一提议得到朝廷的重视,督令各地加以施行,乡约因而得以在官方的推动下在全国范围内开始推广。

嘉靖之后的隆庆、万历年间,明廷的情势可以用天崩地陷、内忧外患、人心离散来形容。嘉靖一朝,有"南倭北虏"的外患,有官僚集团内部的深刻激烈矛盾;万历中后期,又有后金窥伺中原,神宗荒废朝政,阉党专权、朋党相争,农民起义愈演愈烈。当此情形,朝廷大员和地方官也纷纷力主推行乡约,改善社会风气,稳定基层社会秩序。史料记载,明代乡约在这一时期进入了一个高峰,包括京师、南京两个直隶地方以及山东、陕西、河南、陕西、四川、江西、湖广、浙江、福建、广东、广西、云南、贵州这十三个布政使司在内的各地都有推行乡约的记载。③ 整体而言,经由朝廷的推广,乡约从单一的教化机制转变为与社仓、社学、保甲相结合的基层组织,乡约的宣教内容也从原来民间的《吕氏乡约》变成朝廷的"圣谕六言",手段由劝导教化转变为训诫和惩治。④ 以此为转折点,官办乡约取代民间乡约成为乡约的主流。

一 王阳明的《南赣乡约》

明代是古代乡约发展的重要历史时期,其中最典型的当属王阳明(名守仁,字伯安,1742—1529)创立的《南赣乡约》,它上承北宋吕大钧《蓝田吕氏乡约》、南宋朱熹《增损吕氏乡约》所倡导的乡约传统,下启乡约由民办转向官办、乡约的德治理念与保甲等官方管理制度相互融合的趋势,可谓是古代乡约演进的另一关键节点。

《南赣乡约》诞生于明代中叶的武宗正德年间。这是一个"明朝统治

---

① 王廷相:《浚川奏议集》卷三《乞行义仓疏》,《四库全书存目丛书》集部第53册,齐鲁书社1996年版,第466—471页。
② 王廷相:《浚川奏议集》卷三《乞行义仓疏》,《四库全书存目丛书》集部第53册,齐鲁书社1996年版,第466—471页。
③ 常建华:《明代宗族组织化研究》,故宫出版社2012年版,第246—276页。
④ 董建辉:《明清乡约:理论演进与实践发展》,厦门大学出版社2008年版,第174页。

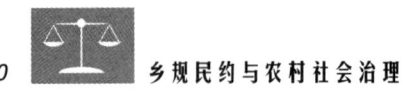

出现了深刻的危机""乡村社会秩序发生了动摇和分解"的时代。① 倘若说明代中前期的"英、武之际,内外多故,民心无土崩瓦解之虞"②,那么明代中期出现的里甲毁坏,老人制度瓦解等现象则便标志着乡村秩序的崩塌和基层社会危机的总爆发。王阳明时任巡抚的南赣地区,位于闽粤赣湘四省交界地带。史料记载,这一地区曾经地广人稀、人烟稀少,但在明代中期以后,大量赣中、福建、广东等地的编户齐民脱逃至此,与原先生活在此的"峒寇""畬""瑶"混杂在一起,形成一个成分复杂、流动性极大的流民社会。这样的社会形态下,盗匪猖獗、动乱频仍,"分群聚党、动以万计",有时甚至到了"民盗难分"的地步③。王阳明巡抚南赣后,为肃清当地盗匪,重构社会秩序,采取了剿抚结合的措施。一面全力平乱剿匪,一面则着手推行"十家牌法":"编十家为一牌,开列各户姓名,背写本院告谕,日轮一家,沿门按牌审察动静"④;此后又增立保长,以为督领统纪,"专一防御盗贼"⑤。"十家牌法"是一种借鉴王安石"保甲法"的地方治安管理办法,通过构建"十家一牌"、互相监督、彼此连坐的治理网络,有效地组织了乡村居民、管控了流动人口,达到消盗弭寇、稳固乡里治安的目的。据史料记载,王阳明的十家牌法仅实施一年有余便收效甚巨,大规模社会动乱基本得以平息。

但是,在上述过程中,王阳明生出"民虽格面,未知格心"⑥"破山中贼易,破心中贼难"的深层领悟⑦,意识到建立良好乡村秩序仅仅仰仗"十家牌法"这样纯官方的、外加的制度设计是不够的,更重要的是以德化民,以使乡民心存善念,培育仁厚风俗,社会动荡问题才能从根本上得到解决。基于此种思路,他开始在南赣地区大力推行乡约。

---

① 董建辉:《明清乡约:理论演进与实践发展》,厦门大学出版社2008年版,第170页。
② 张廷玉:《明史》卷二百八十一《循吏传》,中华书局1974年版,第7185页。
③ 王守仁:《立崇义县治疏》,《王阳明全集》卷十《别录二》,上海古籍出版社1992年版,第350页。
④ 王守仁:《案行各分巡道督编十家牌》,《王阳明全集》卷十六《别录八》,上海古籍出版社1992年版,第531页。
⑤ 王守仁:《申谕十家牌法曾立保长》,《王阳明全集》卷十七《别录九》,上海古籍出版社1992年版,第610页。
⑥ "先生自大征后,以为民虽革面、未知格心,乃举乡约告谕父老子弟,使相警戒。"王守仁:《王阳明全集》卷33《年谱一》,上海古籍出版社1992年版,第1255页。
⑦ 王守仁:《王阳明全集》卷4《文录一》,上海古籍出版社1992年版,第168页。

《南赣乡约》的文本内容主要由开头的"谕民文告"和其后的若干条具体内容组成。"谕民文告"说明了推行乡约的宗旨：

> 故今特为乡约，以协和尔民，自今凡尔同约之民，皆宜孝尔父母，敬尔兄长，教训尔子孙，和顺尔乡里，死丧相助，患难相恤，善相劝勉，恶相告戒，息讼罢争，讲信修睦，务为良善之民，共成仁厚之俗。①

可以看出，这一宗旨将明太祖的圣谕与《吕氏乡约》的基本原则结合起来，开启了以圣谕指导乡约的先河。

在具体组织架构上，《南赣乡约》的主事人员较《吕氏乡约》大为增加，共有17人，包括"同约中推年高有德、为众所敬服者一人为约长，二人为约副，又推公直果断者四人为约正，通达明察者四人为约史，精健廉干者四人为知约，礼仪习熟者二人为约赞"②。《南赣乡约》对约会仪式十分重视，规定每月十五日聚会，同约之人缴纳少量的费用置备简单的饮食，约会分读谕和盟誓、彰善、纠过、申诫四个步骤。其中，设告谕牌、宣读圣谕的做法属于王阳明首创，这种借鉴圣谕以增加乡约的严肃性和权威性的做法为其后的很多乡约实践所继承。宣读圣谕之外，《南赣乡约》取法乡饮酒礼的传统，设计了一套饮酒的仪式，在饮酒的过程中进行彰善纠过，展开主事者和善恶当事人的对话，这较朱熹的揖拜礼仪更为简化，但约文对双方对话的内容规定得过于详细具体，难免使得整个集会显得严肃和呆板。在彰善纠过方面，《南赣乡约》吸收了朱熹《增损吕氏乡约》中"彰善隐恶"的思想，讲究"忠厚"之道，即在彰善方面主张"辞显而决"，而在纠过方面则"辞隐而婉"。对于有过恶之人，要求约长副等先私下与之沟通，使其自首，众人加以鼓励诱导，以兴其善念。如若不思悔改，再记录公布其行为，如还不能改，最后才送官究治。整体而言，对犯过者留有余地，不采取孤立、羞辱的办法，而以引导为原则。

---

① 王守仁：《南赣乡约》，《王阳明全集》卷17《别录九》，上海古籍出版社1992年版，第600页。

② 王守仁：《南赣乡约》，《王阳明全集》卷17《别录九》，上海古籍出版社1992年版，第600页。

《南赣乡约》的第一个特点就是乡约形式的官方化。王阳明以地方大员的身份推行《南赣乡约》，其乡约文告开首便是"咨尔民"的官方口吻；同时，文告中将明太祖的"圣谕六言"糅合进《吕氏乡约》的四条原则中，以皇权为乡约的推行保驾护航①；而在具体约条上，把乡约的权责范围扩充至包含"完税纳粮、打击高利贷和盗贼、调节土客关系、改善社会治安"等应对各种社会现实问题的乡村事务，使乡约"变成一个准官方的机构"②。为力推乡约的实行，王阳明也屡屡通过考核和定期检查汇报等方式加强对于下级官员的督促，同时不断颁布新的文告，例如《告谕各府父老子弟》《告谕新民》《告谕顽民》《告谕文》等。因此，如果说《吕氏乡约》是绅民之治，其本色是自治，那么《南赣乡约》显然是对这种乡约精神的背离。杨开道即力斥其丧失了《吕氏乡约》作为"民治的胚胎"的根本精神③，更有学者认为其"一方面是阳明心学的具体化，另一方面更是官方意志的具体化"④。

《南赣乡约》另一个对后世乡约发展产生重要影响的特征，即是乡约与保甲的并举。王阳明在推行"十家牌法"的时候，事实上已经注意到将道德教化的意涵融入保甲制度。他所创立的这一制度施设其实已经初步"隐含乡约的教化精神"⑤。《十家牌法告谕》有这样一段话：

> 自今各家务要父慈子孝，兄爱弟恭，夫和妇随，长惠幼顺，小心以俸官法，勤谨以办国课，恭俭以守家业，谦和以处乡里，心要平恕，毋得轻意忿争，事要含忍，毋得辄兴词讼，见善互相劝勉，有恶互相惩戒，务兴礼让之风，以成敦厚之俗。⑥

这段文字与此后王阳明《南赣乡约》谕民文告的内容很接近，可见他

---

① 曹国庆：《王守仁的心学思想与他的乡约模式》，《中国哲学史》1995年第2期。
② 董建辉：《明清乡约：理论演进与实践发展》，厦门大学出版社2008年版，第194页。
③ 杨开道：《中国乡约制度》，商务印书馆2015年版，第110页。
④ 黄熹：《乡约的命运及其启示——从吕氏乡约到南赣乡约》，《江淮论坛》2016年第6期。
⑤ 董建辉：《明清乡约：理论演进与实践发展》，厦门大学出版社2008年版，第184页。
⑥ 王守仁：《十家牌法告谕各府父老子弟》，《王阳明全集》卷十六《别录八》，上海古籍出版社1992年版，第528页。

确实在一定程度上将保甲官方制度与乡约的道德教化理念结合起来了。①反过来，在他的《南赣乡约》中，也可以看到保甲的用意。《南赣乡约》规定，约长、约正对于纳税服役具有督促之责；对于富户和客商在本地的放债收息行为具有监督之责；对于乡里有残害良善、打架斗殴等行为，或者军民私通外贼的，具有公断是非、加以调解之责；对于新民和土著居民的矛盾，约长负有规劝、督查之责。这都是乡约作用于维护地方治安和社会秩序的典型体现。在王阳明的思想框架下，官方的保甲制度既能维持地方治安，为乡约德化创造基本条件，同时其自身也可被赋予道德教化的意义；乡约的道德秩序也得以与官方制度结合而增进效力。可见在王阳明这里，乡约与保甲相合流的发展趋势已然形成。正是在这一趋势下，才有后来章潢《图书编》所论"保甲之法，人知足以弭盗也，而不知比闾族党之籍定，则人自不敢以为非；乡约之法，人知足以息争讼也，而不知孝顺忠敬之教行，则民自相率以为善"②，以及陆世仪所说："乡约是个纲，社仓、保甲、社学是个目"③。明代乡约最终将保甲、社仓、社学等基层组织有机融合，形成乡村基层治理的整体局面，王阳明的《南赣乡约》起到了重要的作用。

《南赣乡约》另一个值得注意的特色，就是道德教化方式的简易化、直接化。这一点是阳明心学相对于程朱理学的重要思想转变在乡约实践中的体现。王阳明的《南赣乡约》与宋代乡约一样立本于理学思想。不过相

---

① 当然，这一做法并非王阳明首创。前面提到，南宋朱熹在知漳州时就曾"劝谕保伍"即针对保甲编制内的百姓发布劝谕榜文，其首条"劝谕保伍互相劝戒事件"提到"仰同保人互相劝戒，孝顺父母，恭敬长上，和睦宗姻，周恤邻里，各依本分，各修本业，莫作奸盗，莫纵饮博，莫相斗打，莫相论诉"，亦有融道德教化于保甲之意。但仔细对比，不难发现二者的差别。朱熹知漳州时，保甲制已经在地方上实施，并非他自主发起，他作为地方官只是对保甲制下的乡民做一些劝解告谕的工作；且《劝谕榜》中涉及德化内容的"劝谕保伍互相劝戒事件"与"劝谕保伍互相纠察事件"并列，只是诸多榜文条目中的一条，并不占据核心地位。反观王阳明的"十家牌法"，不仅是经本人之手设计实施，而且在告谕文中将道德教化的内容放在全文总纲的位置，又规定每家所领之牌皆书此文于其后，使其随十家牌法的推广在民间广为传布，这种种施设足证王阳明确有将价值理念注入官方保甲制度的意图。参见朱熹《劝谕榜》，《晦庵先生朱文公文集》卷一百，《朱子全书》（修订本）第25册，上海古籍出版社、安徽教育出版社2010年版，第4620—4621页。

② 章潢：《保甲乡约社仓社学总序》，《图书编》卷九十二，上海古籍出版社1992年版，第775页。

③ 陆世仪：《思辨录辑要》卷十八《治平类》，王云五（主编）《丛书集成初编》第670册，商务印书馆1936年版，第189页。

较宋代程朱理学，王阳明独创的"心学"不再将道德或价值的最终根据奠定在超越性的、抽象的天道或天理之上，而是将其立根于人的内在心灵或"良知"之中。如前所述，朱熹修订《吕氏乡约》时就制定了一套相当烦琐的"月旦集会之礼"。对此杨开道即批评说，如此烦琐的礼节"在农民队伍里是不容易实用的"，因为它并不符合农村简单的生活交往方式。① 宋代理学的理论特征导致了其道德教化方式偏于理想化、不够简易、失于烦琐，严重影响了其乡约设计的实际推行效果。而在王阳明这里，价值的根据内禀于人心而非超越、外在，因此道德修养与教化也无须采取外向"格物"的方式，而只需反求于一己心灵之中的价值准则。所谓"格心"就是要人依照心灵内在的道德标准端正自己的内心。相比朱熹《增损吕氏乡约》的烦琐仪文，《南赣乡约》使民"格心"的教化之道显然更加简单直接，因而更能贴合乡村生活的实际。阳明心学的"格心"理念在《南赣乡约》有关道德教化的具体内容中多有体现。如开篇谕民文告中说：

> 尔等父老子弟毋念新民之旧恶而不与其善，彼一念为善，即善人矣；毋自恃为良民而不修其身，尔一念为恶，即恶人矣；人之善恶，由于一念之间，尔等慎思吾言，毋忽！②

显然，这里"一念为善""一念为恶"的化民之方，不是让百姓遵守什么繁文缛节，而是让每个人按照"知行合一"③的原则反省内心，克除恶念，争做善人。实际上，王阳明这里是贴合南赣地区的现实情况对"知行合一"思想进行了调整。"一念为善即善人"主要是针对"新民"即造成南赣地区社会不稳定的重要因素——广东、福建等地脱离里甲体制流窜至南赣的流民来讲的。流民出于乡鄙之间，文化程度不高，对他们适当降低道德标准，强调为善只在一念之间，是易知易行之事，能够消减道德规范的严峻感，反而更有益于劝导其弃恶迁善。同时，对于南赣地区的本土

---

① 杨开道：《中国乡约制度》，商务印书馆2015年版，第99页。
② 王守仁：《南赣乡约》，《王阳明全集》卷十七《别录九》，上海古籍出版社1992年版，第600页。
③ 曹国庆：《王守仁的心学思想与他的乡约模式》，《中国哲学史》1995年第2期；董建辉：《明清乡约：理论演进与实践发展》，厦门大学出版社2008年版，第187页。

居民("尔等父老子弟"),王阳明则要求其对待"新民"要不念旧恶,多看到好的方面,"一念为善"即许其为善人;对待自己则不能"自恃为良民"而放松道德修养,要多做正心去恶的功夫。这便有助于营造严于律己、宽以待人的德化气氛,使当地百姓对流民保持宽容和睦的态度,为外来人口创造较为宽松的生存环境,也便有望在源头上对造成基层社会动乱的不稳定因素加以消弭。在乡约的具体条文,如针对上述"投招新民"即流民的规条中,也说"因尔一念之善,贷尔之罪;当痛自克责,改过自新"①;其为约长设计的乡约集会仪式上的宣讲词也说:"某能为某善,某能改某过,是能修其身也;某能使某族人为某善,改某过,是能齐其家也。使人人若此,风俗焉有不厚?凡我同约,当取以为法。"② 对于乡里百姓而言,这些劝人念善行善、惩恶改过的约规,自然是易于接纳、便于实行的,而一旦乡里之间人人皆兴善念、争做修身齐家的善事,地方上便自然而然地能够培养出良好的道德氛围和风俗习惯,这正是阳明心学辅翼之下的《南赣乡约》以其直截简易的教化方式取得的成效。

考察王阳明制定《南赣乡约》的思想与现实基础,总体而言,《南赣乡约》一方面继承了宋代理学家赋予乡约的道德教化内核,另一方面又结合明代的历史背景与社会现实,在理论基础与现实形态上有所调整、改进。杨开道将《南赣乡约》和《吕氏乡约》从组织特征、约文内容、集会程序等方面做了具体比较,他认为:《吕氏乡约》是一个自由和开放的组织,而《南赣乡约》是一个强迫的整村进入的组织,但这个强迫整体加入是切合当时社会形势的,是乡约约束力的保证;《吕氏乡约》是纲举目张的四大原则,而《南赣乡约》是一条条的文告,主要篇幅都在逐一规定讨论饮食、会期、请假、赏罚、债务、嫁娶、丧葬等具体事宜;《吕氏乡约》的组织较为简约,约正一二人、直月一人而已,《南赣乡约》的组织扩张至包括约长副、约正、约吏等十七人之多;《吕氏乡约》集会简单,《南赣乡约》的集会则涵盖戒谕、读约、彰善、纠过、申戒的一整套仪式,具有层层递进的用意和价值。总体来说,《吕氏乡约》是民间产生的乡村组织,

---

① 王守仁:《南赣乡约》,《王阳明全集》卷十七《别录九》,上海古籍出版社1992年版,第602页。

② 王守仁:《南赣乡约》,《王阳明全集》卷十七《别录九》,上海古籍出版社1992年版,第602—603页。

虽然是士绅引导,但仍是民治的胚胎,而《南赣乡约》是一个政府督促的组织,是官治的传统。① 如果跳出民治与官治的视角来看,可以说,《南赣乡约》区别于宋代乡约的几方面特征,即道德教化的简易化、乡约形式的官方化、乡约与保甲制度的并行,都可看作其心学思想基础与南赣地区具体情况相结合为乡约理念带来的发展与转变。

《南赣乡约》的实际成效如何,学界意见不一。② 但史料记载,《南赣乡约》的推行对当地的风俗和治安产生了积极有益的影响,附近州县"近被政教,甄陶稍识,礼度趋正,休风日有渐矣"③。可见,其施行至少在一定时期内是卓有成效的。在这个"大小有司,束手无策,皆谓张望不可理"的南赣地区,王阳明"立明约,遂为治境",在他死后,"江右之民为立生祠,岁时祝祭",民心之不忘可见一斑。同时,王阳明学问事功兼著,生封伯、死赠侯,其弟子门生遍及整个南中国,代表性的如聂豹、邹守益等,他们秉承阳明心学的一个重要内容,就是倡导和实践乡约。后文对此将略作论述。因此,虽然《南赣乡约》整体实施时间较短,但其对明代中后期乡约理论和实践都产生了巨大影响。一定意义上讲,《南赣乡约》开辟了一条制度与道德协调共举、官治与民治相互促进的乡治路径,这也使其在古代乡约发展史上留下浓墨重彩的一笔。

二 章潢的《图书编》

如上所论,王阳明的《南赣乡约》首开乡约这一乡村德治理念与保甲等官方制度结合并举之先河,明代乡约由此走上了与保甲、社仓、社学等乡治措施不断融合,最终形成整体性的乡村治理体系的发展道路。明代乡约的这一发展趋势,在明代中叶以后出现的多种乡约理论构想中均有所体现,典型的如黄佐(字才伯,号泰泉,1490—1566)在嘉靖年间所著《泰泉乡礼》,其内容即包括:"一曰乡约,以司乡之政事;二曰乡校,以司乡

---

① 杨开道:《中国乡约制度》,商务印书馆2015年版,第114—117页。
② 如曹国庆认为《南赣乡约》对当地的风俗和社会治安产生了积极影响,而朱鸿林则认为《南赣乡约》的持续时间很短,受到乡族势力、地域环境等因素限制,其实际成效并不显著。参见曹国庆《王守仁的心学思想与他的乡约模式》,《中国哲学史》1995年第2期;朱鸿林《从沙堤乡约谈明代乡约的研究问题》,《中国社会历史评论》第2卷,天津古籍出版社2000年版。
③ 赵勋:《鑫靖瑞金县志》卷一《风俗》,天一阁本,转引自曹国庆《王守仁的心学思想与他的乡约模式》,《中国哲学史》1995年第2期。

之教事；三曰社仓，以司乡之养事；四曰乡社，以司乡之祀事；五曰保甲，以司乡之戎事。"① 其乡民在无官府干预的条件下选举产生乡约之约正、约副，不仅负责道德教化，而且还参与乡村的行政、教育、赈济、祭祀、治安等工作，建立了一个以乡约为主体，社学、社仓、保甲并举，具有相当的民治、自治性质的乡治体系。② 不过，黄佐本人并未从理论层面清晰阐明乡约、保甲、社仓、社学之间的内在关联，故四种乡治施设的合用在他那里仍是十分初步和粗浅的。而首先阐明乡约、保甲、社仓、社学四者的关系，将其在理论层面连为一体的，当推章潢（字本清，1527—1608）于嘉靖末年着手编纂的《图书编》。如杨开道所述，《图书编》不仅明确记载了正式的乡约规条，而且其"并不是一种单独的规条，而是和保甲规条、社仓规条、社学规条排在一起"，说明当时的政府可能已经将乡约列入国法，并且强调其和保甲等乡治措施关系密切、不可偏废，故而将四种规条同时颁布。③ 对此四者的关系，章潢在《图书编》的《保甲乡约社仓社学总序》有明确的阐述：

> 保甲之法，人知足以弭盗也，而不知比闾族党之籍定，则人自不敢以为非；乡约之法，人知其足以息争讼也，而不知孝顺忠敬之教行，则民自相率以为善。由是社仓兴焉，其所以厚民生者为益周。由是社学兴焉，其所以振民德者为有素。可见四者之法，实相须也。使以此行之一乡，则一乡之风俗同、道德一，弦诵之声遍于族党，礼让之化达于闾阎，民日迁善远罪而不自知，而古道其再见于今矣！乡乡皆然，县有不治乎？县县皆然，天下其有不太平乎？④

这里章潢认为，保甲使人不敢妄为，乡约使人相率为善，社仓厚民生，社学振民德。四者分别关涉乡村的治安、风化、经济、教育，有着互补互助的作用，而以乡村"风俗同、道德一"、百姓"迁善远罪"这一基

---

① 黄佐：《泰泉乡礼》卷一《乡礼纲领》，转引自董建辉《明清乡约：理论演进与实践发展》，厦门大学出版社2008年版，第87页。
② 参见董建辉《明清乡约：理论演进与实践发展》，厦门大学出版社2008年版，第96页。
③ 杨开道：《中国乡约制度》，商务印书馆2015年版，第117—118页。
④ 章潢：《保甲乡约社仓社学总序》，《图书编》卷九十二，上海古籍出版社1992年版，第775页。

层道德秩序建设的目标为其共同的宗旨，可见以道德教化为根本理念的乡约在四者中实处于核心的地位。实际上，早在北宋朱熹那里，乡约、保甲、社仓等乡治设施就都得以理论研讨或实际践行。其作为著名教育家所定的白鹿洞书院教条、所著《小学集注》等尽管并不直接涉及乡治，却也实际为后世乡村社学的兴办奠定了基础。正如杨开道所论，对此四种乡村组织，朱熹尽管都有所认识和贡献，"然而他竟错过了整个的认识，综合的工作"，直至《图书编》才终于"看见乡治的整个性，保甲、乡约、社仓、社学的相关性""替农村组织找出整个的系统"。[1]

在《图书编》对于乡治规条的具体记载中，我们更能体会到四种乡村组织共同构成基层治理之整体的紧密关联。在《总序》中，章潢就提到，如果一乡之中，保甲、乡约、社仓、社学分别各自设立，则"四者并举，势难遽行"。因此，除保甲不需办公地点、里社可设于本村神庙之外，乡约亭、社仓、社学最好设在一处，"宜择空地一方，周以墙垣，中立一堂，傍立二仓，则乡约亭在此，社学在此，社仓在此矣"，由此"工费既省，且教读训蒙于中，亦有看守之便"，更可达到"礼法兼资，教养具备，使盗息民安，政平讼简，风移俗易"的整体治理成效。章潢认为，"法当便民，事宜画一，惟一则民易从而法可久也。"保甲、乡约、社仓、社学在选址上的整齐一致，正是便民简约的整体性乡治理念之一端。[2]

在保甲规条中，与乡约密切相关的内容亦俯拾皆是。如其第六条即规定寺庙僧道应"与民家一体编入保甲随行乡约，以便稽查"，第七条讲乡村人口"出入存亡应增减姓名，上揭报于约正、保正"，说明对于保甲的稽查、记录之责，乡约也当共同承担。又第八条规定："各保甲人等止于每月初二日赴会所，申明乡约保甲条规一次。"第九条规定："保甲人等，各随地里远近、人户多寡，酌量立为一会。……初二日，保正率诸保甲，同乡约正俱赴乡保会所行礼，若实有事故或疾病不能赴者，即先期告于约正，但有无事或托故不赴会者，即非良民也。"这些尽管规定的是参与保甲者的集会，但无一不与乡约集会相涉相关。至第十条则言："保甲审编立会既定，该州县即移文该学，共推请乡士大夫数位为约正。……又选生

---

[1] 杨开道：《中国乡约制度》，商务印书馆2015年版，第118页。
[2] 章潢：《保甲乡约社仓社学总序》，《图书编》卷九十二，上海古籍出版社1992年版，第775页。

员五六人，司赞礼、鸣鼓、讲谕之事；老人二人振铎；月轮五六人为直月，置办会事。"几乎完全是在讲乡约推选集会的问题。此十规条最后的按语则说："右保甲既定，即此举行乡约，诵读圣谕六言，申明约规四条。"更表明所谓保甲规条绝不仅涉保甲，而可以说是乡约与保甲的共同章程。① 另外，王阳明于南赣推行的"十家牌法"中悬挂于保甲诸户门外的牌册，到此已更名为"乡保牌册式"，乡约所要重点宣教的太祖"圣谕六训"亦明文写于牌册之上，且同列保正、保长与约正姓名，约正竟排在保长之前。② 可见真如杨开道所论，这一时期的乡约与保甲的相互融合已达到了"混不可分"的地步。③

《图书编》记录的社仓规条，虽主要是"备荒之善策"，但也和乡约保甲有相当关系。其规定说："合于各保甲乡约中，各创立社仓"，表明社仓应在已经确立的乡约保甲组织的基础上设立。社仓的粮食储备，除开始依靠士绅乡民自由捐俸、其后依贫富情况按户征收外，违反乡约、保甲规条的罚金也可纳入其中作为购粮的基金。社仓既在乡约保甲之内，便无须专设职员，而由乡约的约正、约副及保长共同负责查验、收谷、借谷等诸多事项。其规条又规定，乡村旧有的迎神赛会等奢费，"从今乡约举行，一切禁止"，若还有人情愿求神施舍的，"宜准作香钱，自家告诸神明，登记乡约簿，积为义谷，以济人贫难"。每年的春秋祭祀报神活动仍可举行，不过其花销皆须从义谷钱中支用，且"祭毕举行社饮，申明约法，和睦乡里，庶彬彬然成礼让之俗矣"④。这些规定把乡约社仓融合起来。

《图书编》记载的《社学规条》，作为乡村教育机构的章程，同样与乡约密不可分。其规条规定各乡社学应按照王阳明《训蒙大意》的精神教导一乡子弟，且"其乡保条规及附刻律礼，亦要随方讲说，以劝谕子弟之父兄；庶使子弟之□童者即知礼义，而父兄之不学者亦知信从"。⑤ 这表明，社学对孩童的教读启蒙应与乡约保甲对成人的德化规训有机结合起来，共同促进乡风民俗的塑造与改善。

---

① 章潢：《保甲规条》，《图书编》卷九十二，上海古籍出版社1992年版，第781—783页。
② 章潢：《乡保牌册式》，《图书编》卷九十二，上海古籍出版社1992年版，第780页。
③ 杨开道：《中国乡约制度》，商务印书馆2015年版，第121页。
④ 章潢：《社学规条》，《图书编》卷九十二，上海古籍出版社1992年版，第794—795页。
⑤ 章潢：《社学规条》，《图书编》卷九十二，上海古籍出版社1992年版，第796页。

《图书编》历数保甲、乡约、社仓、社学规条之后，又有《保甲乡约社仓社学总论》，再次申明四者的发展演变的历程与相融互补的关系，越加凸显出整体性乡治理论的特色。这篇总论将保甲溯源于《周礼》的"比闾族党"，乡约归本于《周礼》的"属民读法"，《周礼》的这种乡治精神，"自周而下，汉唐或废之不行，宋或行而未善，此治化所以不能比隆成周矣。"直至明代，太祖定"十户为甲，甲有首；百户为里，里有长"的里甲之法，并"因里社乡厉之祭，示以礼义禁令之详"，方全面承续了"比闾族党""属民读法"的遗意。其后"法久而弊滋，时变而势异"，故改里甲为保甲，"随其城邑乡村，无论贵贱贫富，编定十家为甲，立甲长，十保为党，立党正，使其出入相友，贫乏相助，平居则互相觉察，有警则互相救援"；又兴办乡约，"随其居之远近疏密举里社乡厉，于以申明国朝之圣训，斟酌吕氏之规条，使其道义相勉，礼让相先，善则记之以示劝，过则罚之以示惩"。但保甲尚只是消极的守备，乡约只涉及成人的教化，故又须设立起积极救济作用的社仓，以及致力儿童教育的社学加以补充助益："保甲固足以弭盗矣，然富者得以保其财，而贫乏何能以自给也？莫若于一保之中，共立社仓以待乎凶荒之赈，则衣食有藉，庶乎礼义其可兴矣！""乡约固足以息争矣，然长者得以读其法，而子弟不可以无教也。莫若于一约之内，共立社学，以豫乎童蒙之训，则礼教相尚，庶乎道德其可一矣！"由此可见，保甲、乡约、社仓、社学四者"名虽殊而实相须"，可谓是同一整体性乡治理念的四个方面，是不可偏废、缺一不得的。[①]

总结来说，按照《图书编》的记载与讨论，明代乡约自嘉靖末年开始经政府确定规条，与保甲等制度并行推广，不断朝着"乡约、保甲、社仓、社学"四位一体的整体性乡治体系的目标迈进。《图书编》所述尚只是完整乡治的初步理论，这一理论经过其后的吕坤、刘宗周、陆世仪等人的发展与实践，最终臻于完备。

三 吕坤的《乡甲约》

明代中后期率先将融合乡约保甲等组织形式的整体性乡治付诸实践

[①] 章潢：《保甲乡约社仓社学总论》，《图书编》卷九十二，上海古籍出版社 1992 年版，第 797—799 页。

的，当首推吕坤（字新吾，1536—1618）。吕坤为明代著名学问家与政治家，与沈鲤、郭正域同被誉为明万历年间天下"三大贤"，著有《呻吟语》《实政录》，前者关乎性理，后者则涉于政事。其于万历十七年至二十年（1589—1592）巡抚山西时，创制出合乡约、保甲为一的"乡甲约"推行于当地，具体规章条目即详细记载于《实政录》卷五《乡甲约》中。吕坤的乡甲约是对王阳明以乡约精神提倡保甲、章潢《图书编》论乡约、保甲"名虽殊而实相须"的乡治理念的继承与发扬，对于明代乡治体系的进一步发展完善，起到了关键性的作用。

吕坤在《乡甲约》的序文中谈到，乡约能"善风俗"，保甲能"防奸盗"，而对于乡村治理来说，"劝善惩恶，法本相因，而乡约保甲，原非两事"，二者针对的都是乡村生活与广大乡民的整体。故"乡约之所约者此民也，保甲之所保者亦此民也；但约主劝善，以化导为先，保主惩恶，以究诘为重"，因此"议将乡约保甲总一条编"，融合为一种统一的乡村组织，名为"乡甲约"。他同时提出"逾教养于乡约保甲之中"，即将风教德化之"教"与保障民生之"养"两种事业共同蕴寓于乡甲约中，如此则"词讼自息，差粮自完，簿书不期省而自省矣。"[1] 故其《实政录》除乡甲制度外还囊括了社仓、社学等"教养"政策，如杨开道所论，"几乎把所有的乡村组织都包含在里面"。[2]

吕坤的乡甲约作为融合乡约、保甲的创新性乡治理念，有以下几个突出特点：首先，乡甲约特别看重乡村组织中的人才培养。按《实政录·民务卷之三》"查理乡甲"条中，吕坤提出："《乡甲约》一书有本约全不理会者，有理会而不知者"，说明乡甲约推行过程中遇到过乡约组织者和约民根本不读约文或读之而不懂其意的情况，这便有预先进行人才培训的必要。按吕坤的设计，乡治人才培训分为两个主要步骤：第一步是遴选堪任培训工作的教习生员，"择通学老成、善为讲说者三四十人"，各给约文一册，以半个月为期限令其诵读钻研，到时候让每个人当着地方官员的面进行讲读，"善讲者分外加赏，不善讲者再令习学"，如此反复三四日，这选出的三四十人均能精熟约条，对培训教习者的训练便完成了。第二步便是

---

[1] 吕坤：《乡甲约》卷一，《实政录》卷五，《北京图书馆古籍珍本丛刊》第48册，北京图书馆出版社2000年版，第158—159页。

[2] 杨开道：《中国乡约制度》，商务印书馆2015年版，第128页。

将这些人分散下去，定好每人培训几约，每约限用三天时间，逐个训练"将约中事体，尽令正、副、讲史、甲长，人人明白，个个通晓。"如此经两个月基本完成全县各约的培训。最后还要由地方官负责考核培训成果，要求每约的约正、约副、讲史等按期到县府明伦堂上，"县官考验生熟，果能精通此约，教习生员与正、副、讲史同赏；不能通晓者，教习生员记过一次，仍令再与讲说，务精通而后已。"① 在吕坤这里，乡约的组织者虽然仍是约民自由选举产生，"不过选择以后，还要经过一个短期的训练""乡甲约全书，就是乡约领袖训练的教本""这种乡村领袖的训练，在中国可以说破天荒第一次。"② 此种对于乡约领袖加以认真严格培训的方法，是吕坤的一大创见。在古代农村文化程度普遍不高的情况下，对乡约领袖的文化培训无疑增强了乡甲约的实用性，对其广泛顺利的推行起到了十分有益的效果，如吕坤自己所言："约正、副、讲史但有一个识字通文之人，能受规矩，倡率鼓舞，其约自行。"③

其次，乡甲约达成了乡约的教化精神与保甲的严密组织之间的有机结合。如前文所述，王阳明《南赣乡约》与其"十家牌法"的并行，可看作在保甲这一只涉治安、无关德化的官方制度中，融入乡约所蕴寓的价值理念的一种尝试。而吕坤的乡甲约则更如杨开道所论，"乡甲合一便是以乡约的教化精神，灌注在保甲的严密组织里面。"④ 不过，乡约与保甲作为两种并行的农村社会组织，本身各有各自的组织结构，将其融合为一自然要比较复杂严谨。按吕坤的设计，乡甲的核心组织是："在城在镇以百家为率，孤庄村落以一里为率，各立约正一人，约副一人，选公道正直者充之；约讲一人，约史一人，选善书能劝者充之；十家内选九家所推者一人为甲长。"⑤ 这一组织结构相比此前的王阳明《南赣乡约》可谓大为简化。尽管如前所述，以阳明心学为思想基础的《南赣乡约》在道德教化的方式上相

---

① 吕坤：《查理乡甲》，《实政录》卷三，《北京图书馆古籍珍本丛刊》第48册，北京图书馆出版社2000年版，第82—83页。

② 杨开道：《中国乡约制度》，商务印书馆2015年版，第133—134页。

③ 吕坤：《查理乡甲》，《实政录》卷三，《北京图书馆古籍珍本丛刊》第48册，北京图书馆出版社2000年版，第83页。

④ 杨开道：《中国乡约制度》，商务印书馆2015年版，第134页。

⑤ 吕坤：《乡甲约》卷一，《实政录》卷五，《北京图书馆古籍珍本丛刊》第48册，北京图书馆出版社2000年版，第159页。

比宋代乡约变得更加简易，但为应对南赣地区复杂的社会环境，王阳明在乡约的组织规模上又进行了改造和扩充，取消了直月，改原来的约正为约长、副正为约副，设约长一人、约副二人，又另设约正四人主讲约、约吏四人主记录善恶、知约四人主一应杂务、约赞两人主集会礼仪，全约职员共有十七八人之多，不免冗繁。① 吕坤则不用约长一名，重新用约正代表全约领袖，避免词意混淆造成混乱；保留《南赣乡约》的约史，将其约正的讲约工作交给约讲，其知约、约赞的工作则分配给约史及十家一甲的保甲基层组织的甲长，使其组织的核心结构十分精简紧凑。在乡村人民稀少、人民缺乏的情况下，人员精简的组织形态相比冗繁者，显然更具生命力。②

以此核心组织为基础，吕坤又进一步借助保甲的严密形式将约民紧密地联系组织起来。保甲的基层组织形式为十甲四邻："十甲"是指十家为一甲，十甲为一约，每甲有甲长一人，由甲内九家公举；"四邻"是指从本家算，加入前后左右四邻为五家之一组。③ 十甲四邻的作用在于互相劝化纠察，"一人有过，四邻劝化，不从则告于甲长，转告于约正，书之纪恶簿；一人有善，四邻查访，实则告于甲长，转告于约正，书之纪善簿"。此借重保甲的严密组织形式的优点，是能够更加严格明晰地监察约民的行为，使劝善惩恶的道德教化更能行之有效。不过其弊端也显然而见。吕坤规定："恶有显迹，四邻知而不报者，甲长举之，罪坐四邻；四邻举之而甲长不报者，罪坐甲长；甲长举之而约正副不书，掌印官别有见闻者，罪坐约正副。如此严行，则一人犯罪，九十九家之责也；九十九家之耳目，一人善恶之镜也。"④ 此等连坐相司的做法，尽管目的在于使奸恶之人无所遁迹，但也会在一定程度上鼓励相互揭发举报的风气，有违乡约以德化民的宗旨。如杨开道所论，其"全是保甲的方式而不是乡约的精神，完全是荆公新法的副本，而不是《吕氏乡约》的替身"⑤。

在十甲四邻基层保甲组织之上的，则是"每约百家选保正一人，百五

---

① 杨开道：《中国乡约制度》，商务印书馆2015年版，第114页。
② 杨开道：《中国乡约制度》，商务印书馆2015年版，第135页。
③ 杨开道：《中国乡约制度》，商务印书馆2015年版，第135页。
④ 吕坤：《乡甲约》卷一，《实政录》卷五，《北京图书馆古籍珍本丛刊》第48册，北京图书馆出版社2000年版，第159页。
⑤ 杨开道：《中国乡约制度》，商务印书馆2015年版，第135页。

十甲量加选保正副各一人"。保正、保副平时负责挨户检查人口出入等情况，一甲遇盗窃打劫等事则率领各甲加以救护。同时"一百家或二百家内共觅教士一人，令其习学武艺"，教习百姓修炼武备，起到地方保安、兵农一体的作用。在此之上，另设"公正"，分理全县乡约。乡约只是一乡的组织，没有州县一层的联属统辖关系。吕坤认为，"国初设老人二名，以佐州县之政"，但至当时已名存实亡，无复尊贤敬老之义，"皆归于里甲催科及仆隶顶当，朝秦暮楚，人皆耻为"。因此更立"公正"一级，"选概州县殷实有德二人，总理城中乡约；四乡再选公正八人，分理各乡乡约"。凡约正、约副、讲、史等有不公不法行为的，公正皆可加纠察，其需要的更换也听其保举。这样，从一约之正、副、讲、史的乡约核心组织，到十家四邻的保甲基层，再到百家之保正、保副，一县四乡之公正，吕坤便为乡甲约构筑了一套极其庞大严密的组织网络，这是之前的乡约所不具备的。

最后，乡甲约确立了十分详细具体的善恶评定与奖惩办法。在善恶标准方面，此前的《吕氏乡约》善行无等级，恶行仅分轻重两等；《南赣乡约》则没有明确记载评判标准。吕坤则认为："天理在人心，个个都有，哪一个人平生没一件好事，哪一日不说几句好话"，当初太祖设立旌善亭，其用意就在"使为善之人名姓褒扬，不善之人知所羞愧"[1]。因此在乡里推行教化的关键就在于以清晰的标准、有效的方式褒善惩恶。吕坤规定，乡民无论尊卑贵贱贫富老少，为一善事不论大小，皆要由四邻上报甲长，在乡约集会之日录于纪善簿中。善行具体分为大、中、小三类，相互之间可以抵当换算："凡小善五次、中善三次，俱准大善一次"。有大善之人姓名皆列旌善亭上，且其善可抵过，凡公罪可减免刑罚，犯私罪可免纪恶一次，且姓名仍留亭上，不过若再犯私罪则不准饶免，且要从旌善亭除名。[2]对于恶行，吕坤规定，入约之前旧恶不计，但入约之后恶行皆须录于纪恶簿，"小过失劝化肯改的便罢，中过失与三犯不改的发州县官处置"，大过失则要押解至巡抚衙门由他亲自处理。不过《乡甲约》中所录"恶行条

---

[1] 吕坤：《乡甲约》卷四"纪善以种良民事"，《实政录》卷五，《北京图书馆古籍珍本丛刊》第48册，北京图书馆出版社2000年版，第172—174页。

[2] 吕坤：《乡甲约》卷四"善行条件"，《实政录》卷五，《北京图书馆古籍珍本丛刊》第48册，北京图书馆出版社2000年版，第172—174页。

件"并未区分小、中、大过,按吕坤的说法是"只将大过恶二十二件就放在纪恶簿上",起到惩前毖后、警示告诫之意。

除纪善、纪恶簿外,吕坤还发明了一种叫作"圣训格叶"的记录表,既可调查居民的户口财产情况,也可记载其善恶行为。"圣训格叶"表如其名,是按太祖圣训六谕的精神编排的,其第二格涉及孝顺父母,第三格涉及尊敬长上,第四格涉及教训子孙,第五至第十四格涉及各安生理,第十五至第十八格涉及无作非为。其中父母在否、子孙人数、土地面积等基本信息在格叶领到时由约讲、约史负责核实填写。其余条款则在每年十二月十六日由约正率众甲长焚香誓神,发誓绝无诬枉回护,再由各甲长轮流到圣谕前分别如实填写。至十二月二十日,约正将已填好的格叶装订好送到掌印官处,考查其中所录对于约条的遵违情况,"全遵无违者纪大善一次;半遵半违者纪大恶一次,仍行责治;半违半遵者量轻重酌处"①。

在善恶簿和"圣训格叶"的基础上,吕坤为严惩约中犯大恶之人,仿照申明、旌善亭以亭牌公示善恶的方法而设立"竖牌",规定"各州县做竖牌十面,长二尺,宽八寸",分别上书不孝、不义、做贼、赌博、光棍、凶徒、奸民、诈伪、无耻、败子十种大过,下书犯过者姓名,"各用大字,钉于本犯门左"。并进一步规定,乡约集会时被钉竖排之人须"跪约听讲,街民不与往来",当众羞辱以示惩戒。② 同时,吕坤又考虑到"人非尧舜,谁能无过,不怕有过,只怕不改",有些人"眼不见诗书,耳不闻义理,心不知古道,口不讲王法,今日才入乡约,才学好人,旧日歪心,怎就能变"。故为劝诱犯恶之人去恶迁善、改过自新,设立改过簿。只要不是触犯"杀人放火、强奸断路"这些十恶不赦的大罪之人,只要"洗心涤虑",诚心悔改,并由约正甲长等担保不再复犯,都可登入改过簿,酌情减轻对过失的处罚。若入改过簿后"能行大善,众所心服",可将申明亭牌上的恶名完全抹除;若三年后"真成善人",可由州县颁发"徙义"大匾以示

---

① 吕坤:《乡甲约》卷二"填格叶法",《实政录》卷五,《北京图书馆古籍珍本丛刊》第48册,北京图书馆出版社2000年版,第167—169页。
② 吕坤:《乡甲约》卷二"申明旌善二亭",《实政录》卷五,《北京图书馆古籍珍本丛刊》第48册,北京图书馆出版社2000年版,第167—169页。

旌奖。① 另外，为妥善处置约民之间的争讼纠纷，吕坤复本止讼息争之意设立"和簿"，记载纠纷和解之事。② 且在乡约治所的圣谕牌位旁边设置"和事牌"，上书"天地申明纪纲法度"，规定"凡断本约事情，将和事牌移置圣谕前"③，以示以和解息讼的原则判理纠纷。显然，相比于当众羞辱当事人的"竖牌"法，"改过簿"更能体现出小惩大诫的乡约德化原则，而"和簿"可谓初步具备了今日司法调解制度的雏形。

以上便是吕坤乡甲约的主要措施与特色。吕坤以乡约为核心融汇保甲体制，从积极的方面讲是接续王阳明《南赣乡约》开辟的道路，将乡约的道德教化精神注入保甲，不仅使乡约借助保甲而具有了更严密的组织形式和推行效率，而且使保甲这一本用于地方治安的官方制度借助乡约而获得了更多的价值意义与人情味儿；但从消极方面讲，本以民治、自治为根本特征的乡约与作为官治、他治的保甲制度融合过深，也会使后者携带的皇权制度的强迫性、管制性侵蚀乡约的德化内核，如以十家四邻互相监督纠恶可能主张揭发检举之风，以申明亭、竖牌公示恶行乃至当众侮辱犯事者有违德教之意等，皆是此种负面影响的体现。可见，乡甲约在实践中对于乡约、保甲加以融合的探索，是褒贬兼具、优劣互见的。

四　刘宗周的乡治思想与实践

明代继吕坤之后，在理论与实践上推进乡约保甲进一步融合并用的重要人物，便是刘宗周（字起东，号蕺山，1578—1645）。刘宗周为明末大儒、心学殿军，其作为阳明后学不仅大力传承与发展心学思想，在学术上成就卓著，而且面对明末劫运力图匡君辅国、挽救危局，在政事上亦多有建树。刘宗周对乡治的提倡与推动可谓不遗余力，其乡治理念的核心就在于乡约保甲的合用。如杨开道所言，乡约保甲是"他的根本政治办法，没有一地不如此设想，没有一时不如此设想"④。

---

① 吕坤：《乡甲约》卷六"许改过以宥愚民事"，《实政录》卷五，《北京图书馆古籍珍本丛刊》第48册，北京图书馆出版社2000年版，第180—182页。
② 吕坤：《乡甲约》卷三"和处事情以息争讼事"，《实政录》卷五，《北京图书馆古籍珍本丛刊》第48册，北京图书馆出版社2000年版，第170页。
③ 吕坤：《乡甲约》卷二"乡约会图"图说，《实政录》卷五，《北京图书馆古籍珍本丛刊》第48册，北京图书馆出版社2000年版，第167页。
④ 杨开道：《中国乡约制度》，商务印书馆2015年版，第149页。

刘宗周一生曾多次推行乡约保甲及相关之会约、宗约等施设，其中最典型之事例有二。第一个典型事例，是崇祯二年（1629）在顺天府尹任上颁布的《保民训要》。顺天府为京师帝都，人员混杂、流贼遍地，且时有清军出没，故首要问题便是守备防御、维护地方治安，因此《保民训要》的特点是以"保甲为主、乡约为辅""教化寓于保甲之中"[1]。《保民训要》篇首开宗明义，题为"顺天府为通行保甲以安地方事"，指出"弭盗安民，莫善于保甲，而一切教化寄于其中"，着重体现其以安保守备为核心、同时融汇风教德化于其中的意旨。[2] 其具体条目依次为"保甲之籍""保甲之政""保甲之教""保甲之礼""保甲之养""保甲之备""保甲之禁"，如杨开道的分析，其"保甲之籍""备""禁"等属于保甲工作，"政""教""礼"近似乡约，而"养"则近似社仓。[3] 这足见《保民训要》是以保甲为纲，含括乡约等多种乡治理念的综合体系。

《保民训要》的上述七条纲目中，首条"保甲之籍"实为户口编查统计，其将属地居民分为"民""军"两大类，所有在籍军民皆编入"十户为甲，甲有长""十甲为保，保有长"的保甲组织，这一组织形式与明代通行的保甲制度整体差别不大，不同之处是刘宗周在"保"之上还增加了"十保为乡，乡有长""聚乡为坊，坊有官""五坊为城，城有司""五城为畿，畿有天子之守臣与院臣""城外为郊，郊外为都鄙，各有长"诸等级，这显然是为打造严密的城市守卫系统而设计的。[4] 如杨开道所论，《保民训要》"大部分是城市的工作，而不是乡村的工作"，这与在乡村基层这一自然社会单位开展的乡约传统是有很大区别的。乡村是熟人社会，大家互相熟识、信任，因此奸盗易查，教化易行。京师大城则是五方杂处的陌生人社会，拿乡村的办法治理城市，在风教与安保方面无疑会面临更大的困难。[5] 刘宗周也意识到这个困难，认识到人与人之间的了解亲近是保甲乡约能够推行的基础，所以提倡一甲之各户、一保之各甲、一乡之各保皆

---

[1] 杨开道：《中国乡约制度》，商务印书馆2015年版，第150页。
[2] 刘宗周：《保民训要》，《刘子全书》卷二十四，《中华文史丛书》第57册，（台湾）华文书局1968年版，第1983页。
[3] 杨开道：《中国乡约制度》，商务印书馆2015年版，第150—151页。
[4] 刘宗周：《保民训要》，《刘子全书》卷二十四，《中华文史丛书》第57册，（台湾）华文书局1968年版，第1983—1986页。
[5] 杨开道：《中国乡约制度》，商务印书馆2015年版，第151页。

"互相亲识",听命于其官长。① 不过随保甲组织的地域范围扩大,其中百姓相互亲识的难度也会成倍增加,至于城畿郊鄙,欲其人皆相识,几无可能,其乡保组织所能起到的成效,只怕会越加有限。

"保甲之籍"欲统计户口情况,须与一种专门的户口登记表格搭配,这就是刘宗周设计的"保甲牌式",其形制随使用者身份而有所变化。普通民户所用牌式上有详细的地址、名籍及家庭成员信息,并附成丁、门面、赋税、月粮、器械情况的登记,以备有事征调之用。甲长、保长、乡长所用牌式,除本人本家信息外,另附一甲十户、一保十甲(甲长)、一乡十保(保长)诸人的名册(以本人居首),且其末尾都写有"火烛相借、盗贼相御、忧患相恤、喜庆相贺、德业相劝、过恶相规"的文字,显然是取自《吕氏乡约》的条款。② 牌式上的这种细节设计,正可看出刘宗周欲切实促使保甲诸人"互相亲识",以及借助保甲推行乡约德化的良苦用心。乡长所用牌式另有两个独特之处:其一是其所附一乡十保之长名册的首列之名改"乡长"为"乡约长",显著增添了乡约的意味;其二是乡长牌式最后还附有专札,其文云:"某县府为乡约事,照得京师首善之地,保甲王化之基,积甲成保,积保成乡,厥任弥重,实惟吉人端士,乃可胜之。咨尔学行老成,众所推允,兹特立尔为一乡约长,约尔一乡之民,使出入相友、守望相助,共成敦睦之风,永效君亲之戴。"③ 可见刘宗周所置保甲之乡长同时亦为一乡乡约之领袖,其师法阳明融乡约之价值意蕴于保甲之官方治安制度的用意更是跃然纸上了。

《保民训要》"保甲之籍"的设置中,我们已可初步窥见刘宗周融乡约于保甲的宗旨,其后的"政""教""礼"三款,更是直接关涉乡约之事。其中"保甲之政"的具体内容就是上文提到的甲长、保长"保甲牌式"末尾所列六条目:火烛相借、盗贼相御、忧患相恤、喜庆相贺、德业相劝、过恶相规。如前所述,此六条目明显是化用《吕氏乡约》条款而来,不过条目顺序略有调整:由于保甲以治安为重,故将《吕氏乡约》"患难相恤"

---

① 刘宗周:《保民训要》,《刘子全书》卷二十四,《中华文史丛书》第57册,(台湾)华文书局1968年版,第1985页。

② 刘宗周:《保民训要》,《刘子全书》卷二十四,《中华文史丛书》第57册,(台湾)华文书局1968年版,第1998—2002页。

③ 刘宗周:《保民训要》,《刘子全书》卷二十四,《中华文史丛书》第57册,(台湾)华文书局1968年版,第2002—2004页。

改为"忧患相恤",移至"德业相劝"之前,且将其中两条细目"水火""盗贼"专列出来置于起首。其后还规定:"凡一户有事,九户趋之;一甲有事,九甲趋之;一保有事,九保趋之;一乡有事,各乡趋之。"这种范围逐渐扩大的合作互助方式,显然仍会遭遇城市陌生社会缺乏亲近联系的挑战。① "保甲之教"的六条内容则完全是因袭明太祖的圣训六谕,规定"每日各甲一申饬""每旬日各保一申饬""每朔望日各乡会司府一申饬",又复用明初宣讲圣谕的办法,"凡乡用木铎徇于道路,口宣六义",以惊悟民众。考虑到甲长、保长等基层领袖的事务负担,如此频繁的圣谕宣讲,可行性恐怕是不高的。此外,"保甲之教"还对乡约的每月集会、旌善记过等事做了简要说明,又规定"凡乡立乡学,举乡师教其子弟诗书礼乐射御书数,达于成德",这相当于是关注儿童教育的社学的设置。② "保甲之礼"分冠、婚、丧、祭、饮、射、读法几项,其中冠礼、婚礼规定"并依文公家礼",丧礼、祭礼规定"并参文公家礼",皆遵从或参照朱熹所定家礼执行。后三项则取法《周礼》的乡饮酒、乡射、读法三种乡礼而设,其中读法就是在乡约所宣讲圣谕,仪式接近朱熹的月旦集会之礼,但有一个重大不同:朱熹的月旦集会是一约之民全员参与,刘宗周规定的则是"约长率保、甲各长"读法,仅在乡约领袖间进行。③ 这或许是考虑到京师一乡地域过广、人口过多,约众难以麇集,只能退而求其次让各保甲长参加,不过这一折中的方案显然会使乡约的教化功效大打折扣。

"保甲之礼"后面的条款便是"保甲之养",其中涉及农田、水利、树木、粮食、仓库、赋税、养济、义冢等,可谓极大地弥补了此前的乡约只重精神教化忽视物质基础的缺憾。④ 其中粮食、仓库等与粮食储备及赈济灾荒的社仓设置,刘宗周在此突破朱熹以来社仓法的陈规,设计了一个特别的办法。他一反一村设仓积谷、丰年收入、荒年放出的旧法,规定每一甲、保、乡皆"推一二户"预蓄杂粮、煤刍,每坊则由坊司"买米积煤",

---

① 刘宗周:《保民训要》,《刘子全书》卷二十四,《中华文史丛书》第57册,(台湾)华文书局1968年版,第1986—1987页。
② 刘宗周:《保民训要》,《刘子全书》卷二十四,《中华文史丛书》第57册,(台湾)华文书局1968年版,第1988—1989页。
③ 刘宗周:《保民训要》,《刘子全书》卷二十四,《中华文史丛书》第57册,(台湾)华文书局1968年版,第1989—1991页。
④ 杨开道:《中国乡约制度》,商务印书馆2015年版,第156页。

每州、县复"各设常平仓,积谷待赈"。① 如此按照保甲组织的层级分家积蓄、层层储备的办法,相比由单个社仓统一储粮的老法,无疑更加灵活机动、易于调配,也更容易获得百姓的信任而便于推行,称得上是改进社仓的良策。

《保民训要》的最后两款是"保甲之备"与"保甲之禁",这是保甲作为地方安保守备组织的实质所在。"保甲之备"规定"每户备兵器一件、木棍一条",要求每家每户都要准备防御武器,且甲、保、乡要各自选出"健丁""艺士""韬略士"等,地方有警则"递相部署,受命于司城",事毕则"各归乡里,听其自相团练",由此形成较为严密的准军事防御系统。另规定郊外有警则士民先运粮草进城,贼寇侵城则士民全部入城,由乡长辨认身份,或借助亲戚,或暂聚寺院,这是一种坚壁清野的防御策略。同时安排每乡夜晚"轮一火夫鸣锣直更,口宣火烛六义以为常",巡夜与宣教一举两得。"保甲之禁"罗列多条禁令,要求"一户犯禁,九户举之;一甲容奸,九甲举之"②,这显然是一种揭发连坐的措施。

以上便是刘宗周《保民训要》的主要内容。可以看到,《保民训要》在王阳明《南赣乡约》开创的融乡约于保甲的道路上又迈进了一步,不过受到将乡保等乡村熟人社会的组织移植于城市陌生社会这一实践环境方面的掣肘,又不得不做出一些调整和妥协。《保民训要》在京师的实施效果,史籍中并未详细记载,或许正如杨开道分析的那样,脱离了乡村生活土壤的保甲与乡约,前者之"治道或者可以维持",后者之"教化实在是不容易推行的",因为"教化的推行,完全根据情感的放射作用,人民彼此不相识,情感关系便也无从发生,乡约之所以为乡约以此,乡约之所以不为市约亦以此!"③

刘宗周合用乡约保甲的第二个典型事例,是其于崇祯十六年任都察院左都御史时奏呈的《乡保事宜》。都察院的职责就在于整肃京师风纪,故当时刘宗周上"申明巡城职掌以肃风纪以建治化疏",提出"先王之治天

---

① 刘宗周:《保民训要》,《刘子全书》卷二十四,《中华文史丛书》第57册,(台湾)华文书局1968年版,第1993—1994页。
② 刘宗周:《保民训要》,《刘子全书》卷二十四,《中华文史丛书》第57册,(台湾)华文书局1968年版,第1995—1997页。
③ 杨开道:《中国乡约制度》,商务印书馆2015年版,第152页。

下也，先之以敬让而民不争，道之以礼乐而民和睦，示之以好恶而民知禁。……王道之不行也，一切良法美意荡然，若后世所称乡约保甲二事，犹有先王之遗焉。"可见刘氏仍将乡约保甲作为其施政履职的根本。不同于此前着眼于京师治安守备而以保甲为主干、寓乡约于保甲之内的《保民训要》，他此番施政的首要目标是"风京师"，因此必将关乎民风教化的乡约作为核心，他在奏疏中说："以乡约行保甲之法，使比闾而居者有善可以相长，有过可以相规。平居而亲睦，宛如同井；有事为扞御，即为干城。将先王化成天下之效，不难再见于今日。"认为根本于乡约而施行保甲、容保甲于乡约之中，便可取得理想的治理效果。这一提议深得崇祯帝赞许，下旨言"讲明乡约保甲，尤得安民要领。"[1] 故蕺山又进"尊奉明旨疏"，其中"将乡约、保甲二事通为一事，略举大纲，布之方策，使人皆易知而易从"，编为《乡保事宜》奏呈皇帝并加以推行。[2]

《乡保事宜》以乡约为纲领、保甲为辅翼，故其条款皆以"约"为名，分"约典""约诫""约礼""约法""约备"五款。其中"约典"即是太祖圣训六谕，"约诫"即是《吕氏乡约》"德业相劝"等四条。"约礼"则是每月朔望日集会读约的仪式，规定每月朔望日为正式集会，"以地方官为主，约正为宾，保甲以下居民从行讲约"，并行奖善纠过之事，记录在册；逢初八、二十三日则为"小讲期"，以"约正为主，保长为宾，甲长以下居民从"，仪式如前，不过遇农忙则不必举行。另"岁节有会，饮射有会"，都按照民间风俗举办。[3] 这一乡约集会之礼以地方官、约长领甲长及保民参与，显然透露出"以乡约行保甲"之意。不过朔望读约以地方官为主，约正仅为宾，固然是欲借重官办保甲制度的强制性使乡约易行，但无疑亦大幅削减了乡约本有的民治、自治精神。

《乡保事宜》后面的"约制"实为保甲组织的户籍制度，相当于《保民训要》中的"保甲之籍"，其组织形式与后者亦大略相同，由下至上分户、甲、保、乡、坊、城诸级，规定甲、保立长，"皆以才充"；乡设约

---

[1] 刘宗周：《申明巡城职掌以肃风纪以建治化疏》，《刘子全书》卷十七，《中华文史丛书》第57册，（台湾）华文书局1968年版，第1151—1155页。

[2] 刘宗周：《尊奉明旨疏》，《刘子全书》卷十七，《中华文史丛书》第57册，（台湾）华文书局1968年版，第1155—1156页。

[3] 刘宗周：《乡保事宜》，《刘子全书》卷十七，《中华文史丛书》第57册，（台湾）华文书局1968年版，第1156—1157页。

正,"特以德充,或以爵以齿",并设约副,"兼以才充"。保甲领袖仅看才能,乡约领袖则重德行,凸显乡约的德教内核。不过更上级的坊有坊官,城有御史,由城至户皆以上统下层层治理,最终仍归朝廷官员管制,这些规定都使刘宗周涉及的乡保合用的组织染上了越加浓厚的官办味道。①"约法"罗列劝善惩恶的种种条例,其"惩恶条例"与《保民训要》的"保甲之禁"大体相同,且规定"一户有事,一甲举之;一甲有事,一保举之,……不举及举不以实者罚,其纵恶者连坐",触犯纵恶条例的更要加以笞杖、拿问乃至驱逐,仍是保甲的一套检举连坐、刑法制恶的办法,远超出乡约纠过的范畴。最后的"约备"基本相当于"保甲之备",为保甲治安守备之事。② 总结来说,《乡保事宜》以乡约为主体推行保甲,相比以保甲行乡约的《保民训要》,更注重乡约的德化内核与风教意义,但其与保甲的融合仍导致乡约的官办属性愈益加重,与其本有的民治与自治精神似乎渐行渐远了。

以上所述的刘宗周两次乡约保甲合用的实践,都是在帝都京师的城市环境中、以朝廷官员的身份进行的。而其真正的农村基层治理思想,则保留在其晚年隐居乡里时编著的《乡约小相篇》《刘氏宗约》《乡书》《广乡书》等著作中。《乡约小相篇》等今日或已不传,唯《乡约》存留于《刘子全书》时,让我们能一睹其最终成形的乡约理论之大略。《乡书》首列《约言》作为前序,其中提到乡约保甲看似"在乡言乡",只为"吾侪小子一身谋",但"所以托吾身,一家而一乡,而国与天下,孰非所托之地"。故乡约所治虽为一家一乡,对于整个国家乃至天下的治理都有其不可忽视的意义:"四民之失职,一旦有闻吾君子之教而起者,子与子皆言孝,弟与弟皆言弟,自乡而国,自国而天下,秦晋梁楚,总属门庭,霜露日月,同流血气,……内宁外攘,端不越此乡人之政。"③ 可见,与此前的王阳明、吕坤等只将乡约保甲看作地方事务不同,刘宗周则将乡约保甲放到了关乎家国天下的整体国策的位置上。其在朝时所呈奏章曾中屡论乡

---

① 刘宗周:《乡保事宜》,《刘子全书》卷十七,《中华文史丛书》第57册,(台湾)华文书局1968年版,第1158页。

② 刘宗周:《乡保事宜》,《刘子全书》卷十七,《中华文史丛书》第57册,(台湾)华文书局1968年版,第1158—1160页。

③ 刘宗周:《乡书》,《刘子全书》卷二十四,《中华文史丛书》第57册,(台湾)华文书局1968年版,第203—2033页。

保，皆透露出此种意思①；晚年归乡之时，更是在《乡书》中明确申述了这一主张。这一对乡约意义与地位的大抬升，无疑是超越前人的。

《乡书》正文题为"乡约事宜"，仍是以乡约为主干融合保甲的一种组织设计。其组织结构与此前的《乡保事宜》基本相同，保甲组织自下而上分甲、保、乡、坊诸级，设乡长、保长、甲长，总统于坊官。乡长以有德者充，并任乡约组织之约长，但乡约的基本结构略有变化，除约长外另设"约副一人，总甲一人，木铎老人一人，夜巡四人"。②《乡书》的具体约文分"约训""约法""约礼""约备"四款。"约训"与《乡保事宜》的"约训"一样，都是太祖的圣训六谕，但刘宗周在《乡书》中对六谕进行了详细注解。如第一条"孝顺父母"注云："在家以父母为严君，在国以元后为父母"；第二条"尊敬长上"注云："子弟敬父兄，百姓敬官长"，把孝亲敬长与忠君敬官明确联系起来，便凸显出乡约小可治一乡、大可治天下的效用。"约法"相当于《乡保事宜》的"约诫"，也以《吕氏乡约》四条为纲，不过内容更加详密。首条将《吕氏乡约》的"德业相劝"改为"德义相长"，依太祖圣训立"孝""敬""睦""训""生理"五目。其次"过失相规"列过失之目，与"德义相长"正相反对，为"不孝""不敬""不睦""不训""不安生理"。规定德目由甲长、保长、乡约长负责标举，"大节举于官，旌以匾额；小节本乡风励，贫者旌以粟帛"；过失则仍按保甲之法揭发检举，"大事致于官，甚者两邻同坐，小事本乡诫饬"，若有知而不举者则处罚金，"一等一两，二等五钱，三等三钱"。"礼俗相交"既非《吕氏乡约》原貌也非朱熹增损的繁复礼制，仅有"春秋社""私宴""贺正""贺冬""致端""贺娶妻""贺生子""贺高年""贺进取"九种，要求"士绅作法，乡人从之，一以节俭为训"。"患难相恤"最接近《吕氏乡约》原文，只去除"孤弱""贫乏"两条，新增"灾荒"一条。"患难相助"要求"贫者出力，富者出财，一以厚为训"。礼俗重俭而救济重厚，比较贴合农村生活的实际。"约礼"相当于《乡保事宜》的"约礼"，内容更简，仅分"讲约公会""讲约私会"两种略加说明。"约备"与《乡保事宜》亦大体一致，言保甲守备之制，要求户、甲、保、乡分级预

---

① 杨开道：《中国乡约制度》，商务印书馆2015年版，第158页。
② 刘宗周：《乡书》，《刘子全书》卷二十四，《中华文史丛书》第57册，（台湾）华文书局1968年版，第2033页。

备健丁、粮草、兵器、木铎等。《乡书》最后附有四种登记表，前三种分别记录乡保人名、户籍、所属队伍等，最后一种则是"劝善格""分黑白圈子注善恶事件"，每人一张，按月记录，与明代流行之"功过格"作用相当。①

以上所述便是刘宗周合用乡约保甲的乡治思想与实践历程。总结来看，刘宗周不仅接续了王阳明的道路，将乡约与保甲进一步融合，在保甲的官治制度中灌注了更多的乡约德化因素，并且尝试将源出乡村治理的乡约保甲推行于城市，扩大了乡保的适用范围，同时又将本于一家一乡的乡约保甲树立为治理天下国家的基本政策，把乡保之制在国家治理中的地位和重要性提升到了一个极高的层次。这些都是刘宗周推进古代乡治发展的贡献所在。但同时，刘宗周乡治思想亦有明显的局限性，如行乡约于城市陌生社会必定削减其道德教化能力；乡约之民间组织与保甲之官方制度处处合用，乃至升为皇权主导之国策，必定导致乡约越发官方化而远离其价值初衷。刘宗周所处已是明代末期，其顺天府与都察院之任皆很短暂，其大力提倡、堪为国策的乡约保甲之制，既不能充分推广，更无补于时局，这是不能不令人感到惋惜的。

五 陆世仪的《治乡三约》

如杨开道所言，古代乡约发展的最终形态，即一种综合性、整体性的乡村治理模式，"是从《图书编》开始，经过吕新吾，刘蕺山的修改，而完成于陆世仪的《治乡三约》"。② 如前所论，章潢的《图书编》已经点出了保甲、乡约、社仓、社学四种乡治施设的紧密联系，但还未找到一个普遍的概念来表述乡治的这种整体性特征。吕坤"乡甲约"的名义本身及其具体措施，则已然进一步彰显出乡约与保甲的有机结合；刘宗周更是在《保民训要》中以保甲行乡约，《乡保事宜》中以乡约行保甲，更加强了二者的联系；但两人的乡治仅注重乡约保甲的综合，对于社仓、社学在乡治中的地位与作用，则未甚措意。直到陆世仪（字道威，号桴亭，1611—1672）这里，才用"乡治"这一普遍概念界定为以乡约为核心、融保甲、

---

① 刘宗周：《乡书》，《刘子全书》卷二十四，《中华文史丛书》第57册，（台湾）华文书局1968年版，第2034—2052页。

② 杨开道：《中国乡约制度》，商务印书馆2015年版，第168页。

社仓、社学为一炉的整体性乡村治理体系。

陆世仪是明末清初著名的理学家、文学家，被誉为江南大儒，其学术以经世为特色，涉猎广泛，天文、地理、河渠、兵法等无所不包。与宋以来的理学家一样，陆世仪也以恢复三代为其最高政治理想。他以夏商周三代之治为"儒治"，秦以下为"吏治"，认为"儒治所以不同于吏治者，只为一起手便不同。儒治从教化上做起，吏治从刑政上做起"。而达成其恢复三代理想的总体纲领，则在于封建、井田与学校。他说："封建、井田、学校是孟子一生大学问，即孔子富之、教之之意也。必如此，然后可以称三代之治"；"封建、井田、学校三者，致治之大纲，后世若欲平治，道理总不出此"①。陆世仪行三代古法于今世的宏大抱负的具体呈现，则在于《治乡三约》的整体性乡治体系。在他看来，对于三代之治而言，乡治具有基础性、根本性的意义，他在《治乡三约·自序》中说：

> 以三代之治治天下，其要在于封建；以三代之治治一邑，其要在于书乡。乡者，王化之所由基也，有民人焉，有社稷焉，故孔子曰："吾观于乡，而知王道之易易也。"欲治一邑，亦治一乡而已矣。②

陆世仪这里更将乡治归本于三代，认为乡邑的治理正是复兴三代王化的根基所在。他接着说，"治民犹治兵然，什什伍伍，分节而制之，总纲而挈之"，三代之时实现这种什伍其民、井井有条的基层治理的古法，如《周礼》所谓"比闾族党"之类尽管"不可复"，但"今有厢坊，有里甲，其名异而其实同""今之耆正礼排、地方保甲，即周之乡大夫、州长、闾胥、党正之类"。可见，陆世仪认为乡治也不可能完全复原古制，但却可以在今世通行、犹有古意的保甲等官办制度之中灌注三代之治的精神，重新激活其王化德教的价值意义，从而"由今之道而可以臻古之治"。论及具体的施设，"其法有四，曰乡约也、社学也、保甲也、社仓也。"这四者正是处在不断发展融合过程中的明代乡治的四个层面。但陆世仪紧接着

---

① 陆世仪：《思辨录辑要》卷十八《治平类·封建》，《丛书集成初编》第670册，上海商务印书馆1936年版，第183页。

② 陆世仪：《治乡三约·自序》，《丛书集成三编》第21册，上海商务印书馆1936年版，第561页。

说，前人之治乡无不知此、行此四者，但"卒无致三代之治"，原因有二：其一是"用人无法"，其二是"四者之义不明"。针对前者，陆世仪指出，三代以乡官治乡，皆以德位俱尊的士大夫担任，而当时之里正、保甲仅以"富民及无赖之徒"充数，且工作不被视为官职，只被当作差役，"政令繁多，日不暇给"，此种"自用用人之法殊，繁简疏密之制异"，正是当世之保甲等制度不可达于三代之隆的根由。故欲推行乡治，必先从"致精于用人"，即人才的合理选用入手。针对后者，陆世仪认为好的乡治必须明确乡约、社学、保甲、社仓四者的名义及其主次关系。他提出："何以谓之乡约也？约一乡之众而相与共趋于社学，共趋于保甲，共趋于社仓也。四者之中，乡约为纲而虚，社学、保甲、社仓为目而实。"这样，一种以乡约为总纲、为普遍形态，社学、保甲、社仓为细目、为实质内容的整体性乡治体系的基本框架便呈现出来了。

陆世仪对于乡治的上述理解及其乡治理念的总体框架，在《思辨录辑要》中有更详细的表述：

> 治天下必自治一国始，治一国必自治一乡始，治一乡必自五家为比、十家为联始。……乡约是个纲，社仓、保甲、社学是个目。乡约者，约一乡之人而共为社仓、保甲、社学也。社仓是足食事，保甲是足兵事，社学是民信事，许多条理曲折，都在这一日讲究。不然，徒群聚一日，说几句空言，有何补益？[①]

按陆世仪的构想，在乡约这一整体纲要之下，百姓按"五家为比、十家为联"的保甲制度统一组织起来，由乡约长率领，同时以社仓主食、保甲主兵、社学主教，将"讼狱、师徒、户口、田数、繇役"等事务、家庭、政治、经济、教育等事业悉数容纳其中，这便让以道德教化为核心的乡约免于"徒群聚一日，说几句空言"的空洞说教，而能够切实地面对、解决农村生活中的实际问题，为百姓民生提供物质与精神上的双重保障。如杨开道所说，在陆世仪这里，"乡约的实际工作，是保甲、社仓、社学，

---

① 陆世仪：《思辨录辑要》卷十八《治平类·封建》，《丛书集成初编》第670册，上海商务印书馆1936年版，第189页。

保甲、社仓、社学的基本精神是乡约",这便达到了"一纲三目,一虚三实,相辅而行"的效果,确实称得上是"纯正的""整个的乡治系统"。①

按照《治乡三约》的设想,"治乡之法,每乡约正一人"。这里,所谓"乡"不仅包括乡里村镇,也包括城市坊铺,二者皆以"乡"之名义通括之。可见陆世仪与刘宗周一样,拓宽了乡约的适用领域,力图使之成为城乡一贯的基层治理模式。约正的设立与选举方式,特别强调要选择"宿儒耆老""乡无长不可治,今拟每乡立约正一人,城以坊铺,乡以都鄙为分域,以本乡中廉平公正宿儒耆老为之,凭一乡之公举"。这体现了乡约必先明"自用用人之法"、选拔德高望重者治乡的根本原则。约正的选用需极为审慎细致,"凭里甲开报,细心探访,每乡多举三四人,精加选择",人选确定后,要"誓于神,诏于众,隆其礼,犹其廪给,委之心膂而用之,宁择而后用,勿用而后择"②,以隆重的仪式感、丰厚的待遇、充分的信任给予约正以足够的权威与地位,使其能全心全意地、众所心服地统率乡约的整个组织。

约正的职责在于三个方面:"一曰教约,以训乡民;一曰恤约,以惠乡民;一曰保约,以卫乡民。""教约即社学之意,恤约即社仓之意,保约即保甲之意,以其总统于乡约,故谓之约。"③ 此前的乡村治理,通常都是乡约之约正专主道德教化,保甲之保长专主治安管理,社学之社师专主幼儿教育,多头并立、分道而行,相互之间并无执掌或统率关系。纵使是刘宗周的乡保合用,也只是令保甲组织之乡长兼任乡约之约正而已,仍未明确乡约、保甲、社仓、社学四者是否需要一个统一的领导者。而陆世仪则显然针对旧有乡治名义不明、主次不清的情况,贯彻了其以"乡约为纲而虚,社学、保甲、社仓为目而实"的总原则,让社学、保甲、社仓皆统于乡约,皆以"约"为名,构成乡约在教育、经济、治安诸方面的具体措施;同时让乡约之约长统率乡治全局,一切社学、社仓、保甲事务皆归其管辖。约长之下另设"约副三人:一曰教长以任教,一曰恤长以任恤,一

---

① 杨开道:《中国乡约制度》,商务印书馆2015年版,第175页。
② 陆世仪:《治乡三约》,《丛书集成三编》第21册,上海商务印书馆1936年版,第562页。
③ 陆世仪:《治乡三约》,《丛书集成三编》第21册,上海商务印书馆1936年版,第562页。

曰保长以任保""教长以知书义者为之,恤长以富厚公廉者为之,保长以有智力者为之,皆听约长及一乡之人公举"。① 约长居统率之位,而社学、社仓、保甲的具体事务则交给下设的三名约副即教长、恤长、保长办理,三者皆需选举德行才能足胜其任者充当。又规定:"凡乡之教事责教长,恤事则恤长,保事责保长,三长非其人责约正,约正之邪官府治之。"② 三长作为约正的副手,各司其职,对约正负责;约正统领一约,对官府负责。陆世仪以此为"振裘挈领之术",使乡治得以"表正而影直,纲举而目张",形成真正统合一贯的组织形式。③ 当然,约正在总领全局的同时,自身也要负责一些实际工作,如定期集会、教民读法、劝诫善恶等事,约正要率其属行之;一般的民间诉讼,约正要协同教长平之;土田买卖推收缴税之事,约正要签字证实;三长履职之成效能否,约长要负责考核评判:这些都是《治乡三约》赋予约正的具体职责。④ 可见尽管陆世仪以乡约为纲而虚,其"虚"亦非空洞无事,而是仍然保留了乡约由约正担负道德教化之责这一核心内容。

按杨开道的划分,陆世仪《治乡三约》涉及的全部乡治工作可分为"普通的"和"特别的"两大类,前者是指全约或"三约"普遍共有的公共事务,后者是指某一约独有的特别事务。⑤ 全约共有的公共事务有五。其一是编制图籍。陆世仪把图籍工作看作乡村治理的基本前提,其按乡治"三约"的划分,将图籍也分为三种:"教长有户口秀民之籍,恤长有常平役米之籍,保长有役民之籍"。三约之长皆需以此三种图籍为依据管理教、恤、保之事,约正也需"以一乡之籍"方可"周知一乡之事"。⑥ 图籍的编制工作由"三长任其劳,约正主其册",即由三约之长分别负责编订,

---

① 陆世仪:《治乡三约》,《丛书集成三编》第 21 册,上海商务印书馆 1936 年版,第 563 页。
② 陆世仪:《治乡三约》,《丛书集成三编》第 21 册,上海商务印书馆 1936 年版,第 568 页。
③ 陆世仪:《治乡三约》,《丛书集成三编》第 21 册,上海商务印书馆 1936 年版,第 569 页。
④ 陆世仪:《治乡三约》,《丛书集成三编》第 21 册,上海商务印书馆 1936 年版,第 562—563 页。
⑤ 杨开道:《中国乡约制度》,商务印书馆 2015 年版,第 177 页。
⑥ 陆世仪:《治乡三约》,《丛书集成三编》第 21 册,上海商务印书馆 1936 年版,第 562 页。

约正负责整理保存，留存副本而在年终之时"上其正于官府""官府受而藏之，以周知各乡之事"①。这样，通过基层组织对于各类信息的调查统计，国家方能更清楚地了解地方的实际情况，达成较理想的地方治理效果。除此之外，广义图籍还包括土地图册，《治乡三约》规定："凡乡之地域广（东西）、轮（南北）及沟、涂、封、洫，皆图之。"陆世仪以此为"《周礼·燧人》以土地之图经田野、造县鄙、形体势之法"，当时这类制图之事多交给"画工及耆正里区"去做，陆世仪在其乡治系统中则将之归属"知书而能文墨"的教长。地图的准确绘制与土地的公平分配息息相关，故陆世仪建议"宜用张子厚经界法"为之，可见这一工作正是其以经界行井田的复古理想在乡村治理中的落实。②

第二种公共事务是乡约集会。《治乡三约》规定："岁时月吉，率其属而治会，教民读法饮射，考其德行而劝之，纠其过恶而诫之。"对于集会的日期，除传统乡约每月朔日有会，"约正率其属于本乡宽大处为之"，陆世仪还规定"岁时正月与春秋二社为大会，约正率三长听讲约于官府"，后者在形式上有些接近刘宗周《保民训要》中只有"约长率保、甲各长"进行而无民众参与的"保甲之礼"，此举或出于由政府出面培训乡治人才的需要，但也让其乡治系统呈现出显著的官方化特征。月旦乡约集会的内容中，"教民读法"即是讲读约条，陆世仪认为"讲约从来只讲太祖圣谕六言"，太过空洞乏味，建议将"大诰律令及孝顺事实与浅近格言"等与百姓生活直接相关、大家喜闻乐见的内容加入进去，"令社师逐次讲衍"，使人耳目常新、易于消化接受。"饮射"即是"行乡射礼，以酒饮之"，作为一种兼具体育锻炼作用的竞赛活动。办此活动也需因地制宜，"南方地卑湿，筋角易弛，又价高"，就不要强行举办。活动经费则由"恤长公费中给之"。考察善恶的内容叙述较略，未对善行、恶行的条款做细致规定，只说小善小恶在平日集会中当众称奖或训诫，大善大恶则要"闻于官府，或于大会时行赏罚"③。

---

① 陆世仪：《治乡三约》，《丛书集成三编》第 21 册，上海商务印书馆 1936 年版，第 563 页。

② 陆世仪：《治乡三约》，《丛书集成三编》第 21 册，上海商务印书馆 1936 年版，第 565 页。

③ 陆世仪：《治乡三约》，《丛书集成三编》第 21 册，上海商务印书馆 1936 年版，第 562 页。

第三种公共事务是地方公事。《治乡三约》正文规定:"凡公事,官府下于约正,约正会三长议而行之。民事亦上于约正而行于官府。"注文则言明"公事"之所指是"钱粮户役、地方公事"。如杨开道所论,钱粮户役等地方杂务本来"完全不在乡范围以内,完全是附带的工作",但中国古代基层制度的不良导致这些事情"几乎成为乡村政治的唯一工作"。[1] 如前所述,陆世仪批评当世之乡治不及三代古法的弊病之一就是"繁简疏密之制异",政府上级下达给乡村基层组织的事务过杂、负担过重。但他自己设计的这套乡治系统最终也要听命于官府,其官方化特征决定了乡约终难免于杂物之困,成为真正自主、专注本职的基层组织。

第四种公共事务是平理诉讼。《治乡三约》正文规定:"民有质讼,大事决于官府,小事则官府下于约正,约正与教长平之。"在注文中,陆世仪提出,民间官司如果大事小情都归官府受理,则使官员疲于讼事,军国重务反而无暇顾及。所以将一般争讼交给乡约进行事前调解、预先平理,不仅可以减轻政府负担,也能达到儒家提倡的"终讼无益而使民无讼"的效果。陆世仪以为,明初太祖设立申明亭,"坐老人于中,以断乡曲之事",正合于此意。至于为何要约正与教长共平,原因在于"终欲教诲之不底于法也",以教先于法,可看作对乡约之德化内核的着力彰显。[2]

第五种公共事务是验契保税。《治乡三约》正文规定:"凡乡之土田出入,谨其推收,掌其税事。"注文中说明,乡村土田有买卖则要办推收过户的手续,有过户则要缴纳相应的契税。而当时民间田产每年推收一次,往往拖至年底,田已卖出而税名仍在原主,税费催收扰民不便。另外,过户手续仅由底层书吏经办,假造契约、贿官漏税的情况也屡见不鲜。陆世仪为革此弊,规定"凡买卖田产者。彼此俱要书该约正长名氏,取其画押,无者不准买卖",让乡约约长签名作保,确保田产交易真实公平,且"既立契后,即行推收过户,使民间无产去粮存之弊;既推收即完官税,使国家无漏税之虞",可谓是利国利民的"两便之法"。当然,这种验契的工作本来也不应归属乡约的范围,但其与土地图籍、田产定界这一乡治根

---

[1] 杨开道:《中国乡约制度》,商务印书馆2015年版,第178页。
[2] 陆世仪:《治乡三约》,《丛书集成三编》第21册,上海商务印书馆1936年版,第563页。

本工作是有密切关系的。如杨开道所说,"土地图籍的混乱,多半是因为过户作弊",所以约正出面佐证地契,无疑更有助于实现陆世仪定经界、复井田的土地政策主张。这一工作也给约正添加了额外的事务负担,所以陆世仪规定以交易中介费用即"中金"的一半分给约正以为"养廉之资"。通过明确对外加事务给予薪资报酬的方法,显然赋予了乡约领袖以更强的尊严感与责任感,有助于保持其正直之德、培养其廉洁之行。①

以上所述为《治乡三约》规定的全约公共事务,而各约复各有其特别事务。其中,教约之特别事务为"教长之职,掌一乡之教事",其"教事"是指"教孝、教友、教睦、教姻、教任、教恤",务必使百姓"相爱相和"。乡里的冠婚饮酒、祭祀丧纪,教长负责"教其礼事,掌其禁戒";月朔乡约集会,教长要佐助约正读法振铎,记录善恶;科举考试之前,教长负责将学业优秀者记录在册,"升之于官"。此外,如前所述,教长还负责户口秀民之籍的编订,其户籍编制方法是"十家为联,联有首;十联为社,社有师"。陆世仪认为"户口之数,最不可不实,此王政之本,致治之源",此联社之法正是为保证基层户籍记录的真实准确而制定的。他进一步说明,此法是承《周礼》"比闾族党"之遗意,与保甲之法形式相近而实质不同。保甲"主于诘奸民,民望而畏之""联社之法主于行教化,天下而有一人自外于教化者乎?"可见,陆世仪的联社之法是根据乡约德化教民的宗旨设计编户齐民的体制。当然,与保甲类似,联社之法中也规定了"亲有罪奇邪则相及"的罪责连坐之制;但陆世仪注明,除非是"盗贼奸恶知情不举"的重罪才有连坐的必要,"轻微之罪作者自应独承",若一概连坐则与秦之苛法无异,这已在很大程度上减轻了连坐制度对于乡约教化的负面影响。对于联社的领袖,陆世仪又规定"联首以诚实者为之,社师以学究知书者为之",官府将户籍名册下达约正,再依次下达教长、社师。联首负责组织编户之民到社师处,社师负责如实登记户籍信息,再层层上报于官府。社师的职责还包括童蒙教育,《治乡三约》规定教长"以教法颁四境之社师而俾教其童蒙",让儿童"歌诗习礼,以平和其心知血气",此为社学之本意。另外,民间若发生诉讼纠纷,联首、社师亦要

---

① 陆世仪:《治乡三约》,《丛书集成三编》第 21 册,上海商务印书馆 1936 年版,第 563 页。

负责"辨其诚伪而司其责"。①

恤约之特别事务为"恤约之长,掌一乡之恤事",具体指"周贫乏、恤死丧"等,包括"主常平、义仓粟米出入之籍""凡有鳏寡孤独则闻于官府以养之""岁荒则设粥赈济"等,其中与社仓相关的掌常平、义仓之职最为关键。陆世仪认为,"从来积储之法,惟常平、社仓、和籴、青苗四者而已,四者之中莫善于常平",故其并未因袭此前乡治常用的社仓法,而以常平为储备粮食、抚恤民生之首务。但常平之法虽善,在实践上仍要注意三个方面:首先是用人,"使君子为之,则青苗亦善;小人为之,则常平亦弊",主持之人选择不当则善法也会弊坏;其次是"官民之间不可互市",陆世仪以为储粮四法"莫不善于青苗",原因正在于青苗是官贷于民,官民之间发生经济关系,必然出现上压下、下欺上的现象,令官民两病;其三是常平法要遵循自愿原则,不能依赖政府强制,"倡之以义,使其自为,则或有成功;督之以法,强其从我,则奸弊百出。"考虑到这三方面原则,陆世仪制定了一种形式类似社仓而意旨本于常平的较为周全的"常平权法":此法由地方官"兴开导,或量助俸银,以为之倡",恤长"司其事,领于约正",仓库地点选在当地"高大寺院,可省建仓之经费";令当地士绅富户自愿出米;秋收米价平落时进仓,在簿籍中准确记录进仓之价;来年五六月青黄不接、米价上涨时,"恤长闻于官府,请官府及本乡中好义乐善诸人齐集寺中,设法赈粜",粜米之价不宜太贱,以防"奸民乘之而射利";仓米出售所得先归还捐助者本金,待秋收再行募捐;常平"或有余利,听当时官府及约正主裁",将其三分之一分给恤长,仍为薪酬"养廉"之意,其余则归入义仓"为地方公用"。对于义仓的设置,陆世仪指出,常平仓主要用于"减价而粜",但灾荒之年的应急救援则非其所长。而"义仓则所以储常平之余及一乡之羡者也",无平价之功而有赈济之用,与常平法可相互补充。但此前的乡治中"义仓之制不过常平而已",将二者混同,无法真正让义仓发挥效力,导致"卒然有事,地方仍无余粟"。故陆世仪仿效古人"子母仓"之法,"以常平为母,以仓为子",常平之本米长存于义仓之中,丰年则敛,凶年则散;且每年常平的

---

① 陆世仪:《治乡三约》,《丛书集成三编》第 21 册,上海商务印书馆 1936 年版,第 563—566 页。

余息以及一乡犯过者的罚粟也归入义仓。这样便将常平的平易米价与义仓的灾年赈济充分结合，去两短而取两长，相较朱熹以来的社仓法无疑是农村经济治理方面的巨大进展。①

　　保约的特别事务为"保长之职，掌一乡之保事"，其具体内容在治安管理方面包括防范盗贼水火之患、平时组织操练守御等，而乡村基础设施建设方面的一些事务，如"筑城浚隍"等"土功"，农闲之时"兴修水利"等也要由其主持。如前所述，保长负责掌握"役民之籍"，陆世仪解释，所谓"役民"指"一乡之贫而可役者"，保长统计"役民之籍"、率领贫困而可出劳力者完成治安、建设等工作，此即"保甲之意"。但陆世仪指出，此前的保甲之法"有令各户通出壮丁者，或朋出一丁者"，其在役民方面有三大弊端："一、民不习兵，易生惊扰；二、强弱不等；三、多则无法，无法则易乱。"且"壮丁"之名，摆明了就是让人纯出苦力，"人人畏而避之"，可谓"徒有壮丁之名而无壮丁之实"。所以陆世仪提出，一种更合理的方式是将一乡之中"菜佣、担夫、仆役之类"的贫苦人登记在册，称为"役民"，由保长统一组织训练，从事土木、安保等劳役之事，并从义仓等处出费"与之饩廪"，给付酬劳。这样既可保证负担乡里苦工的足够劳力，又可改善乡村贫民的生活境况，使之劳有所获，可谓一举两得之法。为便于管理役民，陆世仪也如一般保甲组织那样引入"五人为伍，伍有夫；五伍为对，对有士"的组织形式，闲时由保长约束加以操练，"颁以射法，教之刺习之守备"，遇国家有战事，则由保长统率领取兵器登城守御，"事毕而解"。乡约集会时，保长"佐约正读法"，对于役民的勤劳、怠惰情况加以比较记录，以此为根据发放酬劳，勇力突出之人则可上报官府选为差役或兵士。至于役民的酬劳，陆世仪认为应于"五六七月，青黄不接，米价涌贵"之时集中支付，每人每天给米一升，三个月共给九斗，可达到"所费少而所养多"的效果，其费用主要来自义仓，由恤长负责，如"不足则另为设处"。②

　　以上是陆世仪《治乡三约》的主要内容。《治乡三约》在古代乡治的

---

　　① 陆世仪：《治乡三约》，《丛书集成三编》第 21 册，上海商务印书馆 1936 年版，第 566—567 页。

　　② 陆世仪：《治乡三约》，《丛书集成三编》第 21 册，上海商务印书馆 1936 年版，第 567—568 页。

各个层面都做出了重要的理论贡献。在乡约的总体结构方面,《治乡三约》提出了以乡约为纲、其他乡治组织形式为目的统合性结构,将社学、保甲、社仓统于乡约之下为其"三约",为乡约的普遍德化纲领具体化于教育、治安、经济等领域的实际乡治工作,标志着整体性基层治理体系的最终实现。在具体的乡治措施方面,陆世仪也多有创见,如其超越保甲法,本于乡约德教之义而新设"联社"编民之制;超越社仓法,兼用常平、义仓以两全平粮价、赈凶荒之功;首创乡村组织领袖的薪酬制度,让约正、三长领薪办事、能养其廉;改"壮丁"为"役民",使贫苦之人劳有所得、愿出其力。这些细节措施上的创新,旨在革除此前乡治施设的弊端,在凸显乡约之道德教化内核的基础上增强其结合农村生活实际的可行性。当然,《治乡三约》的局限性也是十分明显的,其理论设计尽管相当完善,但其创制之时已是明末,陆世仪本人又是一位纯粹的学术理论家,因而这一整体性乡治体系并未真正付诸施行。如杨开道所论,"自己并没有实践,人家也没有仿行,完全是纸上干戈,空中楼阁"[1],不能不说是一种遗憾。另外,《治乡三约》仍然继续了乡约之官办色彩加重的趋势,"三约"虽统于约正,但约正仍需向官府负责,接手官府下派、本不在乡治范围内的杂务,凡此种种皆使乡约进一步偏离了民治的本质。

六 明代乡约的实践状况

如前所述,从王阳明到章潢、吕坤,及至刘宗周、陆世仪,我们可以大致勾勒出一条明代乡约思想的发展脉络。从这条线索来看,明代乡约思想的发展,渐次推进,日益周密细致,最终形成了一个整合乡约、保甲、社仓、社学的整体性乡治理论。但这一思想谱系上的标志性人物如章潢、吕坤已处于明代中晚期,刘宗周、陆世仪更是近于明清之交,因此他们的乡治思想虽臻于完善,却已无从付诸实施。我们所见之杨开道和梁漱溟等人的著述偏重于乡约思想的梳理和乡治理论的提取,是因为他们"志在的不是追究历史上的乡约制定和实际情形,而是一个可以供他推行乡治时作为借鉴和理论依据的乡约模式"[2]。明代乡约实践的历史情形和实际效果究

---

[1] 杨开道:《中国乡约制度》,商务印书馆2015年版,第182页。
[2] 朱鸿林:《孔庙从祀与乡约》,生活·读书·新知三联书店2015年版,第249页。

竟如何？相关研究起步较晚，积累也不十分多。不过，20世纪八九十年代以来国内外陆续出现的一些历史性研究，却也让我们得以一窥明代徽州、岭南、江西以及北方的山西、河南等地乡约的真实面貌。以下简要叙述之。

一是岭南地区乡约。岭南地区乡约的一个典型代表是黄佐的《泰泉乡礼》。[①] 黄佐，号泰泉，广东香山人，正德辛巳年间中进士，官至少詹事，是明代岭南地区有名的士大夫。《明史·文苑传》记载，黄佐虽恪守程朱理学，但不以聚徒讲学名，其所论述，多切实际。《泰泉乡礼》成书于嘉靖十年（1531），是其以广西提学佥事乞休家居时所著。这部乡礼本身原创性并不强，基本上是杂取前人礼书、乡约条例、官员告文、国家律令编撰而成，其中大部分内容几乎照搬朱熹《家礼》《吕氏乡约》、王阳明《十家牌法》以及太祖《教民榜》等文本，当然也有少部分黄佐自己撰写的内容。[②] 但《泰泉乡礼》的独特之处，在于它将前述诸种文本整合成为一个体系。全书共六卷，分为三个递进层次：首先是乡礼纲领，由士大夫会同志者为表率，立教、明伦、敬身，以为乡治的礼教基础；其次是"四礼"，即冠、婚、丧、祭，也以士大夫及同志者为表率，申明四礼而力行之，约正、教读等人效法其后；再次是"五事"，即乡约、乡校、社仓、乡社、保甲，全面地涵盖乡村社会道德教化、教育、民生保障、祭祀、治安保卫五个方面的具体事宜，较一般乡治体系更增加了里社祭祀的专门内容。可见，《泰泉乡礼》一方面秉承唐宋以来"礼下庶人"的传统，致力于将礼仪推广普及到民间，以达到"化乡以礼"的目的。另一方面，它也具有很强的礼与事并举的特征，不仅致力于推广礼，同时也着眼于乡村实际事务以及构建一整套乡村秩序。从这个意义而言，黄佐构建了一个以礼为纲，融合四礼、五事，以礼仪引导和贯通乡村事务、又以切实的乡村事务管理为礼仪的实施提供保障的乡治体系。尽管黄佐并没有从理论上系统

[①] 目前学界关于《泰泉乡礼》的研究较少。较具代表性的有井上彻《黄佐"泰泉乡礼"の世界——乡约保甲制に关连して》，《东洋学报》第67卷第3—4号（1986）。近期的研究可参见张爽《家国之间：明代中期的乡礼与乡治——以黄佐〈泰泉乡礼〉为中心》，硕士学位论文，武汉大学，2020；杨亮军《论明代国家权力与乡约的调适和融通——以黄佐〈泰泉乡礼〉为中心》，《兰州大学学报》（社会科学版）2016年第3期。

[②] 黄佐：《泰泉乡礼》，《影印文渊阁四库全书》第142册，（台湾）商务印书馆1982年版，第592—662页。

阐述乡约与其他四者的关系，但从其组织和运行机制的设置来看，这五者是相互关联、高度融合的。这比陆世仪系统阐述以乡约为核心、融保甲、社仓、社学为一炉的整体性乡治理论要早了近百年，这是《泰泉乡礼》值得称道的一个地方。

《泰泉乡礼》是王阳明《南赣乡约》之后较早出现的一个乡约，比《南赣乡约》只晚出不到二十年。黄佐受王阳明行《南赣乡约》的启发，这一点从《泰泉乡礼》中保甲一篇几乎照搬王阳明的"十家牌法"大略可以印证，他本人晚年也与王阳明交厚。但《泰泉乡礼》的民治色彩却相对突出，比如它在约正、副的选举上采取乡人推荐的方法，"乡人自推聪明诚信、为众所服者为之，有司不与"。同时，"教读"一职在乡约中发挥重要作用，这一角色作为乡校的校长，是由约众推荐有德行学识之人经有司考查聘任，教读对约正负有领导、监察之权责，作为有司与乡民的中介居间发挥重要作用。这也使得乡治组织在配合国家权力、赞成教化的同时，还能保持相对较强的民间自主性。鉴于嘉靖八年后明廷以朝廷的名义在全国推广乡约，官办乡约成为主流，这一点是难能可贵的。凭借黄佐的声名和影响力，《泰泉乡礼》成书之初名噪一时，甚至一度被奉为明中后期岭南地区乡治的范本，时任广东布政使命令将其刊刻，在本省各府州推行。《泰泉乡礼》实际效果如何，学界尚无明确考证，也有人指出这一乡治体系未能产生理想的效果。但是到了清代，《泰泉乡礼》又再度备受推崇，于乾隆年间被收入《四库全书》，称其"大抵皆简明切要，可见施行，在名人著述中尤为有用之书"[1]，这是其对后世影响力的一个例证。

明代岭南地区还有一值得注意的民办乡约实例，即嘉靖年间湛若水在广东增城县沙贝村创立的沙堤乡约。[2] 湛若水为明代著名思想家和政治家，以讲论理学、兴建书院养士著称于世。其于嘉靖十九年致仕后回到湛氏宗族所在的沙堤乡，与其门生、同乡另一位退休官员伍克刚共同举办乡约，

---

[1] 黄佐：《泰泉乡礼》，《影印文渊阁四库全书》第142册，（台湾）商务印书馆1982年版，第591页。

[2] 朱鸿林结合沙堤乡约的核心文本《圣训约》以及《增城县志》、湛若水的个人材料，对沙堤乡约进行了较为详尽的个案研究。参见朱鸿林《明代嘉靖年间的增城沙堤乡约》，《孔庙从祀与乡约》，生活·读书·新知三联书店2015年版，第292—359页。下文中引文出自《圣训约》，明嘉靖二十三年刻本，台湾"中央大学"图书馆藏善本。

有关内容记载于《圣训约》一书中。当时增城地区土地占有极为不均，贫民欠税、逃亡、犯罪的情况十分严重，贫富不均又与迷信风水、好赌、健讼、火葬等恶俗相互加强。对于宗族而言，其与政府和佃户两端的潜在矛盾都有增加的趋势。也正是出于加强治安和改善风俗这两方面主要考虑，以湛若水、伍克刚为代表的宗族乡绅决意举行乡约。

沙堤乡约与沙贝村宗族紧密结合。乡约的组织架构分为三个层次：首先是乡约主持者，即主约、副主约、约正副、乡正共五人，主、副主约相当于乡约的"董事"，由湛若水和其门生伍克刚担任，约正副是具体管理执行的"理事"，由伍克刚之兄弟、同样是湛若水门生的伍万春以及另一湛氏宗族成员湛翰担任。其次是"乡约宾"三十五人，皆为当地湛氏、伍氏、温氏、黄氏等大族中的高年耆老，年龄在六十岁到九十多岁之间。沙堤乡约具有浓厚的"老人当道""以老用老"色彩，强调以齿德而不以爵位、家财来定分高低。乡约约文"尚礼仪"部分也特别规定路遇长者要有逊让礼节、乡人序坐论齿不论财，约会仪式中各宗族乡宾也以序齿排位。在乡约主创者的设想中，如果身居高位、颇有家财的组织者并没有把自己摆在一个很高的位置，反而带头敬重老人，则年轻人就会受到感化而心悦诚服，正所谓"礼高年，敬其父老，则其乡邻子弟莫不悦服而信从"。这也反映出沙堤乡约主创人对乡里民众，尤其是那些在他们看来已经目无礼仪伦常的年轻人施以礼仪教化的急切想法。再次是"乡约执事"二十五人，全部为青年一辈的湛氏族人，分别负责乡约集会时的读圣训、读乡约、供香案、讲书、歌工、举酒、司籍等具体工作。乡约主持、乡约宾、乡约执事加起来囊括了沙贝村所有著姓宗族，虽然湛氏一族是乡约的出资方，但并没有垄断对乡约事务的决定权，更多扮演提供经费和操办具体事务的角色。从组织结构、人员构成和职责分工来看，沙堤乡约体现了村内各大宗族平等参与的原则。

沙堤乡约的约文共分五条，于《吕氏乡约》及《南赣乡约》皆有承继发展关系。其一"尚礼仪"相当于《吕氏乡约》的"礼俗相交"，湛氏将其列于首位，盖有高扬儒家以礼教化民成俗之传统的用意；其二"恤患难"，相当于《吕氏乡约》"患难相恤"；其三"立臧否"相当于《吕氏乡约》"德业相劝""过失相规"；其四"行保甲"；其五"躬巡省"互为表里，为乡约在组织形式及具体实践方面与保甲的结合，其保甲组织基本同于王阳明的十家牌法。不过,沙堤乡约的不同之处在于变以往十家一甲为二十五家一甲,无论是生活中的帮扶和相恤、还是日常行为的臧否劝勉,都强调同甲之人"一如一家之人,又如一人之身",互相担负义务,在保甲一条更是强调甲内相互监督、罪必连坐的集体责任原则。

　　沙堤乡约的活动项目和仪式也颇具特色。《圣训约》记载沙堤乡约的活动分聚会和巡省两项。聚会设在四时仲月望日,一年四次。与吕柟解州乡约于书院设约所类似,沙堤乡约集会的地点也定在湛若水于当地创办的独冈书院内。集会当日清晨,乡约主持人提前到场等候约宾,约宾陆续到齐后主持揖宾升阶、升堂,宾主之间相互行礼,然后就坐饮茶。此后为正式的乡约礼式,分七步:先全体听读太祖圣训、世宗宣谕,次听讲训谕、经书(包括《尚书》《诗经》篇目),次礼献约宾,次燕礼(宾主听乐饮酒之礼),次又读乡约(读约者宣读乡约条目,完毕后宾主起立拱手答"谨如约")、听讲书(讲《孟子》"死徙无出乡"章),次记录善恶入册(由约宾在纪善、纪过册上登记所知某人善恶之事,纪善册当众宣读,纪过册只私下传阅,再由乡正报告保甲中人的善恶行为),最后撤读约案、礼成送客。沙堤乡约的礼节仪式,尤其是专门安排的讲经、讲书环节相比其他乡约要多出不少,除圣训和正式约文外,沙堤乡约的礼仪和讲书文本还包括儒家经子典籍等内容。例如约会礼仪中讲书《尚书·洪范》"皇极敷言"一章,用意在于以皇极王道使百姓性情平正、成皇极之民;歌《诗经》中《鹿鸣》和《南山有台》两篇,用意在感谢约宾支持乡约,称赞其为乡约化民所做的贡献;讲《孟子》"死徙无出乡"章,则意在强调其"出入相友,守望相助,疾病相扶持"的乡治纲领。这些都彰显出沙堤乡约更加浓厚的儒家礼乐德化色彩。

　　巡省是沙堤乡约独创的一种活动。按照乡约约文所言,巡省一般在每年八个月份的望日进行,乡约的主持人,即主副约正、约正副及乡正都要参加,下乡巡行督查当地各保甲,并根据聚会时约宾、约正的汇报了解保甲居民为善作恶的情形,加以劝勉或训诫。通过乡约主持人定时入各甲巡查的方式将乡约的教化工作渗透到保甲这一官方治安制度中,似乎为乡约与保甲在具体乡治实践中的融合提供了一个新颖的思路。不过按照朱鸿林的分析,湛若水以二十五家为一甲的保甲改革设想可能是没有实现的,因此乡约主持人巡省保甲的做法也就只是拟想之事了。①

总体而言，沙堤乡约是要以宗族的团结和尊老的方法挽回善俗。它的目的在于敦善风俗，而不在于其他，因此它的自治性和自限性色彩都比较明显。在自治性的一面，表现为它不由官员主导或支持，也没有请求地方官的背书，甚至没有事先向政府申请或报备，也不预期官府的干预。同时，它对乡民入约或约众参与集会都没有采取强制的办法，集会也没有发誓、木铎巡街等做法，对有过失者也不施以罚款或告官。相应地，这一乡约也尽量避开了乡里公事，在功能上显示出很强的自限性。它不涉及社学、社仓、里社祭祀等，也不太处理乡里词讼、赋役等事务。这使它成为明代民办乡约的一个典型代表。沙堤乡约的实行状况如何，不可详考。按照朱鸿林的分析，沙堤乡约的实际施行或未能持久，也未能广为传播，但其作为现存文献中的一个珍贵样本，对于明代乡约实践状况的探究，仍有不可忽视的意义。

二是徽州地方乡约。徽州地区乡约形式较为多样，现有的地方志、族谱和乡约等文献资料较为丰富。从现有史料来看，力量和影响最大的是宗族式乡约。隆庆六年（1572）安徽祁门县文堂的陈氏乡约就是一个宗族式乡约的典范。其时，文堂陈氏族老有感于世风日下，以及族中人口激增、礼节败坏、作奸犯科、争讼频仍的情况，希望通过推行乡约来对族人进行教化、加强管理。陈昭祥、陈履祥两兄弟遂仿效《吕氏乡约》和山西雄山《仇氏家范》，制定《文堂乡约家法》。陈氏乡约在组织上高度依托于宗族内部既有结构，以族内一个或数个房支（里甲中的甲多依据家族或房支而设）为单位，各设立会宗及约正副。会宗由本支德高望重的长者担任，类似于乡约约长，约正副则拣选年纪稍长或壮年、先能有为者担任，负责约中具体事务。各房支约正副之上更有约赞七人，由陈氏兄弟等熟通礼文的有识之士担任，主持全族约会礼仪；首人二人，负责众约正副之间的协调与联络。陈氏乡约每月于陈氏祠堂举行乡约家会。透过《家法》中"约仪""圣谕演""家会坐图"等内容，可以看到，家会在人员、座次、流程上均有严格细致的设计，整套仪式包含读圣谕、训诫、彰善纠过、会膳等环节。与一般乡约不同的是，宗族乡约对约众的要求似乎更为严苛，例如要求宗族成员必须入约，否则即受排斥，甚至约众参加约会时的衣着、

---

① 朱鸿林：《孔庙从祀与乡约》，生活·读书·新知三联书店2015年版，第328—335页。

仪态等，都有严格督查。从《文堂陈氏乡约》中对族中作奸犯科、素行不端的盗贼可以呈送官府惩治，或令其自尽以免玷污宗族声誉的条文来看，推想当时宗族权力是很大的。① 陈氏乡约到底实行多久、效果如何，不得而知，但据《文堂乡约家法》的序言记载，这一家法经呈报给时任祁门知县之后，即获批准，随后在整县推广。

　　事实上，乡约宗族化是明代中后期乡约发展的一个潮流。南宋以后中国农村基层社会的一个重要变化是出现了具有族规、族约、族长等组织化特征的新宗族形态。宗族组织化的发生，很大程度肇因于宋儒对中国本土祖先崇拜信仰的仪式化，典型的代表如朱熹的《家礼》②。到了明代，统治者对祖先祭祀思想进一步加以承认和推广，从而深刻地改变了民间宗族的形态。③明成化、弘治之后，地方上不断有地方官或宗族自发进行宗族组织化的尝试。而同时，如前所述，明代统治者、地方官和士大夫颇多借鉴宋儒的乡约思想，以对基层社会进行教化和强化基层秩序。乡约的实践于是与宗族的发展自然地结合起来。在地方官一方，乡约的推广必然绕不开日益扩大和普及的宗族；在宗族一方，依据乡约的理念来制定宗族规范、设立宗族管理人员能更好地约束族人、管理族内事务。从这种角度来看，乡约本来

---

① 隆庆《文堂乡约家法》，安徽省图书馆藏本。转引自董建辉《明清乡约：理论演进与实践发展》，厦门大学出版社 2008 年版，第 210—222 页。

② 朱熹《家礼》共分通礼、冠礼、婚礼、丧礼、祭礼五卷。朱熹通过制定《家礼》，以家为社会单位出发点，推行礼制，确定尊卑长幼秩序，重现古人"修身齐家之道、慎终追远之心"，也体现国家敦化导民之意，进而实现儒家修身齐家治国平天下的理想。

③ 推动宗族组织形成的祖先祭祀，是中国古代社会的民间信仰，也是社会身份等级的一种标志。这种等级性权力体现在通过礼制确定不同身份的人在建筑宗庙和追祭祖先的等级。南宋以前，祭祖较多见于具有较高社会地位的贵族门第。科举兴起及门阀望族消亡之后，民间祠堂没落，特别是五代至北宋时期，百姓居无定所，祖先祭祀一般都仅限于家户的正堂。宋代儒者如程颐、张载、朱熹等出于其恢复三代的文化理想，根据古礼制定了通俗版本的祠堂之制、祭祖礼仪，试图以此为基础重建宗族组织，但其在民间的推行范围和效果有限。史载宋元时期也有少量宗族祭祖的事例，但它们大多依附或者与地方社祭、宗教性寺观、名人祠庙结合，独立性不强，墓祠祭祖是祠祭的主要形式。到了明代，祭祀的礼制发生了明显变化。明代的祭祀礼制受到朱熹《家礼》的深刻影响，其突出特点在于放宽祭祖的身份限制。成书于洪武三年的《大明集礼》仿效朱熹的《家礼》，规定品官可以祭祀四代祖先，庶民可以祭祀两代，为有明一代的祭祀礼制奠定了基础。此后民间祭祖的规定得到进一步放宽，至嘉靖十五年颁布诏令允许天下臣民皆可祭祀始祖。由此，民间联宗祭祖的大宗祠很快得到发展，客观上带来了嘉靖、万历年间大建宗祠祭祀始祖的热潮，同时也导致了明后期宗祠的普遍化。通过修建宗祠、祭拜祖先等仪式，族人和房派之间的凝聚力不断加强，宗族的范围和影响力日益扩大了，成为民间社会的重要组织单元。

就可以被理解为家规、族规的扩大化,族规和乡约共同发挥辅弼政教的功能,宗族乡约化于是成为这一时期宗族和乡约双方发展的典型特征。① 根据常建华的研究,明代在南方有安徽的徽州地区和江浙赣地区,北方有山西洪洞县晋氏、韩氏、刘氏,以及山东青州邢氏、冀氏,都存在宗族乡约化的现象。②

官府依靠乡绅在族中推行乡约,将国家权力对社会的控制深入到了最基层,而宗族乡绅借助乡约推行族法,获得了官方的支持,使自己对宗族的管理合法化了。当然,赋予宗族以族约管理族人的权力,等于让宗族领导具有了准地方官的性质,实际上是允许在国家正式法律之外存在一个民间的司法系统,这无论在政治还是社会层面都会造成较重大的影响,且在宗族乡约化的实行过程中,也确实出现了族中约正、约副不得其人,致使乡族事宜败坏的情况,因此,官府对于宗族组织化的承认和授权还是较为慎重的。宗族的合法性首先在于其是否有助于而不是有害于官府对基层的控制,在于其族规是否与国家法规相一致。宗族能否行使乡约和保甲的权力,最终的决断权在官府手中。因此宗族乡约化最终也呈现与乡约的官方化合流的发展趋势。

三是江西吉安地区乡约。江西吉安府下辖泰和、吉水、永丰、安福、龙泉、永兴等九县,是明代中后期施行乡约最多的区域。嘉靖时期江右阳明弟子云集,这些人大多进士出身,有的还官居朝廷要职,但由于致仕、

---

① 一些历史学家认为,事实上以宗族为单位推行乡约的历史是比较悠久的,只不过南宋以前宗族作为一种组织的存在并不是特别彰显,所以乡约的宗族性没有引起人们的足够关注。早期乡约多是士绅在家乡举办的,因而举办之初,其范围很可能局限在宗族成员内部。例如最早的蓝田吕氏乡约,其推行范围可能就仅限于吕氏族中。类似的还有南宋时期朱熹弟子程永奇在其家乡徽州休宁推行的宗族乡约、明代成化时期吉安府罗伦的永丰乡约等。不过,到了明代,根据宋儒的德化思想制定族规,利用宗族制度维护乡村社会秩序,逐渐成为当时的官员和宗族中有识之士的一种有意识的行为。史载苏州府文林曾先后在成化、弘治年间任永嘉知县和温州知府,他在任上尝试用乡约管理宗族。针对当时宗族规模较大、人数较多的情况,文林要求各宗族各自为约,制定族范、设立族长,乡约的性质和内容同乡约相似,族长的设立更是借鉴了乡约设立约正和约副的形式。(参见文林《文温州集》卷九《族范序》,《四库全书存目丛书本》,集部第 40 册,齐鲁书社 1996 年版)江苏镇江府丹阳县姜宝万历前十年也在族内推行乡约,又撰写《议行乡约以转移风俗》向继任的地方官建议继续推行乡约,并将之与保甲结合起来。姜宝把族约的好处说得十分清楚:"无论民间受益,即官长不烦心力可卧而待治"。参见常建华《明代宗族组织化研究》(上),故宫出版社 2002 年版。

② 参见常建华《明代宗族组织化研究》(下),故宫出版社 2002 年版。

丁忧、待任等不同原因，大多都有较长时间归居乡里的乡绅经历，因此得以有时空的契机倡导和施行乡约。这一时期吉安府各地几乎都可见乡约的推行，如罗钦顺和胡直的泰和乡约、邹守益的安福乡约、罗洪先的吉水乡约、陆粲的永新乡约等。这些乡约都由地方官倡导，在一县范围内统一实行，是典型的官办乡约。嘉靖十五年的《永丰乡约》正是其中的一个代表。据载，当时永丰境内经历了严重旱灾，民生艰难、贼寇频繁、人心浮动，在当地知名士绅聂豹和吉安知府屠墟竹的推动下，知县季本将其原在广东揭阳实行乡约的经验移植至永丰，以期"酌古式今、通变宜民"①。从文本来看，《永丰乡约》由"尊成规""酌民宜""稽官成、防吏蠹"三部分组成。其中，"尊成规"拣选圣谕中的条目以为乡约的权威基础和指导原则；"酌民宜"中又包含"申明约法""崇尚礼教""经理粮差""安靖地方"等内容，为约文重点；"稽官成、防吏蠹"主要开列全县田产丈量情况。② 在组织和集会方式上，《永丰乡约》并没有太多的创举，乡约主事人员包括约长、约正副、约赞、约察，集会分为各坊都集会和全县集会两种，坊都集会每月朔日一次，全县集会每年春祈、秋报两个社日举行，集会仪式不过酒礼、彰善纠过之类。

不过，《永丰乡约》还是有几个值得注意的地方：其一，聂豹、季本等人已经充分认识到乡约的主要作用在于教化，因此注意将一般行政事务与乡约事务分开，以便让乡约领袖专注于乡里教化之事。比如，它规定有司应该对乡约领袖们以礼相待，不得"有所凌辱差遣，使之奔走屈辱，与衙役无异"；反过来，乡约领袖也应以自身德行为一乡之表率，不得失德妄为，或者假赏罚之权恐吓乡民。这一将行政事务与乡约事务剥离，以恢复乡约德化组织本意的做法无疑是值得赞赏的。但《永丰乡约》毕竟是一个官办乡约，且面对明中后期国家日益衰退的基层治理能力，终究难以脱逃行政的枷锁。例如针对当时人口流动、土地兼并、基层管理腐败等原因所造成的人户、土地情况不清问题，《永丰乡约》就规定乡约主事人员有

---

① 聂豹：《永丰乡约后序》，《聂豹集》卷三《序一》，《四库全书存目丛书·集部》第72册，齐鲁书社1996年版，第280页；邹守益：《叙永丰乡约》，《东郭邹先生文集》卷一，《四库全书存目丛书·集部》第65册，第591—592页。

② 《永丰乡约》原文保留不全，仅"酌民宜"中"申明约法""崇尚礼教""经理粮差""安靖地方"四部分内容保存完整。参见《永丰乡约》，陆湄等纂修清康熙二十三年刻本《永丰县志》卷八《杂志》，藏于吉安数字方志馆，第1060—1093页。

经理粮差，协助官府催缴钱粮赋税之责，这实际上使得乡约主事人扮演了里甲职役的角色。同时，对于行为不端的乡约主事人员，《永丰乡约》规定可以"官法治之"，这也显现了乡约主事人员介于民间领袖和官府成员之间的半行政色彩。其二，《永丰乡约》借助宗族的力量以实行，这也是其另一个显著特点。对于约众当中斗殴、户婚、田土等细小纠纷，乡约皆委托宗族先行处置；对于行为不端的乡民，约长、约正副亦先告知其家族长，由家族长先行戒谕之。依托宗族无疑便利了乡约对乡村事务的管理，也增加了乡约的威慑力，在宗族一方，也乐于效力。这与常建华所论述之明代中后期乡约宗族化、宗族乡约化趋势是一致的。其三，《永丰乡约》已具有以乡约为纲，将保甲、社仓和社学的内容寓于乡约之中的特点。在保甲方面，"酌民宜"中"安靖地方"一项就主要规定了保甲的组织形式和职能。保甲组织设计仿效王阳明的《十家牌法》，"每甲置小牌一面，内开户籍、人丁多寡之数、有无寄庄暂宿之人等，揭于各家门首，以凭查考。十家置一大牌，开报各户姓名，按日轮流审查是否有过犯及纵容可疑之人，并上报直年、约长、直月、约正副等究理。如有隐匿，十家连坐。"保甲的功能主要在于救火和抵御盗寇两方面。救火分为东西南北四班，有专门的班首、充分的物资器械准备和详细的分工和奖惩措施。御寇方面则规定每夜每家轮流出一人值守，如有紧急情况，以锣为号，共起御敌。永丰地处赣闽广交界处，临省贼寇袭扰频繁，针对这一状况，乡约也规定将各都的保甲联合起来，互为呼应，农闲时节组织民众加以训练，达到"举族皆兵、先声可畏"的效果。社仓方面，乡约规定约中人户按等级出谷若干，同时鼓励尚义之士割田出谷，劝谷和罚谷所得皆归于社仓，以周济穷民。社学方面也规定子弟在适当的年龄应入学讲读，各社延请行止无缺、通经史大义者为教读进行讲学。以上都表明《永丰乡约》对于乡治体系中的几个重要方面均有一定的涉及。

四是北方乡约。明代北方山西、河南等地的乡约实践，在正德年间已见记载，其中又数山西潞州仇氏兄弟举办的雄山乡约最具典型意义。仇氏世代居住在潞州雄山乡东火村，为一乡望族。正德五年，主持家政的仇辑与仇森、仇朴、仇桓、仇栏等五兄弟据宋司马光《家仪》、朱子《家礼》等加以斟酌损益，订立《仇氏家范》，制定家族之中冠婚丧祭等方面礼制仪节以及赏罚善恶之法。在此基础上，大约在正德六年，以《蓝田吕氏乡约》为蓝本推行乡约,主张"居家有家范,居乡有乡约,修身齐家以化乎乡人"①,其创立时间较王阳明《南赣乡约》更早。所行乡约条款经吕柟编校为《乡约集成》。雄山乡约遵循自愿入约原则,凡入约者,仇氏兄弟均为之置办统一服装,以示整齐。乡约的主要条目为《吕氏乡约》之四项,即德业相劝、过失相规、礼俗相交、患难相恤。约众每月望日举行一次集会,与会时亦置劝善、惩恶两簿记录善恶之事以为赏罚,规定犯重大过错者驱逐出乡约之外,对于捕获奸盗的行为则有额外的钱谷奖励。仇氏兄弟又刊印太祖六谕的注释本数百册,本乡之民人手一册,鼓励其讲读践行。在推行乡约的同时,又设立教导宗族子弟的"义房",训育同乡孩童的"义学",救济患病贫苦乡民的"医药""义冢",储粮防备灾荒的"义廪"等,也反映出乡约与社仓、社学合流的发展趋势。不过因其民办性质,并未明确与保甲结合。除仇氏所居东火村外,周边一些村庄及邻州两县均参与到《雄山乡约》中,正德六年初会时约众有近三百家,规模甚大。乡约持续时间也相当长,据史料记载,至仇氏五兄弟之仇朴逝世时已行三十余年,足为一时之盛。②

仇氏在地方上推行乡约取得的成效,引来广泛的效法,吕柟的解州乡约即为一例。吕柟为明代中期著名学者,早年即曾听闻仇氏世居之事,嘉靖三年遭贬通判解州,途经潞州时应仇氏兄弟之邀,专门到访东火村参观其家范及乡约的实施情况,感叹乡约化民之成效,至解州遂决定仿照仇氏之法行乡约。次年仇森来访,又与之重新修订乡约条目以资施行。吕柟首先在解州创立了解梁书院,又选择良民善众百余人在书院中立约。书院营建历时三年,建置包括乡贤祠、乡约及童蒙教所等,其中设四斋安置乡约成员,三斋居童子,另设四斋居儒学生员愿来者,为乡约执礼之人选。又请当地太学上舍生二人主教童蒙,兼职主持乡约之事。约法规定每月朔、望日约中老者、善人及诸学生到书院行礼听讲,讲授内容为《蓝田吕氏乡约》及《大诰》、律令等,要求其归乡后据此道理劝化邻里街坊及家人子孙。宣讲完毕,则公布经教化改过的人数,以及未能改过之人,由主约者酌情进行赏罚劝惩。如果有不顺教化的强梗之人,则依律法交官府惩治。

---

① 何瑭:《柏斋集》卷四《仇生北归序》,《影印文渊阁四库全书》第1266册,第525页。
② 朱鸿林:《明代中期地方社区治安重建理想之展现——山西、河南地区所行乡约之例》,《孔庙从祀与乡约》,生活·读书·新知三联书店2015年版,第277—281页。

解州乡约于吕柟任上推行近两年，吕氏自认颇有成效，其卸任后又持续了一段时间。这一乡约总体为一依官方命令施行的官办乡约，乡约集会地设于解州城中而非下辖乡县，约众由官员自城乡中拣选，集会时在书院分斋讲业，再各回乡里以约训劝谕百姓，乡约的劝惩工作也都由官府主导。尽管解州乡约的官方化色彩相当浓厚，但它将乡约与书院的设置结合、以城中书院统领乡约之施行的组织模式也产生了相当的影响。稍晚出现的余光于山西运城所行河东乡约，张良知于河南许州所行许昌乡约，大体上都采取先立书院、设蒙馆、以城领乡、讲解圣训、官行赏罚的方法，在组织上仅关联乡校而不涉及保甲、社仓等，其施行亦多仅限首倡官员之任内，而不能长久维持。

在上述几个乡约中，雄山乡约的实行时间和效果是较好的。究其原因，雄山乡约是仇氏宗族自发组织的，有赖于宗族的支持，相比吕柟等单纯以官员身份自上而下推行的官办乡约，它在成效和可持续性方面均更胜一筹。

小结

总体而言，明代的乡约实践是古代乡约实践历程中最重要的一个阶段。明代乡约相较于宋代乡约而言，更多由身在朝廷的士大夫和为官一方的地方大员所主导，体现了鲜明的外部主导型特征和官方化转向。对于这些倡行乡约的士大夫和地方官而言，"致君"与"化俗"是两个并行的功业，而乡约正是化俗的重要承载。正如朱鸿林所说，"乡约是近世士大夫期望用以改良帝王政治和社会秩序的制度，寄托了士大夫经世的思想和儒学学问价值。士大夫有着润物荣家的考虑，也有着润身淑世的抱复。他们想通过经筵将皇帝教育和诱导成能信服儒家思想和落实儒家主张的君主，同时也希望通过乡约将乡村社会的民众教育和引导成能共建良好社区的积极成员。"[1]

除了理念层面的原因之外，社会治安恶化、民风败坏等社会现实也是促使士大夫阶层重拾乡约这一旧制的直接原因。从乡约所涉乡治事务

---

[1] 参见朱鸿林《致君与化俗：明代经筵乡约研究文选》，三联书店（香港）有限公司2013年版。

的内容侧重来看，明代乡约，尤其是中后期明代乡约不约而同地聚焦于匪患、盗贼、争讼等社会治安问题。这其中的根本原因或在于乡约能够有效缓解明初开始施行的里甲制度与明代中叶兴起的保甲制度在农村基层并存所造成的矛盾。明初里甲制度较为完好，里甲中人户居住地比较稳定，具有一定的自治与互助精神，也体现较强的教化善俗功能。及至明代中叶，随着人口迁徙流动，里甲人口与实际住地人口产生较大差异，里甲制度遭到结构性破坏。为了应对日益严峻的治安问题，将地方实际居住人口编入一个组织网络的保甲制应运而生。如此一来，带来两个问题：一方面，里甲主导赋役，掌握里中人户的田粮资料，保甲主导治安，控制一区的实际人口资料。保甲组织以其能掌握实际人口资料而独受重视，成为管控和维护社会治安的关键力量，其与原有的里甲不可避免地产生了矛盾，权责重复、互相推诿的情况时有发生。另一方面，保甲通过严厉的人身控制以达到抵御盗贼的治安目的，它的施行也不免使地方的人际关系趋于冷淡和不信任。加之地方官员的流动性和在地吏役的违法营私等，地方保甲制度在实行中往往背离其原意，反而加大了官方对社会进行硬性控制的难度。乡约的出现正不欲通过严厉的人身控制，而通过温和的教化来维持和改良风俗，从而施治于民间社会。它作为一个基层社会制度，正好发挥了折中里甲和保甲矛盾、减轻社会紧张的功能，也可以被看作是从保甲的组织架构内回复明初里甲组织自治和德化内涵的一种努力。

在治安以外，明代乡约也与社仓、社学等制度结合起来，将乡治事务扩展至包含争讼调解、兴办教育、救济互助等内容的更广范畴，使得乡约不仅仅是一个德化组织，更是一个兼具教化与办理乡治事务两方面功能的基层组织。因此，就乡约乡治功能的完备性和教养兼备、以养促教而言，明代乡约较此前的宋代乡约和此后的清代乡约都更值得称道。

但尽管如此，就实际效果而言，明代乡约实施的整体成效也不甚理想。民办乡约如雄山仇氏所行者依托稳定的地域和人员结构、强大的宗族约束力，尚能维持数十年，但也终究只能成"一时之盛"，无法持久。官办乡约则更是如此。一些官办乡约出于士大夫一厢情愿的美好设想，或始于地方官员之间的仰慕和仿效，具有今天所谓之政策学习、政策扩散的色彩。但这些乡约大部分也都维持不久，或未能得以真正施行，或随地方官的离任而人亡政息了。更多的官办乡约则完全出于官僚体系的敷衍应付，"以为应上之具，或行之而法不备，或备矣而时不久"。在一些地方，乡约为恶棍或豪强所控制，借以横行乡里，鱼肉百姓。"乡中有善便肯纪录，至于行凶赌博，惯刁巨滑，一乡畏惧者，无人敢举""使大恶纵横，而纪小恶以塞责"，甚至有乡约"不闻有惩一人旌一人者"，如此，与导善化俗的宗旨全然背道而驰。一些地方视乡约为"以贱治贱"的工具，使执"勾稽之役"，而使约众沦为力役。此外，乡约聚会时的繁文缛节、约众所需缴纳的会费等，也都使得这一美俗息讼、安民弭盗的善举徒然成了扰民的恶政。①

概括而言，明代乡约的总体发展趋势是"从民间到半官方再到官方"。从明代初年到《南赣乡约》产生的明中叶，"乡约出现了民办与官办共举的局面"。② 明中叶至明末，"朝廷一再督令各地实行乡约"，此时"官办乡约占据了绝对主导地位"；相应地，"民办乡约则急遽萎缩"，演变为"具有官方背景的宗族乡约"，或者"以军事防御、山林保护为目的的乡规民约"，可谓有名而无实。③ 明代乡约的发展是乡约与保甲等官方基层制度在理论上和实践上日渐结合的过程。这一结合一方面借助政府强制力增强了乡约自身的推行效率与实用性，另一方面又将乡约的教化精神与价值意味灌注到原本价值无涉的官方制度之中，客观上推进了乡约理论与实践的发展。但乡约与保甲等官治施设的不断融合也给这一民间自发组织系上了日益沉重的官办枷锁。举行乡约方面的官进民退，无疑就是其被皇权吸收利用之危险的现实反映。至有清一代，乡约几乎完全丧失了其作为民治、自治的基层道德教化组织的意义，彻底蜕变为形式化、空洞化的政府宣教与管制手段，乡约主事从民间领袖沦落为官府职役，正是乡约官方化必然导向的结局。

---

① 曹国庆：《明清代乡约推行的特点》，《中国文化研究》1997年第1期。
② 朱鸿林认为明代乡约在组织上、性质上和成效上都是存在差异的。例如《南赣乡约》是为了解决佃户和无籍外地人与本地土著之间的冲突的善后措施，但增城沙堤乡约就并不源于地方的此类治安威胁，而是出于维持善俗和保护宗族利益的目的。因此，前者较为官方化，后者是非官方的；前者是善后性的，后者是预防性的；前者是强制性的，后者是自愿性的。朱鸿林：《孔庙从祀与乡约》，生活·读书·新知三联书店2015年版，第263页。
③ 董建辉：《明清乡约：理论演进与实践发展》，厦门大学出版社2008年版，第224页。

第三章　清代乡约的蜕变

一　清代乡约发展的总体特征

清朝入主中原伊始，便将乡约作为其怀柔、驯化汉族百姓，减轻民间对异族统治不满情绪的重要政策。顺治九年（1652），清世祖即向八旗、直隶、各省颁行所谓"六谕"，其内容为"孝顺父母、恭敬长上、和睦乡里、教训子孙、各安生理、无作非为"，完全是一字不差地抄袭了明太祖的"圣训六谕"。① 至顺治十六年（1659）始颁布告谕，正式开始全面推广乡约之法，"议准译书六谕，令五城各设公所，择善讲人员讲解开谕，以广教化，直隶府州县亦皆举行乡约。该城司及各地方官责成乡约人等，于每月朔望日聚集公所宣讲。"② 告谕同时规定了乡约之约正、约副人选的标准，"不应以土豪、仆隶、奸胥、蠹吏充数"，而要公开选举德高年长的生员或平民担任。对其统率约民举行集会的方式，则仅有笼统说明："每遇朔望，申明诫谕，并旌别善恶实行，使之共相鼓舞。"③ 而其申谕的内容，仍是沿袭自明代的太祖"六谕"。

康熙继位后进一步意识到乡约的教化功能对于改善社会风气、聚拢民心的重要性。他曾有圣谕云："朕惟至治之世，不专以法令为事，而以教化为先……盖法令禁于一时，而教化维于可久。若徒恃法令而教化不先，是舍本而务末也。"④ 康熙九年（1670），清廷颁布了新的"上谕十六条"，"以示尚德缓刑，化民成俗至意"，令各地晓谕遵行。⑤ 其谕文的内容为：

> 敦孝悌以重人伦，笃宗族以昭雍睦，和乡党以息争讼，重农桑以足衣食，尚节俭以惜财用，隆学校以端士习，黜异端以崇正学，讲律

---

① 杨开道：《中国乡约制度》，商务印书馆2015年版，第187页。
② 陈梦雷、蒋廷锡：《古今图书集成》卷二十七《乡里部·汇考二》，国家图书馆藏清雍正四年内府原刻本，第40013页。
③ 《钦定大清会典事例》卷三九七《礼部·风教·讲约一》，《续修四库全书》第804册，上海古籍出版社2002年版，第314页。
④ 《清圣祖实录》卷三十四，中华书局1985年版，第461页。
⑤ 《清圣祖实录》卷三十四，中华书局1985年版，第466页。

法以儆愚顽，明礼让以厚风俗，务本业以厚民志，训子弟以禁非为，息诬告以全良善，戒窝逃以免株连，完钱粮以省催科，联保甲以弭盗贼，解雠忿以重身命。①

康熙十八年（1679），浙江巡抚陈秉直衍说此十六条上谕，辑为《直解》进呈，后由礼部刊刻《乡约全书》，分发各地州县乡村永远遵行。其后的康熙二十五年（1686）、五十二年（1713）又两度颁旨令各地对上谕十六条通行讲解。② 杨开道指出，"康熙九年的圣谕，并不是专为乡约立法，更不是替代从前六谕"③，但此十六条上谕一经颁布，很多地方官员便心领神会，将其作为乡约讲约的主要内容。④ 及至雍正二年（1724），清世宗主持编修了《圣谕广训》，将康熙上谕十六条的内容逐条加以讲解推阐，这一文本也取代其他讲本，成为乡约宣讲的官方正本、唯一教材。从《广训》的内容不难看出此书的性质，如其第一条"敦孝悌以重人伦"注解开首即云：

  我圣祖仁皇帝临御六十一年，法祖尊亲，孝思不匮。钦定《孝经衍义》一书，衍释经文，义理详贯，无非孝治天下之意。故圣谕十六条，首以孝弟开其端。朕丞承鸿业，追维往训，推广立教之思，先申孝弟之义，用是与尔等民人宣示之。⑤

可见，《广训》整个是一副皇帝以其威权居高临下训导百姓的面目，其皇权、官治的浓墨重彩已到了无以复加的程度。正如杨开道所论，明代乡约尽管也有如王阳明、吕坤这样的封疆大吏以官僚的身份去举行提倡、教化民众，"然而他们有他们的学术、人格作后盾，才能感化人民"。而清代《圣谕广训》式的乡约宣讲，则完全是"单靠官吏的权威，单靠皇帝的权威，去谋求心理的改造，谋求人格的感化"，这已经完全错失了乡约以

---

① 《上谕十六条》，《圣谕广训》，《影印文渊阁四库全书》第717册，第590页。
② 董建辉：《明清乡约：理论研究与实践发展》，厦门大学出版社2008年版，第229页。
③ 杨开道：《中国乡约制度》，商务印书馆2015年版，第188页。
④ 董建辉：《明清乡约：理论研究与实践发展》，厦门大学出版社2008年版，第229—230页。
⑤ 《圣训广谕》，《影印文渊阁四库全书》第717册，第589—611页。

民间自发自主的"绅民之约"的方式去教民善俗的本意，显然是行不通的。① 而且，鉴于当时中国农村普遍较低的文化水平，普通百姓听不懂《广训》中的文言，所以很多地方官绅又对其进行了通俗化的加工改造，催生了大量不同版本的《圣谕广训》通俗注解，有的甚至配有插画、俚诗，如直隶天津人王又朴（1681—1760）编著于嘉庆年间的《圣谕广训直解》就是典型例子。② 此书将《广训》逐句翻成大白话，但其解释诏媚皇权、空洞无物，如杨开道所论，简直是"画蛇添足，多此一举，对于乡约的教化效果，自然是绝无仅有"③。

《广训》颁布不久后的雍正七年（1729），即下诏要求各地"设立讲约之所"，于"举贡生员"内选出约正、直月，朔望集会，"齐集乡之耆老、里长及读书等人，宣读《圣谕广训》，详示开导，务使乡曲愚民，共治鼓舞向善"。同时要求各地"督抚会同学臣"对《广训》的宣讲情况进行核查，"约正、直月果能化导督率"者加以奖赏鼓励，"怠惰废弛"者则罢黜惩治，"如地方官不实力奉行者，该督抚据实参处"。④ 乾隆即位后不仅继续倡导乡约宣讲《广训》，更"严饬地方官及教官，不时巡行讲约之所，实力劝导""如有虚力约所，视为具文者，该督抚即以怠玩废弛题参，照例议处。"⑤ 此后清代各朝一律申饬官员进行乡约宣讲。据杨开道统计，从清初顺治九年颁布六谕一直到晚晴光绪十七年（1891），二百余年里下达的与乡约宣讲相关的谕旨多达32道。⑥ 清代乡约重宣讲，是贯彻明代乡约始终的约会讲读太祖六谕之传统的延续。但是，清廷以谕旨法令的方式、上级督察的手段强制性地在地方推行圣谕宣讲式的乡约举措，导致各地乡县将宣讲看作例行公事，不求有功、但求无过，结果必定是千乡一面、毫无特色，使乡约这一原本具有优秀品质与丰富内容的乡治理念流于形式

---

① 杨开道：《中国乡约制度》，商务印书馆2015年版，第198页。
② 据董建辉研究，清代后期，圣谕宣讲的各类辅助文本更是泛滥，很多都充斥着牛鬼蛇神故事，宣扬因果报应等思想，根本背离了乡约德礼教化的初衷。参见董建辉《明清乡约：理论研究与实践发展》，厦门大学出版社2008年版，第230—234页。
③ 杨开道：《中国乡约制度》，商务印书馆2015年版，第199页。
④ 《钦定大清会典事例》卷三九七《礼部·风教·讲约一》，转引自董建辉《明清乡约：理论研究与实践发展》，厦门大学出版社2008年版，第231页。
⑤ 《钦定大清会典事例》卷三九七《礼部·风教·讲约一》，转引自董建辉《明清乡约：理论研究与实践发展》，厦门大学出版社2008年版，第231—232页。
⑥ 杨开道：《中国乡约制度》，商务印书馆2015年版，第199页。

化、空洞化。

　　此外，乡约与保甲、社仓、社学等乡治措施的割裂也构成清代乡约发展的一大弊端。如前所述，明代乡约与保甲、社仓、社学等其他基层制度在实践层面有着诸多融合，这些融合也推动了理论层面以乡约为中心、融保甲、社仓、社学为一体的整体性乡治体系的完成。但清代乡约的发展却与此背道而行。据学者研究，清代乡约与保甲的关系经历了从乡约领导保甲到两者平行、互不统属的过程。清初为满足乡绅地主参与乡村政治的需要，以及防减保甲组织腐败害民的弊病，曾经一度实行过以乡约下辖保甲的乡治方式，保甲长由乡约执事推荐并接受后者监督。但这一方式施行一段时间后，不仅没有收到加强教化的效果，反而降低了乡约执事的地位，使乡约与保甲一道趋于腐化。自康熙四十七年（1708）始，清廷逐渐推行三级保甲制度，乡约领导保甲的体制逐渐被乡保并行、无不统属的体制所取代。① 按清代制度，乡治的四种施设分属不同部门统辖：乡约属礼部，专司教化；社仓、社学属户部，专司救助和教育；保甲则归户部、刑部统管，专司稽查。历朝清帝对四者也皆有所倡导，但都是单独提倡、鲜有瓜葛，他们看到了乡治各项施设的重要性，但对乡约教与养并举、教化与民生相互促进的这一层意涵缺乏认识。这样，明代乡约成就的乡治体系的整体性就被严重割裂了，这种整体性带来的乡治切合农村实际生活的实用性与可行性也一并丧失，更进一步造成了清代乡约的形式化、空洞化。清代乡约只重视空洞的说教，忽视了乡约本应具有的邻里互助、保障生活的意义，远离百姓的切身利益，必然导致其如杨开道所说，"不能获得人民的信任""一天一天地离开乡村，一天一天地离开乡民，而成为地方官员的一种虚文虚礼。"②

　　除了教化方面收效甚微之外，清代乡约的另一大弊端，在于其承担的官方职能日益增多，成为压在乡民头上的重负，令人避之唯恐不及。如前所述，尽管清廷本意是要避免一切杂差对乡约的干扰，令乡约"专司教化"，但这一设想到基层发生了很大的偏差，钱粮、稽查、刑名等问题仍然是基层官员的当务之急，因此乡约难免被地方官府强加了更多的行政职

---

① 段自成：《略论清代乡约领导保甲的体制》，《郑州大学学报》1998年第4期。
② 杨开道：《中国乡约制度》，商务印书馆2015年版，第198页。

能。据董建辉的研究，乾隆朝四川巴县实行类似王阳明"十家牌法"的保甲制度，每里十甲、每甲若干牌、每牌十户。每甲根据辖户多少设乡约长（称"乡约"）、保长，少者一名，多者竟至十余名。约长不仅担任宣讲圣谕之责，还要处理甲内一切公事，包括稽查盗匪、赌博、嫖娼、酗酒、斗殴、外来生人等事，以及催办粮务、收办军需等地方杂务。这些事务与保甲之保长的责任没有区别，当地乡民皆不堪重负、不愿承担；即使不幸当上了，也想尽办法摆脱。① 乡约行政职能增加的同时，乡约首事的选任也完全为官方所主导，其品质德行也日益下滑。尽管清廷在制定乡约条款时，对乡约约正、直月的选任、奖惩、监督等都做了严格规定，但实际执行起来，便如康熙时一位朝臣所言，"乡里所推为约长者，非鄙俗之富民，即年迈之乡老。……无事则酒食以为尊，有事则以道远为辞，年老为解。"② 在不少地方，家境殷实、人脉活络代替德行名望，成为乡约首事的选任标准，有的地方更是采取强制乡民轮流充任的办法，使首事的品质更进一步陷落。③ 明末陆世仪所批评之乡约"用人无法"导致推行不力的状况在清代到了更无以复加的地步。可以说，清代乡约的主持者已不再是一种民间自发组织的领袖，而完全沦为政府分派给基层的胥吏，这种乡约的官役化必然导致乡约组织者缺乏尊严感和积极性，在乡约中任职徒增负担，绅民皆视之为畏途。于成龙形象描绘了当时任职乡约的痛苦："凡有司勾摄人犯，差役不问原被告居址，辄至乡约之家，管待酒饮，稍不如意，诟訾立至。……更有苦者，人命盗贼，不离乡约牵连拖累，夹责受害，甚小词讼之事，必指乡约为作证投到听审，与犯人无异。且一事未

---

① 参见董建辉《明清乡约：理论研究与实践发展》，厦门大学出版社2008年版，第235—236页。

② 任启运：《与胡邑侯书》，贺长龄、魏源《清经世文编》卷二十三《吏政九》，中华书局1992年版，第584—585页。

③ 陕西地区的碑刻记载了当地乡约首事每届三年，由各粮户轮流充任的情况。这种做法将担任首事作为乡民强制的义务，无疑增加了民众的负担。同时，轮流充任也使得乡约首事的素质和能力进一步下降，所以难以为继。此后，官府又设计了保举制度来确定乡约首事任选，意在经由保人保证乡约不被那些品行低劣、能力低下之人所把持。但因为要被追责，保人也无人愿意充任。迫于无奈，各个基层组织的首事只得相互充任保人或者由上一届首事充任其后任的保人。参见段自成《清代乡约长的官役化与乡约教化的效果》，《平顶山师专学报》2003年第3期；段自成《论清代北方乡约首事选任条件的演变》，《石家庄学院学报》2008年第5期。

结，复兴一事，迁延时日，无归家之期。"① 如杨开道所说，上述文字写尽了"乡约责任的重大，乡约地位的卑下"，"精神领袖的乡约，教化民众的乡约，堕落到了这个地步，真是吕氏兄弟始料未及。"②

乡约职能的行政化、乡约首事的官役化使得乡约组织的性质发生了根本的变化，也对乡村政治带来了诸多危害。一方面，乡约首事侵蚀公款或摊牌勒索的情况时有发生，乡约首事在诉讼、催科、编甲稽查等事务中与吏役、官员勾结害民的现象也十分普遍；另一方面，乡约的行政化也打破了原有的基层权力格局，使得乡约与官府的关系变得微妙。在一些官府力量较弱而地方势力较强的地方，例如陕西、新疆等地，甚至出现了乡约把持乡政、与官府对立的局面。③ 为了应对这一问题，一些地方官又通过要求乡约首事到官府应卯或通过严格掌控首事任免权的方式来约束严重膨胀的乡约权力，这又反过来进一步加剧了乡约的行政化。

除以上所述之外，清代乡约的发展还出现一个趋势，就是乡约这一概念的泛化与滥用。杨开道在清代《定州志》中发现，乡约由"制度变成地名"，其记载一城四十三约，总辖四百二十三村，每约各辖数村至数十村不等，尽管其均以"深河约""建阳约"等为名，但"乡约制度的实际却一点也没有"，表明"乡约"这一名义全然成了一种乡村以上的基层行政区划名称。而在《汾阳县志》中，乡约则由"制度变成领袖"，县志载顺治八年（1651）全县编为八坊三十六里，每坊、里各设乡约四名，地方一名，表明当时已有把作为乡约领袖的约正或约长直接冠以"乡约"之名的习惯。④ 另据学者研究，清代称乡约领袖为"乡约"的情况十分普遍，一些地方把约众聚会的集议所、公所等处也笼统叫作"乡约"。⑤ 清代后期，乡约甚至畸变为准军事化组织，如清末咸丰至光绪年间，各地兴起团练之风，岭南等地就将乡约作为团练与保甲等基层民兵组织的预备，以成"预储勇壮""编查保甲"之用，乡约本有的劝善教民意味荡然无存。⑥ 这些将

---

① 于成龙：《慎选乡约谕》，《于清端公政书》卷二，《影印文渊阁四库全书》第1318册，（台湾）商务印书馆1982年版，第602—603页。
② 杨开道：《中国乡约制度》，商务印书馆2015年版，第210页。
③ 段自成：《略论清代北方乡约行政组织化的消极影响》，《中州学刊》2009年第4期。
④ 杨开道：《中国乡约制度》，商务印书馆2015年版，第205—209页。
⑤ 董建辉：《明清乡约：理论研究与实践发展》，厦门大学出版社2008年版，第237页。
⑥ 董建辉：《明清乡约：理论研究与实践发展》，厦门大学出版社2008年版，第237页。

"乡约"概念泛化与滥用的现象，无不加剧了乡约脱离实质、流于空名的蜕变过程。

二 张伯行寓乡约、保甲于社仓

清代乡约尽管积弊重重，但部分有识之士的具体施行仍不乏亮点，典型的就是康熙朝名臣张伯行（字孝先，号恕斋，1651—1725）寓乡约、保甲于社仓的乡治实践。张伯行于康熙十六年（1707）任福建巡抚时，在当地推行寓乡约于保甲之法。他忧心于当地官员视乡约、保甲为具文故套，到期宣讲一番、敷衍了事的情况，遂效法明代之吕坤、刘宗周，将乡约与保甲结合，以保甲组织为基础推行乡约，使其能够实质性地起到化民、安民的作用。在乡治的形式上，张伯行所行乡约虽仍以清代通行的上谕十六条为核心，但却着力将其从空文转为实用。他认为，上谕十六条"谆谆教人以人伦，而因乎人事，巨细毕周，本末咸备，寓保甲于乡约之中""条条是乡约化民，条条是保甲安民"[1]，于是将上谕奉为推行乡约保甲的政策指引。在乡治的具体内容上，张伯行则以清查烟户（诸色人户）为乡约、保甲的首要工作。他规定，各府州县都要以官府所在地为中心，分东西南北四向造烟户册四大本，每都另外造册一大本，详细登记各类人等户籍情形。造册完毕后，由印官会同典史逐一核查，防止衙役与地方串通欺瞒的情况。除核定户籍外，核查人员还要负责与乡约、保甲之组织工作相关的选定甲长，物色约讲、约长、保长人选等事宜。对乡约、保甲的领袖，张伯行特别规定，乡约长地位最尊，保长、甲长作为晚辈皆须听命且尊敬乡约长；有司也要礼遇乡约长，一切迎送干办等杂事都不能相其摊派，"以崇其礼，以安其心"；同时，乡约长、保长也不能以权谋私，需"念念至公，事事至正，莫图利贪杯，莫尚气偏袒私亲"。[2] 这便大大减轻了乡约差使的官役化与其地位的卑污化，一定程度上恢复了乡约的民治、自治特性。当然，乡约长、保长治乡的功效仍要由官府监督并据请奖惩，其

---

[1] 张伯行：《申饬乡约保甲示》，吴元炳《三贤政书》，《中国史学丛书续编》第47册，（台湾）学生书局1976年版，第2401—2404页，转引自董建辉《明清乡约：理论研究与实践发展》，厦门大学出版社2008年版，第243页。

[2] 张伯行：《申饬乡约保甲示》，吴元炳《三贤政书》，《中国史学丛书续编》第47册，（台湾）学生书局1976年版，第2409—2416页，转引自董建辉《明清乡约：理论研究与实践发展》，厦门大学出版社2008年版，第245页。

乡治施设本质上仍是官方化的。除此之外，张伯行对于保甲缉奸弭盗的具体措施，乡约集会的仪式流程，平日以善、恶、和、改四簿及旌善、申明两亭记录、奖惩善恶的方法，都做了详尽说明。另外，为增进相邻坊都之间的联络交流，张伯行还特别增设一年两次，由邻坊、邻都的乡约长、保长共同参与的大会，其内容不是宣讲约条，而是商讨乡约、保甲事宜，相互了解各自治地的情况，以期遇事时相邻坊都能不分彼此相互照应，这种跨区域建立联络配合关系的地方治理构想，是张伯行乡治理念的一大特色。①

张伯行在福建推行乡约保甲之时，对于社仓的设置也十分重视。康熙五十五年（1716）奉旨巡查河北永平府一带时，受当地以社仓有效帮助农民渡过春闲缺粮难关一事的启发，张伯行创制了一套寓乡约、保甲于社仓的治理办法，奏请朝廷在各地广建社仓，使百姓永无缺粮之患。其法以乡为单位，设东、西二仓；每户视土地多寡、家道贫富情况，分上中下三等，或各输纳数量不等的粮食，无地贫民、商人及贫弱书生无粮可捐的，可以捐工、捐钱或助社正讲习行礼的方式代替。一社之中，无论输粮多寡，每仓各储一半，春天青黄不接时，粜东仓之粮借与贫乏者，秋收时收回，再按收成好坏取息一到三分。若收成过低或遇灾荒，则只收谷本。第二年再以西仓之粮如法出借，秋收还仓。这样两仓轮流出入，保证每仓只储一年之粮，无积谷腐坏之患而有生息益民之利。

按照张伯行的设想，社仓必须是乡民自发设立，官府不得掌控。社仓设置社正、社副、社长、社佐负责管理，由乡民推举，当选之人可优免于各项差使、见官可获礼遇。这便赋予社仓管理者较高的社会地位，并给予社仓以一定程度的自治权力。此外，还有一些较为人性化的举措，如规定粮食不足自给、来春不能度日者允许将其自家所捐之仓谷去除取出，如仍不足还可再向社仓借粮。遇婚丧之事自己无力备办的，也允许取出原捐之粮，事后有余粮再归还，且不必加息；若仍不足，则同社之人有出钱出力、相互扶持的义务。因贫困无力偿还仓粮的，经社正、社副核实无伪，可注销债务，无须归还，以为赈济。社中有武断乡曲、游手好闲、不务正

---

① 参见董建辉《明清乡约：理论研究与实践发展》，厦门大学出版社 2008 年版，第246—247页。

业者不得入会，若知过能改，经同社人担保，则可入会。这些措施显然都有益于增进百姓对社仓的接受度和认同感。

张伯行尝试将乡约、保甲与社仓融合起来，寓乡约、保甲于社仓之中。其社仓法规定，乡民捐输仓谷要举行类似乡约集会的仪式：每月朔望日，由社正副、社长、社佐率乡众到集会地点（乡村为土地庙，城坊为城隍庙），在神前上香，并供奉上谕十六条。乡民按长幼次序在神前行三跪九叩礼，由社正宣读圣谕，并率众发誓："凡我同社之人，能尊圣谕者，天必降之福，有违圣谕者，天必降之祸。尔其慎哉，尔其勉哉！"礼毕，由社正副举善纠过，以示奖惩。仪式结束后，再收米入仓或收钱入社。这一捐谷前的仪式，便将乡约的教民善俗之义寓于社仓之中了。张伯行又规定，同会之人务必互相保爱，遇水火盗贼要同心救护，有婚丧喜事应协力赞助，有争斗不合则由社正副会同社众评判曲直予以劝解。会中有远行或归来者，及有外人留宿离去的，皆需知会四邻，以便稽查。这些简要的规条又将保甲的治安弭盗之义寓于社仓之中了。

张伯行的这一乡治构想形式上依然尊奉上谕十六条，但同时强调社仓由乡民自立的自主性，表明其在乡治官方化的大潮下力图恢复其民治、自治的本来面目；将社仓提升到基层治理的核心位置，在社仓的基础上实施乡约与保甲，又表明他把解决实际的民生问题而非空洞宣教视为乡治之首务。张伯行对社仓的重视与明代王廷相有相似之处，但不同在于，他进一步提升了社仓的重要性，将其置于整个乡治体系的核心地位，使之统率乡约与保甲。这或许与其曾任职户部、经管钱粮不无关系，也很大程度上因为其尚处在清初盛世，治安和风俗在当时还未成为最急切之问题。他的这套社仓法上奏清廷后，康熙帝十分重视，并召集大臣商议讨论，最终因种种原因未获采纳推广。但无论如何，张伯行对于村治实务的重视，对民生、教化、治安三者共同的提倡，有恢复明代整体乡治体系的意味，这对于落入空洞宣教、万马齐喑的清代乡约而言，可谓是难得的一抹亮色。

除张伯行之外，清初另有于成龙颁布《慎选乡约谕》《弭盗安民条约》、汤斌颁行《举行乡约以善风俗告谕》，乾隆年间则有河南巡抚尹令一施行寓乡约于学社的"社会"组织。清代中晚期，又有江苏巡抚丁日昌、湘军创始人之一的罗泽南、湘军早期重要将领王鑫等在地方上提倡乡约，卓有成效。①

三 江苏乡约局

除清初的张伯行之外,晚清时期,乡约的发展也出现了一个局部的、短暂的小高峰,那便是咸丰年间的江苏乡约局。乡约局的创设缘于清廷强化军事的努力。咸丰年间,太平天国运动爆发。咸丰三年（1853）,太平军据金陵而临江南,位于与太平军交战前线的江苏江阴、常熟、无锡等地岌岌可危。在巨大的军事压力下,江苏奉命办理团练。次年,提学奎氏忧心兵力不精,遂召集士绅,商议加强团练的方法。无锡绅士顾凤刎、余治等人认为,"团其身必团其心,练其力必练其气",他们从激发忠勇的急切需求出发,同时也出于维护社会稳定的长远考虑,乃提议将推行乡约与举办团练结合起来,以"无形的保卫"强化"有形的保卫",以达到内忧既弭、外患自平的目的。② 这一提议得到奎氏的高度肯定,下令各府州县一体遵办。咸丰五年（1855）,常州府江阴县率先设立乡约总局。同年,常州府的无锡、金匮二县以及苏州府的常熟、昭文二县也设立了乡约总局。此后,乡约进一步在常州、苏州、松江、太仓等地得以倡行。

乡约总局在组织架构上采取以城统乡的办法,城中设城董10人,总体负责主持乡约事务、筹措经费、沟通与官府的关系等,所谓"远举公正绅董,捐集经费,专办化导事宜,以作四乡表率"③。城董推举讲生2人,负责具体乡约宣讲事宜,于每月朔望两日轮流在城中不同地点宣讲,宣讲以《圣谕广训》为纲。乡镇设乡董2人,同样推举讲生2人,利用农闲时间到各村进行宣讲。每月朔望二日,轮流安排三个乡镇的董事及讲生到城中乡约总局听讲乡约、交流学习。此外,乡董每年还需到乡约总局集中汇报和交流各地乡约宣讲的实际效果。乡约的组织和运行经费主要来自地方官员的捐廉和好善、殷实之家的劝捐,这其中,乡约局的局董们本身往往就是主要的捐款者。因此,从士绅主持、民间筹资这两点来看,乡约局已颇

---

① 参见牛铭实《中国古代乡规民约》,中国社会科学出版社2005年版,第48—50页。
② 江阴乡约局局董的郑经认为:"刻下风鹤交警,人群汹汹,若仅讲团练,不以文教治之,练丁即有勇,奚能治方? 愚顽且思逞,讵甘守法? 若时与宣讲乡约,练丁则忠义明而果敢气作矣,愚顽则孝弟敦而守望志坚矣。"郑经:《现行乡约跋》,《古代乡约及乡治法律文献十种》第3册,黑龙江人民出版社2005年版,第100页。
③ 杨开道:《中国乡约制度》,商务印书馆2015年版,第218页。

具官督民办的色彩，这相对于国家化的清代乡约而言，是独树一帜的。同时，上述这一套人员设置以及交流、汇报的办法无疑大大增强了乡约宣讲的组织性，正如杨开道所说："乡约责任从地方官吏手里，转移到地方绅董手里，由无组织的宣讲，进到有组织的分往四乡，轮流宣讲，不能不说是有一点进步。"①

乡约局的宣讲力图革除清代乡约宣讲普遍存在的空洞不实、民众生厌的弊端。首先，在乡约宣讲的内容上，除《圣谕广训》之外，乡约局增加了四书章句、忠孝节义以及恤灾说、积谷说、施粥说、恤孤说、周寡说、扶病说、救溺婴说、劝惜谷说、劝济粥说、劝恤难民说、劝禁侵削坟墓说等公益善事之类的内容，以作充实，同时还选择一些简明、浅近的善书加以刊印推广。其次，在宣讲的方式上，也讲究变通，力求新颖、亲民。据余治的《得一录》记载，乡约局的宣教特别强调不能照本宣科，而是"按切地方风俗、对症发药，惕以王法，动以人情，警以天理，更晓以果报"②，因此多运用方言俚语，或参照地方风俗，或引入民间因果报应故事，甚至通过绘制劝善纸画等浅近、生动之法，以增加宣讲的效果。此外，乡约局也将宣讲与惜谷会、惜字会，或是神诞、庙会等集体活动结合起来，以减少扰民的次数，同时增强宣导的效果。为敦促宣讲者保证的效果，乡约局每年要对宣讲进行考核评价，对勤于宣讲、富有成效者由县政府颁赠匾额或加送节仪，以资鼓励，而对于不耐劳苦、虚以应对者，则可以许其告退。除单纯的宣教以外，乡约局还规定乡约主事人应深入体察当地民风民情，对于一些地方恶俗流弊，会同地方绅民订立禁约加以规训，使奸民得以收敛、风俗得以整齐；对于孝悌、节烈、品行端方、慕义好善之人，给予表彰褒奖。凡此种种，都意在将空疏的教化大义融于具体的扬善抑恶中，达到化导乡愚、敦善风俗的效果。

乡约局还注重将乡约宣教与社会救助结合起来。乡约局首倡者顾凤劢、余治等人对明末东林党人高攀龙以及陈龙正等人创立的同善会十分推崇。同善会是一种民众自愿参加的民间慈善组织，曾经广泛地活跃在江南一些地方。这一善会不同于以往依托佛教、以传教为主要目的的宗教慈善

---

① 杨开道：《中国乡约制度》，商务印书馆2015年版，第218页。
② 余治：《得一录》卷14《宣讲乡约新定条规》，厦门大学图书馆藏同治八年刊本，第8页。

组织，也不同于宋代以来官方设立的社仓或是民间以救助宗族内部成员为特点的义庄，它以慈善救助为唯一宗旨，但不限于个别富人的义举，而是吸纳一般民众的广泛参与。同善会的理念是"随意量捐，用拯无告"，其目的在于激发善心、鼓励捐赠，但它不是简单的救济，而是强调救济应先从化导人心开始。同善会有明确的组织结构，定期集会、民主推举主事人员，集会过程中首先由主事者对民众进行劝善宣教，使"闻善者踊跃兴起，去旧从新，渐至沦肌浃髓"。同时，对于救济对象，同善会也注重进行道德甄别，优先"孝子节妇及奇卓之士"，其次"为鳏寡孤独、年六十以上，十五以下，并无依靠，及废疾不能食力，公不收养济私不为乞丐者"，特别强调不可施救与那些不孝不悌、游手好闲、惹是生非或荒废祖业之人。正因为同善会将救济与道德感化结合起来，因此其在劝善效果方面较之消极空洞的道德说教更好，对乡村社会处置灾害、救助贫病、乃至革除恶俗陋习等实务方面也颇有功效。江苏各地乡约局大体都仿效同善会"寓劝善于救济"的做法，在乡里广集善会，募集资金以助善事，对于敬老、恤孤、放生、救火、扶病、义葬等地方善举，给予大力鼓励倡导。

尽管江苏乡约局在恢复民办的色彩和摒弃圣谕宣讲的空洞性这两方面不乏可圈可点之处，当时江苏官府也一再强调各府州县都要设立自己的乡约局，但乡约局的实际运行并不理想。对于各个州县而言，最急切的事情是本地的防卫，乡约对于他们而言始终未免迂阔，缓不济急，因而很多州县实际上将乡约束之高阁，勉强应付了事，并没有认真对待。而在乡间士绅们一方，他们大多专心科考，对乡约的参与热情也并不是很高。由此可见，尽管最初提倡设立乡约局的士绅希望借振兴乡约敦化社会风俗，稳定社会秩序，然则经过清代近两百年的蜕变，乡约已经弊端丛生，以至于地方官和乡间士绅都对其失去兴趣，官民隔阂日甚，终究无法挽回其日趋衰败的命运。这一始于"激发忠义""兴文教以佐武功"的乡约也终未能挽回清廷在军事上之颓势。咸丰十年（1860），苏州、常州等地先后被太平军攻克，乡约局的兴办也走到了尽头。此后不久，随清帝逊位、清朝灭亡，清代的乡约宣讲也彻底退出了历史舞台。这便是古代乡约的最后一缕余音了。

第四章 民国时期的乡村自治与乡村建设

  清朝末年，朝廷举行新政，中央设立资政院、地方设立咨议局。县以下实行地方自治，在成立自治筹备机构和自治研究所并实施户口调查之后，于城、镇、乡层级设立自治公所。清末新政中的地方自治仿效日本地方自治模式，将教育、实业、水利、卫生等事务大量交给民间社会，以达到以民力弥补官治不足的目的。及至民国，这是中国近现代史上国家社会急剧转型的一个时期，诸多思想家、政治家都将目光投注于乡村社会，以乡村为社会改造和国家救亡图存的基点。他们在理论和实践层面进行了丰富的探索。阎锡山的山西村治和河北定县的翟城村治是民初村治的典型代表。山西村治秉持"村本政治"的理念，由政府主导和推动，糅合中国古代乡治思想与西方民主政治精神，建构了一套较为成形的村级自治制度，成为民国政府地方自治的范本。翟城村治由乡绅主导，融合传统文化与日本地方自治之法，提出了一套以村治为核心的国家和社会改良方案，先后成为中华报派和村治派两个乡村建设思想和实践的大本营。此外，20世纪二三十年代，中国掀起了一股由知识精英推进的、以乡村教育为起点，旨在复兴乡村社会的乡村建设运动浪潮。据统计，20世纪30年代全中国从事乡村建设工作的团体和机构有六百多个，先后设立的试验区更是多达一千多处。这些乡村建设团体最初的出发点各具特色，譬如梁漱溟领导的邹平乡村建设运动意在复兴传统文化、改造社会，晏阳初领导的中华平民教育促进会着眼于乡村教育普及，黄炎培领导的中华职业教育社致力于推广工商职业教育等。但是，各地的乡村建设团体在独立开展实践的同时，也产生了广泛的交流和思想的碰撞。经过交流融合，各乡村建设团体在进一步的实践中都由最初各自不同的切入点逐渐拓宽推广到包含政治训练、文化教育、医疗卫生、科技改良、移风易俗、自卫保安等在内的"政、教、富、卫"四个方面。这其中，尤以梁漱溟的乡学村学为代表，其与前述山西村治、翟城村治一道，对古代乡治思想多有继承之处。在这个意义上，这一时期的乡村自治和乡村建设也可以被看作是对古代乡治思想进行现代化发展和改造的一种尝试。

一　山西村治

民国时期乡村治理最重要的一个实践案例，就是时任山西督军兼省长的阎锡山自 1917 年起在山西全省境内所推行的村治。山西村治融合古代乡治思想和现代民主自治理念，建立了一套独有的村治制度和组织架构，有效推进了山西境内包括政治训练、教育、交通、治安、保卫、风俗、生产等在内的各项乡村事务。1928 年，经由阎锡山提议并经国民党中央政治会议通过，将山西村治的成功经验向全国推广。这一举措直接催生了国民政府的乡村自治相关规定，产生了较大的影响。这一带有显著政府推动色彩的地方自治也成为民国时期持续时间最长、实际效果最显著、影响范围最广泛的一项地方自治实践。

山西村治的出现由于多种历史机缘：首先，清末以降地方自治制度的确立和地方自治价值的彰显为山西村治提供了制度空间。如前所述，清末以降，地方自治探索的过程几经波折。1907 年，清廷实行预备立宪，地方自治作为重要举措之一获得官方正式制度确认。清末地方自治实行府州县和城镇乡两级自治。民国的地方自治大体沿袭清制，在省一级以省议会为自治机关和活动场所，在县、乡两级以自治会为自治机关和活动场所。袁世凯当政期间，鉴于当时自治活动中种种乱象，地方自治经短暂停办整顿，后改为只在区一级实行。[①] 袁世凯称帝失败后，民国政府重新颁行自治法规，在县一级设立县议会和县参事会两种自治机构，在市乡一级设立自治会和公所，恢复县和市乡两级自治。对于民国中央政府而言，国家政权的整合始终是一个最大的问题，因此对于地方自治的开展心有余而力不足。然而，地方自治作为宪政民主国家合法性的重要来源以及立宪国家的应有之义，始终没有被抛弃，反而被不断制度化、法律化，特别是城镇乡这一基层层级的自治最终得以保留。正是在这种大背景之下，山西村治才有其成长及推广的空间。其次，20 世纪二三十年代全国范围内掀起的乡村

---

① 1913 年，因为其时各地地方自治活动乱象丛生，袁世凯政府以非但没有补官制之不足、反而侵扰行政为由下令停办各级地方自治会。经过短暂的调查和重定章程之后，同年 12 月，北京民国政府再次颁布《地方自治试行条例》，这一自治条例改变了清末以来的两级自治，规定县及县以上不推行自治，而将县以下划分为若干区，在区一级实行自治。但这一阶段的地方自治没有得到实质性的实行。

建设风潮也与山西村治构成了强烈的时代共振。乡村是受近代化进程冲击最大、最衰败最凋敝的地方,但同时也是中国文化传统最深厚的地区,这促使以梁漱溟、米迪刚等为代表的一大批知识分子纷纷把视线投向乡村,由改造乡村而改良社会、富国强民,形成了一股强劲的乡村建设浪潮。如前所述,民国初年的地方自治在制度上以县、市乡为基本单位,但在实践层面,地方自治究竟从何处着手是一个存在争议的问题。县、市乡两个层级的地方自治并没有得到深入的推行,反而是翟城村治及其后定县范围内的推广,为近代以来地方自治提供了一个真实的实践范例,也使得村一级层面的自治建设获得政学两界普遍的关注和重视。最后,20 年代民国议会制度的表现不佳也促使以孙中山为代表的一部分人转而倡导直接民权,虽然在其设计中,直接民权着手于县一级自治,但是对直接民权的重视无疑也构成山西村治萌生并得到广泛认可的一个背景。①

山西村治更直接的起因,是缘自山西主政者在举行新政、建设发展过程中所产生的困惑和思考。1917 年,阎锡山兼管山西军政之后,大力提倡"六政三事",兴利除弊、力图自强。"六政"即指水利、蚕桑、种树、禁烟、天足、剪发,为此,省署设考核处,并配置政治实察员,专门对六政实行状况进行监督考察。半年后,六政渐有成效,又增加种棉、造林、畜牧三事。为推动上述事项的进行,山西省同时开展了一些基础性的工作,主要包括:编定村制,使有下级行政之机关;调查户口,使有一切行政之根据;普及教育。② 这一时期的山西虽无村治之名,但村治若干基础领域已然展开。随着新政的推广,政府行政事务和社会功能短时间内骤然增加,客观上要求政府具有更强的行政效能和社会动员、组织能力。然而当时山西省内行政系统较为涣散无力,尤其在县以下基层部分几近于无组织状态,成为新政推行过程中的一大阻碍。阎锡山感慨"六政三事仅责成县长,而县长以下无供臂指之人,能力将有时而竭",可见其意识到设立县以下组织之必要与迫切。1918 年,山西省召开政治会议,阎锡山在会上提出实行村制的设想。他明确地阐述了村制的意义:

---

① 参见刘娟《民国山西村治研究》,知识产权出版社 2018 年版。
② 刘娟:《民国山西村治研究》,知识产权出版社 2018 年版,第 43 页。

第一部分　中国乡约制度的流变　103

村制实行，其法甚约，其效甚广。一县之境，大者不下数万户，次亦有五六万户不等。欲使一县之事，如视诸掌，诚非易事。若积户而成闾，积闾而成村，积村而成区，区统于县，则上下贯注，如身使臂，臂使指，一县之治，以此为基础，基础不立，虽有善政，不能见之实施也。①

当然，设立村制并不仅仅出于加强行政效能的考虑。在阎锡山看来，村是人们居住在一起而自然形成的人群共同体，是最基本的政治单元，人们对家乡和社区天然的热爱是善政良治的根基。正所谓"为政不达诸村，则政乃粉饰，自治不本于村，则治无根蒂"②，村乃是行政之本，自治之基。1921年至1923年，阎锡山召集山西学政各界人士召开进山会议，讨论山西省建设发展各方面问题，在此期间形成了上述"村本政治"的理论雏形。他在对山西政学各界人士的一段讲话中，集中阐述了村本政治的缘由和内涵：

村本政治，乃根本人类有政治性质天然团体而实施者也。家国省县，皆人类之团体。家以情系，政治性较微。各省县区，范围甚广。独村为人类第一具有政治性之天然团体，以之为施政本位，既无过泛之病，又不虑其无由措施。家以善良公平之组织，以定村民公由之轨道，悉举各项职员，分管全村之行政，以谋村民之福利。一面却选举村监察委员，组织监察委员会，以监察其活动出轨，并有罢免权为其最后之监督。如此直接间接监察，横的竖的调剂，自然利兴弊除，根本修明。然后推之县区省国，任何政治，无不顺利。譬如绘事，底子打好，上红色，上蓝色，均可任使。譬如建筑，基地做好，盖砖房，盖瓦房，均可自由。诚以村为最切近人民本身厉害之天然团体，无论独裁、君宪、共和、劳农何种政治，均应以此为本位。③

---

① 阎伯川先生纪念会编：《民国阎伯川先生锡山年谱长编初稿》（第1册），台湾商务印书馆1988年版，第270页。
② 山西村政处：《山西村政汇编》，1928年版，序第1页。
③ 山西村政处：《山西村政汇编》，1928年版，第823—828页。

除了以村为本加强行政和开展自治之外，阎锡山及当时山西军政各界也强烈地意识到发挥民力的重要性，这集中体现在其"用民政治"思想上。所谓"用民政治"，即"用官不如用民，用民不如民自用"①，也就是要以官力提策民力，又以民力补官力之不足，同时也使民众"养成健全之人格，促进社会之进步"。阎锡山认为，中国政治的传统重视安民而不求用民，"其善者以无事不扰为主，其不善者则与民为敌，愚之柔之"，结果导致民众"知依人，而不知自立；知保守，而不知进取；知爱身家，而不知爱群。以此为国，是曰无人。非无人焉，无有用之人焉"②。他曾用"横竖政治"来比较中西方政治之特点，认为中国传统官僚统治是"竖政治"，权力集于君王一身，民众柔弱无知，因而政治的好坏取决于统治者自身道德的优劣；西方的立宪民主政治是"横政治"，权力归于全体民众，人人可调动好恶之心，享有劝善惩恶之权，因而社会不倒即政治不倒。两相比较，竖政治易治但也易乱，为"不适"之政治，横政治虽治难但乱也难，是时代之所趋。③ 用民政治正是要改变中国旧政治下民众无知无力的情形，使民众从道德、智识和财力三方面都得到发展。具体而言，发展民德，培育民众信、实、进取、爱群的国民道德和社会道德；发展民智，通过教育提高民众的智识水平；发展民财，繁荣农、工、商、矿等各项事业。这里，用民政治已不止于中国传统民本思想中养民安民的保育政策，而具备了更多现代意涵。

  1918年，阎锡山在山西专门召开用民政治大会，并设立政治研究会为用民政治之常设机关，广邀各界人士讨论研究以官力提策民力的办法。④ 在阎锡山看来，村本政治就是要实现"村中公共事务，由村人自己办理"，使"村人自了村中之事"，这正是培养和扶持民力最直接的途径，实现从用民到民自用的最好办法。1922年，"村本政治"正式提出。山西省以村政为施政之基础，在全省范围内实施以自治为中心内容的村治。因此，山西村治大致可分为前后两个阶段：正式标榜村治之前的五

---

① 阎锡山：《对河北省训政学院学员讲话（1929年8月18日）》，《民国阎伯川先生锡山年谱长编初稿》（第3册），台湾商务印书馆1988年版，第1277页。
② 《阎百川先生言论类编》（卷3），山西省图书馆藏1939年版，第10页。
③ 山西政书编辑处：《山西现行政治纲要》，大国民印刷厂1921年版，第2页。
④ 刘娟：《民国山西村治研究》，知识产权出版社2018年版，第46页。

年，也称"六政三事"时期，主要集中在兴利除弊、清查户口、编村以及普及教育、训练行政人员等方面；1922年正式实行村治后，由官办自治进入村民自办村政的时代。这一时期更重视发动民众参与村治建设，开展的事项涵盖整理村范、召开村民会议、订立村禁约、建立息讼会和保卫团等。

山西村治将编村作为自治的基本单位，纵向上，通过村—闾—邻的设置将政权延伸至乡村社会最末端，辅以省、县、区三级改革提升行政效能；横向上，通过村民会议—村公所—村监察委员会—息讼会—保卫团的设置构建起具有一定权力分立色彩、兼有司法调解和保卫功能的村级自治组织架构。

首先，确立"编村"为自治单位。编村不同于自然村，而是以方便承办行政事务和组织自治为原则而划分出的地域单元。在大小上，以能负担村经费、办理事务为宜，过小的村庄则实行联合编村，以户数多者为主村，其余为附村。在距离上，以村长副之间交通往来便捷为宜。编村的户数最初规定为300户，后改为100户，以缩减规模、提高行政效率。实际上，编村的工作在山西正式标榜村政之前就已经开始了。"六政三事"时期，为解决新政实施过程中"知事以下无供臂指之人"的行政问题，山西就已经开始在全省范围内建立编村，以将基层纳入行政网络。村治开始之后，编村作为自治基础单元的地位得以明确。所谓"村本政治"，即政治之本在于乡村。编村的目的正是将作为行政之本的乡村变为一个"有机的活体"，达到"一村如一人"的效果。[①] 人民无一施政之活体组织，如同无串之钱，散漫无纪，只能处于被欺凌愚弄的地位，而编村则将民众聚合为一个政治、经济和社会利益的共同体，已达到互助共进的效果。

在编村的自治人选上，每一编村设村长一人，村副一般为一至二人。村治正式实施后，村长副由民众选举产生，但是选举的办法是先由村民加倍选出，再由县知事从中择优委任，并报省道公署备案。这种选举办法目的在于保证所选村长副的品质。阎锡山认为，这是民智未开的过渡阶段不得不采取的一种权宜之计，也体现官治辅助自治的思路，等到将来民众政

[①] 山西村政处：《山西村政汇编》（卷5），1928年版，告文第2页。

治素质养成，也就不必再采用这种方式。① 村制简章规定县知事、区长对村长具有监督、惩处和撤换之权。村长的选举资格有三方面要求：一是朴实公正、粗通文义；二是年30岁以上，确无不良嗜好；三是有不动产价值1000元以上。此外，充当教职员及在外别有职业的，均不具备选举资格。②村长副任期一年，连任不得超过三年。出于减少财政负担的考虑，同时也为了避免贿选行为，村长副实行无给薪制。此外，1919年山西省署公布的《选任村长副、闾长暂行规定》还对村长的选举程序及参与选举的选民资格做出了规定，尤其在选民资格方面，要求选民须性别为男性、年满20岁以上，并具有一定财产。

为了进一步严密村治组织、延伸基层行政的触角，村制又进一步增设了闾邻制。③ 村以下设闾，每25家为一闾，设闾长一人；闾下设邻，每5家为一邻，设邻长一人。闾长由闾民推选产生，邻长由本邻居民推选产生。在阎锡山看来，闾邻的设置可以促进政令和民情的上传下达，同时深具古代乡里组织守望相助、疾病相扶之意，行政上可"收敏捷之效"，同时"政治经验亦可普及于人民"。如此，山西全省内村长副、闾邻长共计五十万余人。④

值得强调的是，山西村治虽名为村治，但其发动者及其实施范围乃在省一级，因此是一省范围内的行为。事实上，村治相关的改革也并不局限于村及以下层级，而是以整省的行政系统改革为前提和先行的。这主要包括：在省一级设立推行村政的相关专门机构，强化对村治的行政指导；在县一级进行现代科层制改革，明确县级政府人员及职能，加强对县政府推

---

① 阎锡山对此曾作解释："山西村长原定二年一选，第一次选出的人，十分之八是坏的。三个月就改选了。第二次选出的人十分之五是坏的，三个月又改选了。第三次选的时候我叫县长负责，村长固不能不由民选，选出坏的来，县长要负责任。结果十分之八是好人了。县长负责本是过渡时候的困难，一到民能自由的时候，就没有这种困难了。"《阎总司令对河北训政学院学员演讲词（1929年8月8日）》，山西省村政处《山西村政续编》（第2集），1930年版，讲话第12页。

② 1927年公布的《修订乡村编制简章》又将村长副的年龄限制降低为25岁以上，并取消了财产方面的要求。

③ "古来25家为闾，五家为比，这个分得还细致，所以那时候能守望相助，疾病相扶持，社会上多安宁。后世人情益渐偷薄，社会腐败，就是把那古人编制的好法子坏了的过。这个法子一坏，就是政令不能下达，民情不能上闻。"《山西村政旬刊》，1931年第4卷第4期。

④ 山西省政协文史资料研究委员会：《阎锡山统治山西史实》，山西人民出版社1981年版，第84页。

进村政改革和村治建设的考核与监督；在县以下设立区，分解县一级行政压力，强化与编村的联结。这些改革从纵向上捋清了各级行政职能和权责，为村治的展开奠定了基础。

在村一级自治制度建设方面，山西省逐步建立了一套较为完备的自治组织框架。具体而言，村自治组织主要包含以下机构。

一是村民会议。村民会议是民主决议机构。1922年，山西省正式在全省境内举行村民会议。村民会议的职权在于民主选举和议决村中公共事务，具体而言，包括选举村长副、村监察委员及息讼会公断员，议决省、县法令规定应议的事项及上级行政部门交议事项，议定和修改村禁约，议决本村兴利除弊事项等。村民会议由一家出一人或由全体成年男性到会，议决的具体事项范围和决议程序可由各村自定，但总的思路在于"一村之权归之一村之民，一村之民参与一村之政"。虽然彼时很多人对于在中国实践直接民权的条件是否成熟存有疑虑，但阎锡山认为，民众素质不足不是阻碍民权实践的理由，即使平民百姓，只要心存公道、能辨明是非，就具备行使权利的能力。在他看来，村民会议即是民权的基础，其目的就是要使民众知道开会的形式，熟悉发言和表决的程序，参与村中事务的议决，通过民主的训练最终养成"负荷政治"的习惯。① 值得强调的是，村民会议的议决过程实际上受到县政府的指导和监督。官方虽不直接干预村民会议的议事和表决，但在开会之前，县政府要召集村长及闾邻长先行沟通指导；开会过程中，县长需亲临现场发表演说并在旁观看。对于村民会议中久议不决之事，县长亦可代为决断；会议结束后，县长甚至会召集邻村列席参观者，询问其观感和意见。由此可见，村民会议一面是直接民主的实践，但另一面又具有浓厚的官方指导色彩，是现代议事规则和民主协商精神的某种融合，其官治推动民治的特点十分明显。②

二是村公所。村公所是村务的执行机关，由村长副和闾长组成。其职权主要在于执行村民会议决议事项、办理上级行政部门委办事项等。村公所应将重大事项提交村民会议议决，并由村民会议议定其办公经费。村公所组成成员都受村长副的领导，对于村内各项事务实行分工负责制，公所

---

① 阎伯川先生纪念会编：《民国阎伯川先生锡山年谱长编初稿》（第1册），台湾商务印书馆1988年版，第377页。

② 刘娟：《民国山西村治研究》，知识产权出版社2018年版，第106—107页。

内部决议采取简单多数决合意制。

三是村监察委员会。监察委员会由村民会议从村民中选举五人或七人组成，其主要职责在于清查村财政以及检举村务人员的不当行为。按规定，村长副于每年春节后二十日内将上一年村财政收支账簿交监察委员详细清查，监察员对村款有疑问者可以随时通知村长副答复，如有弊端须上报区县，如无弊端则与村长副开列清单联名公布。自治经费管理是村治的一项重要工作。事实上，村治经费一直较为紧缺。设立监察委员会之前，村治经费的监督主要通过自上而下的法规规范和官方督查进行，但效果并不理想。监察委员会的设立正是在前述行政监督之外，于村自治组织内部创立一个横向的专门监督机构，不得不说是村治的一项创举。然而，在实施过程中，却常常出现监察委员会成员不经选举产生或选不出，或监察委员直接经理村款的情况。在一个熟人社会中，欲使低头不见抬头见的人们之间相互监督和举告，其难度可想而知。这也反映出西式民主的分权制衡方法运用于中国乡村时，与乡土社会固有之文化传统和社会习惯存在一定的抵牾。

四是息讼会。息讼会由村民会议从村民中选举五名或七名公正明理的公断员组成[①]，主要处理村中民事纠纷，如家事纠纷、财产继承、邻里矛盾等。息讼会设置的宗旨是减少民众的讼事之苦，是运用民间调解以补充司法资源之不足的一种制度设计。在实际运行中，息讼会的争讼调解也对民众潜移默化地起到弘扬是非观、普及法制精神的作用。息讼会的调解多运用社会习俗和民间规约，也常借助民间权威进行，其公断不带有强制性，争讼当事方如不服从公断调解，可另行提起司法诉讼。息讼会的创立和运行具有很强的官方指导色彩。按照村制规定，县政府应对村民会议选举出的公断员加以组织培训，参与研究息讼方法，并督查息讼会的办理情形。息讼会的争讼处理过程也应记录在案，其调解成绩纳入上级政府的考核。

"无讼"是传统儒家治国理政所追求的一个理想境界，也是山西村治的一个重要目标。对于这一目标，息讼会的调争止息只是治标之策，根本

[①] 1922 年颁发的《息讼会条文》规定息讼会由四或六名公断员组成，公断员由村中公举产生，村长兼任会长。1927 年《修订息讼会简章》将公断员选举权赋予村民会议，并将其人数调整为五人或七人，会长从中推举产生。

之计还在于减少讼因。如何先断讼根？阎锡山认为，首要的就是在精神层面提倡村仁化、主张村公道，正所谓"公道是村政治的根子，村仁化是村公道的精神"①。仁化就是通过人情感化让人人都争做好人。1928年山西省政府颁布的《村村无讼、家家有余计划书》中将仁化解释为亲慈、子孝、兄爱、弟敬、夫义、妻贤、友信、邻睦，也就是在村中发扬中国传统美德，形成良好的道德风尚。公道就是村中好人结为公道团体，遇事各本良心之主张，造成公道舆论，对于逾越公道的人和事相互劝勉、纠正。按照村治制度规定，村治组织机构及成员在推进村仁化和主持村公道方面负有重要职责。例如，1928年的《化除家庭残忍办法》规定村长副及闾邻长要经常查看治下有无继母虐待前房子女或公婆虐待儿媳之类的"残忍家庭"，如有应给予劝诫惩处。除了劝导良风善俗之外，各级官员还要积极普及与民众日常生活关系密切的法律知识，以培养民众的知法守法意识，从根本上减少讼因。

五是保卫团。治安保卫也是村治的重要内容。民国初年，政治动荡、社会治安混乱，匪患烟赌横行乡里、土棍劣绅武断乡曲，加之山西省界较长、周遭匪盗易生，内外防卫的任务十分紧迫。为此，村治倡导者认为应当改变乡村民众涣散力薄的状态，加强民众自己的防卫组织。保卫团采取官劝民办的方式。正如阎锡山所说，以前社会上坏人欺负好人，是因为坏人有团体而好人无团体，以后要好人不受坏人欺负，就除非好人结成团体不可。保卫团即以"团结好人、保卫地方"为宗旨，主要负责稽查本村窝藏匪人、捉拿土匪盗贼和查禁贩卖烟土金丹。在具体组织方式上，按每闾为一排，以闾长为排长；数闾为一甲，以村副为甲长；每一编村为村团，以村长为团长；一行政区为一区团，以区行政长为区团长；一县为一总团，以县知事为总团长。②凡村中18岁以上、35岁以下之男丁都有入团训练之义务。保卫团多利用农闲时间训练，由县区行政人员及村政实察员负责评判及奖惩。

除上述自治组织之外，村禁约也是山西村治的一项重要制度创设。禁约的订立起于村治实施过程中整理村范的现实需要。整理村范是山西村治

---

① 《读人民须知条例》，《阎督军政书》卷2，上海尚友社，民国九年版，第61—62页。
② 山西村政处编：《山西村政汇编·法规》，1928年版，第9—11页。

的一项重要工作。按照山西省最初的村自治分期设想，村治第一阶段的重点就是以官力消除莠民。所谓"莠民"，是指那些曾犯和预备犯盗窃、赌博、窝娼或违警等罪之人，或有武断乡曲、把持公务、讹诈乡民、聚众斗殴、挑唆词讼等行为的"土棍"，同时也包含那些无正当职业且形迹可疑的外来人员。阎锡山认为，莠民为人群之大害、政治之阻碍，而良善人民无力自行排除之，因而非用官治全力消除不可。因此，村治的第一步即是将这些人员找出来并加以惩戒，继而在消除莠民的基础上，进一步整理村范，确保村内没有贩卖或吸食鸦片、赌博、盗窃、窝娼、斗殴、乞讨等现象，方可再言自治。但在这一过程中，单一行政督导的方法显得力有不逮。正如阎锡山所言："试问今日之失教之人民，犯法之多，现有之监狱，能否收容耶？……法官力量，既有未足，再不提倡有力之自治，犹有何法可以救济？村社议罚，为有力之自治，亦为严重之舆论表示也。"[1] 有感于官方督导不如民众自我约束，山西省署遂将订立村禁约作为辅助村范的一个重要措施，"以村范开其先，以禁约善其后"。其具体做法是令各村将整理村范所应除去之坏事，由村民会议议作禁条，公布全村。

村禁约的订立是山西村治的一大特色。禁约作为一种民间规约在山西境内渊源已久，明清时期就有大量记载。但村治在继承传统禁约的同时，对其进行了明显的官方化和现代化改造。禁约由全省统一倡导、各村普遍订立，一方面，省政府鼓励各村因地制宜择定禁约事项，给予各村相当的灵活性和自主性，但另一方面，官方也通过示范内容或饬令订入禁约的方式将很多政策政令性内容，例如禁烟、禁缠足、禁止儿童失学等订入禁约中，使得官方性内容在禁约中占据相当大的比重。村禁约由村民会议订立，官方一般不直接介入，但各级官员对于村禁约有帮助、考查、审核之责。如遇不合理的禁约条款，官方可以直接予以废止。可以说，村禁约的订立在民治和官治两方面都具有重要的意义。在民治一面，禁约是村庄共同体合意订立的公约，是村民对于村庄事务自我管理的体现。订立和执行禁约的过程对于民众的自治能力和自治习惯都是一种有效的训练；在官治一面，村禁约将大量官方希望推动，但又不宜由法律规范的行为规则以公议订约的方式加以确认，赋予其权威，用行政的方法强有力地推动了乡村

---

[1] 《山西村政旬刊》1929年第2卷第9期。

社会的现代化改造。

论及山西村治对传统中国乡治理论的继承和发扬,事实上,阎锡山本人十分认可王阳明、陆世仪等人的乡治主张,认为诸如保甲、乡约之类的办法乃是治乱世的有效办法,也比较契合当时山西的现实环境。为此,山西村治对于传统乡治理论中的乡约、保甲、社仓、社学等内容都有大量的借鉴。例如,在保甲方面,闾邻制度的建立与古代保甲制度颇有相似之处,对更密切和深入地渗透基层、控制民众,以及完成税收、征兵等基层政务起到了重要作用。在乡约方面,阎锡山十分重视乡村宣传教化。除他本人经常做乡约宣讲之外,还令村长副、学校教师及在校学生进行宣讲。他的《阎督军政书》共分为《人民须知》《村长副须知》《家庭须知》《诉讼程序浅释》四卷。借鉴吕坤《乡甲约》的行文风格,全书四卷都采用了较为浅显易懂的白话文口语风格书写,以便于官方宣讲和老百姓理解。其中,《人民须知》和《家庭须知》尤为典型,是直接以民众为宣讲对象的,主要涵盖传统道德、礼节、习俗等涉及人民日常生活的内容。这两个宣教文本中包含了很多现代性的内容,比如在民德方面提倡信、实、进取、爱群等,国民教育方面提倡看报纸、读刑律等,科学生产方面讲述种植、肥料、畜牧、纺织等。另外还有专门篇幅宣讲家庭道德、家庭教育、公共卫生、邻里关系、社会团体、信教自由、爱国、尊重军人和警察等。按照规定,各县署宣讲员、区署宣讲员、国民学校校长教员、村长副及闾长、受过新式教育者及退伍军官、学生皆有责任和义务宣讲《人民须知》,商人须在一年内熟读须知,村镇人民须在两年内熟读,由专人随时检查,如有不能熟读了解的,必须强迫其熟读。社仓也是山西村制的一个重要方面。因为经历了清末的古今第一大灾荒"丁戊奇荒",粮食短缺、价格上涨带来了灾难性的影响,阎锡山当政山西之后十分重视社仓的问题。《山西村政汇编》中记载了大量关于他大力动员辖内各地积谷的令文。民国十年,山西省针对社仓和义仓颁布了救恤法规。《各县义仓积谷简章》中也对设立和管理义仓、社仓的诸多环节进行了详细的制度设计,并时时教以百姓存丰补歉的重要性。在社学方面,山西大力推行村办教育。基于"普及教育不能发达,凡事永无进行之望"[①] 的理念,1918 年山西颁布《改定全省

[①] 山西村政处编:《山西村政汇编》卷1,《改定全省施行义务教育程序》,1928 年版,第32—33 页。

施行义务教育程序》，在全省各区域递次推行义务教育，从培养师资、调查学龄儿童、筹款建学、劝导或强制入学等方面着手，由县地方官督促、村一级负责人完成。此外，山西省特别重视对于贫困及残疾儿童的救助，责成各地区制定相应的办法，对学龄儿童进行家庭经济状况调查，对贫儿进行识字教育，或设立春冬之际的半日学校强令失学儿童就学。

如若对山西村治做一个整体性的评价，可以说，山西村治首先是国家政权建设和地方自治双重逻辑下的产物。民国时期的地方自治是在现代民族国家政权建设的背景下展开的，它要同时完成地方自治和现代国家建设这两项任务，一方面要实现国家行政向基层的延伸，另一方面又要以官力策动自治。因此，不同于翟城村治的绅士推动、民治色彩，山西村治具有强烈的行政推动、官方主导特征。这种行政性、官方性往往是利弊相间的。没有行政的提策，自治无由发动；而强烈的行政惯性又不可避免带来对自治的侵蚀。类似的官方推动、行政干预也存在于英国、日本等国家和台湾地区的地方自治发展过程中，这也为我们重新认识地方自治的动力来源和发动机制，以及把握官治与自治的关系提供了启示。

同时，山西村治也是实用主义原则下传统儒家价值与现代政治制度粘合的一个产物。如前所述，它在制度形式上具备了民主、分权、自治的种种外观，但其精神实质又充满着强烈的道德伦理政治色彩。这一点无论从主政者阎锡山个人的种种论说，或是从村治的设计和推行过程都不难看出。村治的宗旨就是"做好人、有饭吃"，村治的制度设计也时时以"好人"和"坏人"对民众加以道德区分，整理村范是要消除坏人，感化人民往好的一边走，息讼调争要依靠村中好人的公道团体，办理保卫是建立好人的联合、对抗坏人的武力，村禁约和《须知》系列也无不教育民众如何做一个好人。简而言之，村治就是要将编村变成一个好人组成的道德有机体，以避免弱受强欺、愚受智诈、寡受众暴。这种政治与教化高度合一、注重人情感化的政治思想显示出其不同于西式政治的传统底色。

当然，山西村治的局限性也是十分明显的。首先，村治带有强烈的阎锡山个人中心色彩，村治人员对领袖的效忠、领袖对村长副的倚重和提携都反映出其前现代的一面。其次，编村及设置闾邻之后，实际产生出五十余万村长副及闾邻长。短时期内产生出如此庞大的村治队伍，其中必然良莠不齐，很多人未受到基本的教育，更遑论具备主持自治的素养。加之村治在自治之外兼具很多行政性职能，一些劣质化的村治人员居间渔利或腐败滥权，势必增加官民的隔阂。更重要的是，村治制度的设计是西式民主分权移植到中国本土的产物，民众对于这些制度的适应性及实践自身权利的意识并不充分，因而村民会议、检查委员会等制度的实际运行情况并不理想。从这一点来看，自治的规范和制度可以借行政力量在短时间内建构起来，但民众公共生活习惯的养成则非一时之功。此外，村治在革除陈弊、举办选举、息讼、保卫、消除莠民等方面虽有成效，但在民众更为关切的经济发展方面却未及施策，民众的生存状况未得到真正改善，而筹办自治的经费又一定程度上加重了民众的负担，这也是其成效有限，甚至招致民众抵触的一个重要原因。最终，山西村治终结于大环境的倾覆。民国建成之后山西省内政局相对稳定，及至其后军阀混战时期、国共战争时期，山西都能保持相对独立和平的政治环境，这是村治得以存续的重要条件。随着解放战争全国形势的逆转，村治的外部环境发生了根本性变化，这一兼具传统性与现代性的地方自治实践便猝然消逝于历史长河了。

二 翟城村治

20世纪前半叶的中国农村遭受了来自内外一系列严重的冲击。经济上，生产水平低下，世界经济危机的到来也给原本脆弱的小农经济造成巨大打击，众多农民生计得不到保障，农村教育、医疗、卫生条件落后，加之国内政治军事局势动荡，社会秩序遭到极大破坏，致使农村流民众多、匪患遍地。正是在这种背景之下，救济、改造农村逐渐成为当时知识分子和爱国人士的一个重要关切，也逐渐汇集成一股强大的时代潮流。当然，对于乡村建设的关注并不是简单为了解决农村和农民的问题。在当时的普遍认识中，农村对整个中国的政治、经济和文化具有决定性作用。经济上，直到30年代初，中国农业人口仍然占总人口的80%以上，农业仍然占国民生产总值的60%以上，因此农村乃是国民经济之基础；文化上，乡村是中国文化之本，西方现代文明中诸如团体组织、科学技术等都要嫁接于中国乡村之上，才能存活和发展；进而政治上，新的政治制度的建立、民众政治习惯的养成也都取决于乡村民众政治素养的养成。[①] 正是基于上述对乡村建设之重要性和必要性的认识，在 30 年代，发源于不同时间和地区的各种乡村建设流派逐渐汇聚成一股轰轰烈烈的潮流。

民国乡村建设运动中，最具有影响力的当属村治派，而村治派又起源于翟城村治，即清末及至民初河北定县米鉴三、米迪刚父子在其家乡翟城村仿照日本模式所进行的一系列乡村建设活动。翟城村的乡村建设和改良活动从清末延续至 20 世纪 30 年代日本入侵中国，前后历时 30 多年，内容涉及兴办新式教育、改良社会风俗、促进农民合作等诸多方面，是清末至民国实行较早、延续较长、内容较全、效果较好、影响较大的一项乡村建设实践。其中，米迪刚所创办的《中华报》和《村治月刊》吸引了包括梁漱溟在内的一大批知识分子的参与，先后形成了"中华报派"和"村治派"两大乡村自治流派，成为民国乡村建设运动的重要力量。

清光绪末年，清政府举行新政，在地方上主要体现为实行地方自治、兴办新式学堂等，传统士绅阶层在这一过程中成为担纲自治事务的主力军。米氏是翟城村中大姓，乡绅米鉴三因屡次乡试未中，转而服膺颜李学[②]，积极投身社会改良。自 1894 年起，米鉴三就开始在翟城村自筹资金创办现代学校，清末新政开始之后，他被任命为定州劝学所学董。他在任期间推行了一系列改造地方的举措，包括建立新式学校"育正学堂"和一所女子学塾，以提高民众识字率和公民教育水平。同时，为了移风易俗和整顿地方治安，米鉴三还牵头制定了包括《查禁赌博规约》《看守禾稼规约》《保护森林规约》等在内的一系列村规民约，使翟城村成为当时地方改良的模范。在米鉴三之后，他的儿子米迪刚、米小舟、米阶平也相继参与翟城的村务管理。其中，尤以米迪刚最具代表性和影响力。米迪刚在日本留学期间，深受日本町村制度的影响，日本乡村社会的高度组织化和乡村社会事业的发达给他留下来深刻印象，成为他日后在家乡翟城村进行村

[①] "政治改革之所以不成功，完全在新政治习惯的缺乏；换言之，要想政治改革成功，新政治制度建立，那非靠多数人具有新政治习惯不可。……（而新政治习惯的培养）天然须从乡村小范围去作。"参见梁漱溟《乡村建设理论》，《梁漱溟全集》第 5 卷，山东人民出版社 2005 年版，第 533—534 页。

[②] 颜李学说是清初的实学学说，其创始人为颜元、李塨，提倡实学实用。村治派代表人物米迪刚、尹仲材、王鸿一都曾服膺颜李学说。郭丽、徐娜主编：《民国思想丛刊——乡村建设派》，长春出版社 2013 年版，第 2 页。

治改革的一个重要参照。

鉴于对中西文化的思考和比较,当时以米迪刚为代表的许多中国知识分子都认为,中国文化虽然暂时落后,但并不意味着就必须照搬西方制度,而是应该从本国国情出发,在中国人固有的国性民情的基础上寻求政治的出路。同时,受到当时盛行的重农主义思潮的影响,他们也主张从乡村出发寻求发展国家的办法。他们认为,中国既然是农业社会,那么政治改革的立足点就应该在农村,具体来说就是乡村自治。米迪刚与同一时期的王鸿一、尹仲材等人都对儒学实学和上古文化非常推崇。他们认为上古时代孔孟圣人对于村治是十分重视的,孔子有"吾观于乡,而知王道易易"的说法,孟子更有"死徙无出乡,乡田同井,出入相友,守望相助,疾病相扶持,则百姓亲睦"的说法。可见,上古时期便有民治的传统,只是在秦汉郡县制实行以后,民治的精神才日渐衰微,带来官治国家的种种弊端。因而,国家的复兴有赖于农村的复兴,农村复兴的根本又在于地方自治的复兴,而乡村是地方自治的根基,村级社区是形成乡村社会的新的基础。正是以上述儒家思想为指导,借鉴北宋《蓝田吕氏乡约》的范式,尤其是《吕氏乡约》中通过建立民间团体达到"患难相恤"的精神,同时也部分地吸收了日本乡村的自治思想,米迪刚学成回国后开始在翟城村创建村自治制度,兴办各项村治事业。1915年前后,翟城村治引起了县政府的重视,在民国重新实施地方自治的大背景之下,定州知县开始给翟城村拨款,修建村自治公所、讲习所、图书馆等,有了充足的自治经费支持,官助民办的自治实践在翟城村迅速开展起来。

具体而言,翟城村治在村自治制度的设计以及各项具体村治事务的开展方法方面都有一定的构想和创举。在村级自治制度架构上:首先,设定村治规模和明确村长职责。根据翟城村治方案,村治的规模应该以2000—4000人为标准,每村由村民选举村长一人,村佐二人。村长负责议定村治组织的大纲,组织村公所和村会以及其他村治事项。全村之下再划分为八个自治区,每区公举区长一人。如此,翟城村建立起两级自治体制。其次,设立村公所作为村自治的执行机关,负责办理本村一切事宜。村公所职员除村长、村佐以外,另设庶务股职员四人,执掌全村教育、保卫、户籍、劝业、慈善、土木、卫生、征兵、记录等事项;财务股职员两人,执掌全村纳税、银钱簿籍、出入款、预算决算等事项;设书记一人,负责村

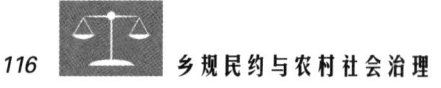

公所缮写表册等公务。再次，村公所同时负责组织村会，公议本村重要事务，作为村级事务的决议机关。村长兼任村会议长，村佐、各股员及各区区长充任村会会员，村会每月开例会一次，若遇有临时事故，可由会长随时召集，各股员及区长遇有重要问题，须开会公决时，也可随时请求会长召集临时会。村会议决事项交由村公所执行。由此可见，翟城村的议事机关和执行机关在组织设计和人员构成上都是重合的，村会并不是全体村民参加的村民大会，而更像是一个村公所的行政合议制度。这也是其村制设计被诟病为缺乏民主的地方①。村会的设计理念并不在于村民的民主参与，而意在通过村佐、股员、区长的多头参与避免村长一人的独断专行。但在实际运转中，可想而知，村会各成员仍难免受到村长的牵制和操纵。

翟城村治更重要的一个特色，在于成立了大量互助性的村民团体，以辅助村中各项自治事务。翟城村素有互助的传统。清光绪年间，村民就自发形成了凿井灌溉的组织，前述《看守禾稼规约》通过合作看守庄稼的办法也有较久远的历史。这种互助传统最典型的代表就是产生了因贷款教育费和垫付公费购买棉种而成立的因利协社。根据翟城村志记载，光绪三十四年，村中小学毕业生中有才堪造就但家计贫寒者七人，村中一有识之士建议村正副商定方法给予资助，遂于宣统元年建立教育费贷用储金会。同样在光绪三十四年，米迪刚自日本学成回国经营村治，村民米树屏因无极县棉花品质好、产量高，向其建议由村公社垫款派人选购棉种分与村民种植。米迪刚认为此建议反映农民具有合作的天然需求，于是结合欧美之合作社思想，与村民酝酿成立了因利协社。这个组织取孔子"因民治利而立"的含义，被视为中国近代最早由民间创立的互助合作社之一。② 因利协社的简章对其宗旨、社员、股金、组织、业务和分配方法都进行了规范。按简章的设想，协社组织分为四部分，以金融协社（也称"平民银行"）为主体，待其建成之后，再建立消费、购买和贩卖协社。在米迪刚等人的倡导之下，翟城村的财产、教育、风俗、劝农等各自治事务领域都

---

① 杨开道：《中国农村自治的现状》，《农学杂志》1929 年特刊第 3 种，第 13 页。
② 米鸿才认为翟城村的因利协社是我国最早的合作社。（米鸿才：《我国历史上最早出现合作社的地方是河北翟城村》，《河北经贸大学学报》1996 年第 1 期。）李德芳认为因利协社大致酝酿于 20 年代初，但因故未能真正成立，因此不能视为近代第一个合作社。（李德芳：《因利协社不是中国近代第一家合作社》，《北京师范大学学报》2000 年第 3 期。）

设立了相应的村民团体,财务方面有因利协社、纳税组合①和义仓②;教育方面有教育会;风俗方面包括德业实践会、改良风俗会、勤俭储蓄会、爱国会③等;劝农方面则有合作凿井、防除害虫会、农产物制造物品评会④等。这众多村民团体的会长和干事,除村、区长兼任的以外,更有来自村民推选或公所推举的人员,他们的加入也一定程度上弥补了前述村自治制度中村民大会缺失的问题,扩大了村民对村治事务的参与。此外,翟城村还设立了专门针对自治职员的自治讲习所,规定村中职员必须学满一定学时,由村长及育正男校的校长担任教员,讲授内容包括县立公民讲习所讲义及日本部分村治史。讲习所举办两届,为翟城村培养五十余名自治骨干。

在农村公共事项上,米迪刚提出了一系列设想。例如,在教育方面,为了解决贫民儿童失学的问题,他主张设置教育费贷用储金,储金的来源可以由家庭收入中拿出一部分专门作为教育储备,也可以用宗族的祭田或其他族中产业专门用作同族中子弟教育之资,或是从全村中政学各界人员个人薪金中募集而得。他甚至设想,由国家统一颁布教育费贷用储金条例,对如何筹集教育经费以及相应的贷用、偿还、募捐、奖励等事项加以规定,对无人捐助之村,则可探索按照地丁加征一项教育赋税。总之,通过取之于村、存之于村、用之于村的方法,强化农民的教育,达至改良社会的效果。在生计方面,他认为,生计乃是农村之最紧要而根本之问题,而人口增殖与土地有限之间的矛盾又是农村生计的最主要问题。要改善农村生计,一方面可以提倡副业、移民垦边,但另一方面,大量"资质谨愿"的乡村民众,还是不愿出外谋生,而是乐居乡土。因此,仍然需要提倡发展农村故有之生计。而发展故有生计的重要方法,就是要大力推进农村的互助合作事业。由此,他主张推广以互助合作为宗旨的因利协社。在

---

① 纳税组合是翟城村民自我管理的纳税组织,办法是由村长统治各纳税户在每届纳税期之前的一定日期将税金交给本区区长,再汇交财政股,该做法有助于减少税收过程中的贪腐行为。

② 义仓的宗旨在于筹救本村贫民,其办法是每年秋收后分上中下三等户按不同标准筹集粮食,贫民向义仓借粮,秋后以贷九还十之法归还。如积粮较多则由义仓酌情出卖,所得资金用于储蓄。遇有荒年,则将储蓄金用以购粮,并义仓现有存粮一起周济贫民。

③ 爱国会主要促进村民爱国意识,避免"只知有家不知有国",内容包括提倡购买国债、劝导服兵役、劝用国货等。

④ 农产物制造品评会设有调查员,调查全村农业生产事宜,如发现农户因各惜肥料致使农作物收成不佳的,即报品评会给予劝诫,对于品质较好的农产品则给予表彰推广。

诸种合作中，金融合作是最为重要的，"经济之于银行，犹如血脉之于心脏"①。而以往金融机构多设置在城市，农民在向城镇银行进行借贷的时候面临极大困难。因此，要活跃农村经济，必须要有农村自己的金融机关，促进农民的就近储蓄和借贷，激活农村经济。金融合作可进一步扩展至消费、购买、贩卖等方面。如此一来，无异于为乡村居民之生计设置了一个总的经营处，"见一村几如一家，厉害愈趋共同，爱情必愈加亲切，互助美感，油然而生"②，互助的方式解决了乡村的生计问题，乡村的团结、亲爱感情也必将更加强烈。在禁赌等"消极方面"的乡村问题上，米迪刚主张采用订立乡规民约的方法。他们认为，以赌博为代表的颓靡败俗行为，是农村风气堕落的一大渊薮，然而此等行为，处于法律规范之外，家庭亦不能完全管束，因此只能通过乡村规约的方式加以约束，正所谓"国法不能制其后，父不能禁其子，兄不能勉其弟，唯有乡约，可以管束之"③。通过订立规约，由村中公众监督执行，可对村民行为形成有效的约束，以达到改善农村生计和风气，巩固国家治理根本之效果。

1924年，米迪刚、王鸿一、尹仲材等人创办《中华报》，在其后的近两年时间里，他们发表了一系列文章，为乡村自治摇旗呐喊。上述村治相关思想的阐述大多可见于这一时期他们所发表的文章。除具体的村治改革方案以外，以米迪刚、王鸿一、尹仲材为代表的中华报派还拟定了一套以村治为核心的国家和社会改良方案。他们倡导建立民主传贤政体，所谓传贤政体，即选举一县之中最贤能的村长为县长，选举一省之中最贤能的县长为省长，选举一国之中最贤能的省长为总统。这样的传贤政体就可以使知识分子求名于野，自下而上地达至国家与社会的长治久安。而传贤的基础当然就在于首先必须有良好的村治基础，"非先有略具教养雏形之全国划一组织之村治不为功"④。由此，他们构建了一套以村治为基础的国家与社会体系。在如何构建良好村治这个问题上，他们主张政府要发挥积极的

---

① 米迪刚：《余之中国社会改良主义》，载尹仲材编《翟城村志·翟城村附刊》，（台湾）成文出版社1968年版，第59页。
② 米迪刚：《余之中国社会改良主义》，载尹仲材编《翟城村志·翟城村附刊》，（台湾）成文出版社1968年版，第60页。
③ 米迪刚：《余之中国社会改良主义》，载尹仲材编《翟城村志·翟城村附刊》，（台湾）成文出版社1968年版，第62页。
④ 米迪刚、尹仲材：《翟城村》，中华报社1925年版，第217页。

促进作用。具体而言，政府应该主动设立村治育才馆，以乡制的古意，结合各地实践经验编制教材以提高村治水平；同时，由政府出面颁行全国统一的村治条例；最后，改良钱粮纳税制度作为村治的经费后援。中华报派的上述主张立足于翟城村的实践经验，将村治置于国家和社会构建的基础地位，是当时对中国乡村乃至整个国家发展出路的一次重要探索。但在军阀割据的局面下，中华报派的村治方案仅在翟城村一地得以实践，并未形成全国性的影响力。

进入20年代末，随着民国全国统一局面的形成，国家建设与发展的路径和方案问题重新被提上议事日程。中华报派的代表人物又再度活跃起来，他们于1928年初筹办了新的《村治月刊》，在中华报派原有人马的基础上吸纳了包括梁漱溟、吕振羽、彭禹廷等在内的有志于乡村改良的新生力量，形成了一个宣传研究村治的新团体，这个新团体后被称为乡村建设运动中的"村治派"。新形成的村治派试图将村治的精神和实践经验与孙中山的三民主义结合起来，探索三民主义的实现方式和国家发展的可行方案。他们提出了四个核心问题：其一，如何在继承中华文化固有的精神的基础上，兼容世界其他民族文化的长处，建立起复兴中华民族的新文化；其二，如何秉承村本政治的思想，将政治重心移至下层，畅通民众的参与渠道，实现乡村经济的改良、教育的普及和民众的训练；其三，如何进行移民实荒、巩固边陲、融合文化、调剂人口；其四，如何振兴水利。[1] 以上四点，切合民族、民权、民生三方面的理念，在逻辑上层层递进，形成了一个相对完整的思想体系，使村治派的思想性更加往前迈进了一步。

首先，如何复兴中华民族的新文化。村治派思想实际上紧扣当时这一宏大的时代主题。他们认为，要寻求中华民族的自强和生存，必须在思想上选择一种道路。而从以往的历史经验来看，盲从西方或其他国家的任何一种思想、学说都是行不通的。对于中华民族而言，最终需要找到一条适合本民族文化传统的思想和道路，要立足于对本民族文化精神的深刻把握和充分自信之上，取长补短，才能重新构建本民族的新文化，继而发展图强，正所谓"民性国魂之无托，将何与图存哉？"[2] 他们认为，自辛亥革命

---

[1] 郭丽、徐娜主编：《民国思想丛刊——乡村建设派》，长春出版社2013年版，第4页。
[2] 王鸿一：《建设村本政治》，《村治月刊》第1卷第1期，1929年3月。

以来，中国打破了君主制的传统，选择了代议民主的政治道路。但是经过十多年的发展，这种制度看来并不适合中国文化传统，因而弊端日显，"橘变为枳，迁地弗良"。而与此同时，俄国革命后发展起来的共产主义道路也不适合中国采行。归根结底，资本主义的政治，以激发人的欲求本能为本质，以积累财富为目的，因而极容易产生资本垄断、贫富分化、阶级斗争等问题，在政治上则表现为对外的霸道主义和对内的欺压主义；而共产主义则是"强不齐以为齐"，又在另一个端点上容易引发社会动荡与混乱。因此，中国发展的道路不能因循盲从欧美或俄国的任何一种道路。相比之下，孙中山的三民主义很好地结合了中国的历史文化精神和思想传统，是一条适合中国的道路。这个中国的思想传统就是"教养政治""全民主义"。

> 夫全民政治者，乃政权操之民众，政权握之贤能，而政治之利益，归于全民之谓也。……独吾国萌芽于三代，中断于秦汉之教养政治，实满具全民之精神。政者何？民事是也，要不外精神生活、物质生活、社会生活、种种日用行常之问题而已。治者何？即所以解决此种种问题，而使之各得其适应者也。教以明人伦，济民物；养以厚民生、兴民利；所以补不足，非以积有余。以平民为对象，平均为原则；无阶级之殊，有互助之益；使人人亲其亲，长其长，安其居，乐其业，生活问题各得解决。国家社会自臻上理。……政权公诸天下，治权付之贤能。一切措施，无非解决人类生活各种必要之问题，以求平民之安宁与福利。全民政治，非此莫属矣。①

这种中国传统的政治思想根源于人的善良本性，正所谓"亲其亲，长其长，老吾老以及人之老，幼吾幼以及人之幼，济贫弱，抚孤独，恤鳏寡，制豪强，抑兼并，顺人类之本性，立政治之轨则"，它在本质上是伦理化的，强调人的道德由内向外、由近及远地推广，而非权利之攫取。②然而，教治的优良传统只止于三代，秦汉之后，强力的政治取代了德化的

---

① 王鸿一：《建设村本政治》，《村治月刊》第1卷第1期，1929年3月。
② 王鸿一：《建设村本政治》，《村治月刊》第1卷第1期，1929年3月。

政治，才造成政治失序和道德风尚的衰微。① 因此，今天所谓寻找中国政治之道路，其要旨乃是复兴中国三代以前教治的政治传统，找回民族文化的自信力。西方民主制度虽然有其优势，但从根本上来说没有亲人爱民之精神，徒法不能以自行，而中国旧有的政治传统中其实就具有良好的亲爱精神，只是缺乏详细周密的法度，所以徒善不足以为政。因此，当务之急，是要立足于中国的思想传统，进行制度的建设，而不是盲目从外，否定自己的文化。村治派的领导人物对当时中国人，尤其是年轻一代所普遍存在的自我否定心理提出了警示。② 他们认为，中国人觉得自己什么都不对，甚至连固有的文化道德都是错误的，或是把它们当作封建的东西一概加以摒弃，这是思想上的谬误。

其次，为何以及如何从村治入手。村治派认为，要复兴民族的新文化，就要以村治为根本。理由有三点：其一，农村为大多数人民之所在地，举国之大多数人口为农业人口，所以有"农村立国""民为乡本、本固邦宁"之说。农村是政治选举、教育、事业、财政、军政等一切国家大政的基础；其二，农村家族制度是中国社会的中坚。在农业经济形态下，人口繁衍和家庭的扩张自然形成家族制度，农村社会往往是一姓人自成或数姓人共成一个村落。围绕家族内部关系又进一步形成了尊卑长幼有序、相长相养、相亲相爱的纲常伦理秩序。在村治派看来，这种家族秩序对中国人的情感、经济、道德、风俗都产生了深刻的影响，是社会组织的基础。几千年的历史演变中，虽然国势有长有衰，但影响所及，仅在政权，而社会的基础却历经沿革不至于毁坏，正所谓"礼失求诸野，王道在乡"③；其三，中国古代的乡治与欧美的民治主义其实是有极大相通之处的。"以吾国农村习惯，凡关于保守秩序、维持安宁者，乡例多由守望相助之乡约，互为遵循；国家法治，非必要时，于农村实无多大关系。"④ 在

---

① 王鸿一：《中国民族之精神及今后之出路》，《王鸿一先生遗文》，公葬王鸿一先生办事处1936年版。

② 王鸿一：《青年之出路》，公葬王鸿一先生办事处编《王鸿一先生遗文》，公葬王鸿一先生办事处1936年版。

③ 米迪刚也谈到了家族制度应从普及教育、移风易俗等方面加以改良，方能更好地适应社会发展。关于"农村家庭制度与社会改良"，参见米迪刚《余之中国社会改良主义》，载尹仲材编《翟城村志·翟城村附刊》，（台湾）成文出版社1968年版，第33—37、65—73页。

④ 关于"农村与民治主义及一切政治之关系"，参见米迪刚《余之中国社会改良主义》，载尹仲材编《翟城村志·翟城村附刊》，（台湾）成文出版社1968年版，第46—50页。

他们看来，中国古代这种"消极"的自治，如果被转化为积极的自治，则将与近代西方之民治思想极为契合。

村治派认为，三代之时，乡治兴盛。农村设有各个层级的乡官，负责乡里事务和教化之职。老子曰："修之于乡，其德乃长"；孔子曰："吾观于乡，而知王道易易"；孟子更有"死徙无出乡，乡田同井，出入相友，守望相助，疾病相扶持"的说法。这些都可以作为古代重视乡治的证明。农业生活之上发展出家族制度，形成十姓百家、组织巩固、生活亲密的农村社会。而国家的治理之术，无外乎推恩而已，将家庭的亲爱关系推而及于乡里，再从乡里推而及于更大的范围。治一村，犹之治理一县、一省、一国，本质上是相通的，都是推恩尽性，为民众解决生活之问题。① 因此，复兴文化、富强国家就应恢复对于村治的重视，以教养之治取代势力政治。这里，村治派尤其强调，对于知识分子而言，治乡治国乃是他们的本分，不应以治一乡为卑微、治一国为上。"乡为亲者近者，国为政者远者，其所亲近者薄，而其疏远者厚，未之有也"②。米迪刚以儒家"大学"中"三纲"（民德、亲民、止善）、"八目"（格物、致知、正心、诚意、修身、齐家、治国、平天下）为学理依据，他认为，古代之所以有"修身、齐家、治国"一说，乃是因为当时之家较今日之范围更大，而国较今日之范围甚小，因此齐家之后方可治国。但如今，家的范围可能更小了，而国的范围远远扩大了，因此应该在修身、齐家、治国之间加上"亲乡"一条③，才能更好地

---

① 米迪刚：《三十年所衷怀所志之自剖》，《村治月刊》第1卷第11期，1930年1月。

② 王鸿一：《建设村本政治》，《村治月刊》第1卷第1期，1929年3月。

③ 米迪刚认为，"按古代'齐家'之后，即云'治国'者，以家之范围较大，而国之范围极小故也。……盖当时宗法社会，封建犹存，所谓家者，实兼聚族而居之同宗而言。可见《大学》所谓'齐家'之'家'，其范围必小于今日之农村，且实合有贵族意味，如'百乘之家'、'千乘之家'是也。所谓'国'者，小之地方不过数十里，则与今之县治有何差别。况'家、国'之称，名虽异而私则无甚悬殊，仅略有公私之辨耳，此所以'齐家'之后，即云'治国'，中间绝无悬隔之弊也。今则贵族阶级，早经废除，已大非其比矣，乃秦汉以后，举国士人，仍仅私其家，似事畜而外，无其他天职可言者，未始不由于此。今特于国、家之间，添入'亲乡'一条，无论在朝在野，明德之后，均可亲民，庶几天职明而修齐治平之道，可望复见于今日。"参见米迪刚《余之中国社会改良主义》，载尹仲材编《翟城村志·翟城村附刊》，（台湾）成文出版社1968年版，第78页。尹仲材也认为，"吾国社会与政治演为两橛之现象，实原与《大学》八条目中，家与国两者之间，落空过甚，非平添村治一级，不足以通吾人践履天职之联线。……况《大学》八条目中'齐家'一义，实际上已有包罗村治之倾向……"参见尹仲材编《翟城村志·翟城村前论》，（台湾）成文出版社1968年版，第3—5页。

体现由小及大、由近及远的推恩的办法,也才是对上古先贤遗志真正的继承。

村治如何实现呢？大略分为乡村制度建设和乡村公共治理两个方面："村制者,规划农村组织及市区办法,制定村民行使四权条及村市中一切规约是也。村政者,村市中一切设施是也。举其要：曰保持秩序,如保卫、息讼等；曰增进生产,如农田、水利、森林及各种合作组织等；曰培养村风,如孝悌、勤俭、互动等；曰开通民智,如国家观念、世界大势、民族思想、民权使用等是也。"① 而上述这些的根本在于,乡村的权力掌握在民众手中,治权操在民众手中,"惟村本政治,一切权利,根本在民；政权操于民众,治权始于乡村,权力无由而集,阶级无由而生；全国农村组织划一,权虽分而仍无害于统一。"② 要实现治权的民主和公开,首要的是落实民众的选举权,即由村民直接选举本村贤良来治理村庄。其次是考绩制。村治派主张村级及以上的官员或议员应该按照孙中山关于考试制度的相关制度设计,进行政绩的考核,以使得真正深入田野、关心民间疾苦的管理者能脱颖而出。

此外,村治派还阐述了如何创建边荒新农村、如何振兴水利等民生问题。他们认为村本政治的核心是民众生计问题,而要解决这一问题,一方面需要向内提倡已有农村地区的村治,包括农田、水利、保卫、互助合作以及良好风尚等,以促进农村的发展；另一方面也需要提倡移民屯垦、开发边疆。米迪刚甚至提出了一种以上古井田制度为纲领,融合保甲、屯垦等元素的军民一体的办法来移民实边,以解决人多地少带来的民生问题,同时也达到富国强兵的目的。③

基于上述思想理念,村治派通过所主办的报刊发出了他们对广大民众,尤其是青年民众的呼吁：一是,要认清楚中国民族文化的真谛。中国的社会是伦理化的社会,中国的民族性是伦理性,未来中国政治的出路在于恢复"教治"的传统；二是,要认清知识分子的天职。士为四民之首,知识分子的天职是用自己的能力来补众人的不足,尤其要改变求名于朝的

---

① 王鸿一：《建设村本政治》,《村治月刊》第 1 卷第 1 期,1929 年 3 月。
② 王鸿一：《建设村本政治》,《村治月刊》第 1 卷第 1 期,1929 年 3 月。
③ 米迪刚：《余之中国社会改良主义》,尹仲材编《翟城村志·翟城村附刊》,(台湾)成文出版社 1968 年版,第 79—80 页。

心理，有志于立功于野。三代以下的历代政治都出现了政学分开的问题，学者不屑为官，为官的道德败坏。要改良政治，就是要以学者去支配政治，政学一家才能政治清明；三是，要重视乡村，到乡村去。因为中国政治、教育、经济、文化的中心都在农村，这是中国与世界上其他国家不同的地方，也是为什么三代之后抛却乡治而行官治，最终带来国家贫弱落后的原因；四是，要重视边疆的开发。移民实边才能从根本上解决民生的问题，从而消弭经年的战乱，达至国家的太平和安宁。[1]

以上便是翟城村治及与之关联的"中华报派"和"村治派"的思想大略。翟城村治是民国乡村自治实践的先驱，"中华报派"和"村治派"关于村治之方案、国家社会改良之路径、中西文化之比较的思考更是构成了20世纪二三十年代乡建思潮的一个思想主线。因为翟城村"模范村"的声名以及定县在推广翟城村治过程中所积累的乡村改造基础，1927年，著名的平民教育家晏阳初将其平民教育的总部由北平迁往翟城村所在的定县，形成全县范围的平民教育试验区，直至1937年全面抗战爆发后撤离。定县在推广翟城村治的过程中，其具体的村治制度略有变化。同时，翟城村治在后期也按照当时南京政府的统一规定，仿照山西村治的蓝本进行了一些调整，包括：设立村民会议为全村最高权力机关；村民会议下设村政会议，每月一会，负责议决全村大小事务，最后交由村公所施行；村公所由村长及村政会议主席等人组成，除执行村政会议决定的事项之外，还负责指挥各闾、邻长开展自治事务；此外，也设立了监察委员会监督村公所及其附属机构，设立调解委员会或息讼会以调节村民之间的争讼事宜等。

三　梁漱溟的乡学村学

乡村建设运动中最具有代表性和影响力的人物当属梁漱溟。梁漱溟是民国时期乡村建设派的核心人物，是最负盛名的乡村建设家。20世纪30年代，他针对当时中国民族危亡、社会与政治急剧动荡、传统文化衰败的状况，倡导和践行乡村建设。在仿效和改造传统乡约的基础上，梁漱溟融合西方文化和中国传统儒家思想，提出了新礼俗的思想，并设计了乡学村

---

[1] 参见王鸿一《青年之出路》，原文为1930年王鸿一在山西商业专门学校的演讲词，公葬王鸿一先生办事处编《王鸿一先生遗文》，公葬王鸿一先生办事处1936年版。

学这样一种寓政于教、政教合一的乡村组织。

首先，梁漱溟主张从文化层面寻求改良国家与社会的根本路径。他认为，在诸多政治、经济、军事问题的背后，中国当前最根本的问题在于文化的失调。他阐述道："一社会之文化要以其社会之组织构造为骨干，而法制、礼俗实居文化之最重要部分。中国文化一大怪谜，即在其社会构造历千余年而鲜有所变，社会虽有时失掉秩序而不久仍旧规复，根本上没有变革，其文化像是盘旋而不能进。但到今天，则此相沿不变的社会构造，却已根本崩溃，凡昔之法制、礼俗悉被否认，固有文化失败摇坠不堪收拾，实民族历史上未曾遭遇过的命运。而同时，任何一种新秩序也未得建立。试问社会生活又怎能顺利进行？"[①] 可见，在梁漱溟看来，文化的失序、社会的崩坏乃是中国落后贫弱、面对挑战无法做出回应的根本原因。他认为，总结中国当时所有问题，根本而言，内部问题大于外部问题，社会的不健全大于个人的不健全。同时，国家权力无法建立可能是一时的问题，而社会的构造则是一个永远存在的根本问题。因此，解决中国所有问题的根本着眼点首先应该在于社会的改造。

其次，在比较中西方文化的基础上，梁漱溟主张走一条以中国固有精神为本、中西融合的文化改良道路。通过追溯人类文明发展道路和比较中西方文化，他得出两个判断：一方面，中西方文化的交流和融合是人类文明发展的必然趋势，西方文化往东变、东方文化往西变，最后达到两者的沟通调和；另一方面，中国文化是极为早熟的文化，因之早熟，历时久远，所以难免积弊日深、日渐僵硬，因此需要对其进行改革。但相较于向前看的西方文化和向后看的印度文化，中国文化以孔子为代表、以儒家学说为根本、以伦理为本位，更具有成熟性，是人类文化的理想归宿。因此，全盘否定中国自己的文化是不对的，经五四新文化运动的批判之后，中国文化当有一复兴，这也是未来世界文化发展的必然方向。是以梁漱溟自身在寻求救国图存的道路上也经历了重大的思想转变，由最初的主张在中国建立西方式民主宪政制度转向认识到中国政治文化的特殊性，进而从中国传统文化中寻求改良国家与社会的路径。他认为，自清末以降，中国

[①] 梁漱溟：《乡村建设理论》，《梁漱溟全集》第2卷，山东人民出版社2005年版，第162—163页。

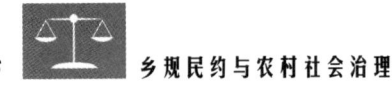

的民族自救实际上是东奔西突、不得其法的。① 他把中国的民族自救运动总结为两个阶段：第一个阶段是康梁的维新变法和孙中山所领导的革命运动，这两种自救实际上都是取法西方现代化的发展道路；第二个阶段是 1924 年国民党改组容共以来的国民革命，隶属于一战后出于对传统西方文明的反思而出现的共产主义、社会主义新思潮，是仿效苏俄的道路。梁漱溟认为，前述这两条道路在 30 年代都出现了危机，西方文化的输入、政治革命的办法都没有使中国的状况变好，反而带来了极大的伦理混乱。"在此刻的中国社会，就是东不成、西不就，一面往那里变，一面又往这里变，老没个一定方向。社会如此，个人也是如此；每一个人都在来回矛盾中，有时讲这个道理，有时讲那个道理。在这样的一个社会中，大家彼此之间，顶容易互相怪责。"② 梁漱溟并不是一个拒斥他国文明的文化保守主义者，他尚能公允地认识到西方文化和苏俄道路的优点，但他指出，欧美和俄国的道路之所以能成功，乃是因为它们根植于本国的文化传统，而它们的道路与中国的文化传统是不相契合的，因此不适应于中国。中国的民族自救和发展必须走一条"以中国固有精神为基础，吸取西洋长处"的中西融合的道路，这就是他称之为中国民族自救之最后觉悟。

解决中国的问题、复兴中国的文化为什么要从乡村入手呢？梁漱溟在其《乡村建设理论》中详细阐述了其关于这一问题的见解。他认为其主要基于以下几个方面的原因：其一，他认为中国近百年的历史可以说就是一部乡村破坏史，无论是外在的帝国主义的侵略还是国内各种形式的维新与革命，都在客观上对乡村造成了极大的破坏。区别于西方国家工业化过程中所发生的乡村的自然没落，中国并没有成功地走上工业化、城市化的道路，反而又将仅有的农村经济摧毁了。其二，在国家秩序崩塌、武装林立的情况下，乡村没有外力可以求助，只能依靠自卫、自救。其三，从国家

---

① 他在 1930 年写作的《中国民族自救运动之最后觉悟》一文中说道："中国民族以其特殊文化迷醉了他的心，萎弱了他的身体，方且神游幻境而大梦酣沉，忽地来了列强心肠狠辣的近世西洋鬼子（和东洋鬼子），直寻上家门；何能不手忙脚乱，头晕眼花？何能不东撞西突，胡跑乱钻？"梁漱溟：《中国民族自救运动之最后觉悟》，《梁漱溟全集》第 5 卷，山东人民出版社 2005 年版，第 102 页。

② 梁漱溟：《我们政治上的第一个不通的路——欧美近代民主政治的路》，《梁漱溟全集》第 5 卷，山东人民出版社 2005 年版，第 134—140 页；梁漱溟：《我们政治上的第二个不通的路——俄国共产党发明的路》，《梁漱溟全集》第 5 卷，山东人民出版社 2005 年版，第 262—264 页。

经济发展的角度来看，中国不具备像日本那样的工业振兴的机遇和条件，因此应该以农村为基础，通过农业和农村的复兴恢复国内市场需求，为民族工业的振兴创造前提条件，也就是"从农业引发工业、更从工业推进农业"。其四，也是更重要的一个原因，梁漱溟认为，中国传统文化的"老道理"在城市可能遭到了严重破坏，但在乡村尚有较多保存，乡村社会是老道理产生的源头，也是其有形的载体。因此，"以乡村为根，以老道理为根"，寻求"老根复活""开出新道路，救活老民族"的具体方法就在于乡村建设。

如何从乡村建设着手，创造一种新文化、锻造一个新社会？梁漱溟将乡村建设的原则归结为一句话，即，"以中国的老道理为根本精神"。在他看来，"我们中国，偌大一个民族，有这么些人在一块生活，他总有他过日子的方法，总有他的规矩、制度、道理一套东西……我们相信，中国的老道理是站得住的。"[1] 在《乡村建设大意》一文中，梁漱溟分析了为什么西方文明与中国文化的精神在根本上是不相契合的。他认为，西方文明近两三百年来的根本要义可以归纳为"权利为本、法律解决"这八个字。"权利为本"即是个人与个人之间、个人与团体之间、国家与人民之间权利的界限分得非常清楚，因而才有了公民权、自由权、多数决等具体的原则。"法律解决"即是说上述权界以法律的形式规范下来，因此社会诸种纷争都能以法律的方式得到裁决，同时，法律约束事宜之外即是个人自由范围，不对个人道德做更多要求。梁漱溟认为，这个八字原则与中国文化的精神是存在根本抵牾的。比如，一人一票多数决的原则就与中国尊师敬长的传统文化不合。中国文化强调年长或有知识德行的人应被给予更高的尊重，而不强调所有人平等地被尊重。"中国的风俗是尊师敬长的，多数人要听老师和尊长的话。如果动不动就要多数表决，那就把老师和尊长取消了。……若令一个贤者智者去跟着多数愚者走，那不是越走越向下吗？"[2] 再如，群己权界、公私分明的原则也与中国重视道德的精神不相合。中国人强调礼法相连，道德和法律没有截然的界限，整个社会都提倡

---

[1] 梁漱溟：《乡村建设理论》，《梁漱溟全集》第 2 卷，山东人民出版社 2005 年版，第 613—615 页。

[2] 梁漱溟：《乡村建设大意》，《梁漱溟全集》第 1 卷，山东人民出版社 2005 年版，第 657 页。

个人道德的向上，而不是仅有法律的底线要求。

在对比中西文化精神的基础上，梁漱溟将中国文化的"老道理"总结为"人伦情谊"和"人生向上"两个方面。首先，中国文化是伦理本位的。中国人认为人是天然存在于一定的人伦关系之中，伦理关系由内向外层层推广，由父母兄弟、夫妻子女等家庭关系延伸至亲戚、乡党、师友、邻里、伙伴等。伦理关系强调人与人之间的义务，一个人从出生即存在于某种情义之中，也应该对与自己有关系的人尽到情义，彼此顾恤、相互负责，"一个人似不为自己而存在，乃仿佛互为他人而存在"，如此才算是合乎伦理。这一点与西方个人本位的权利观念是相反的。其次，中国文化主张人的道德向上。中国人重视道德，认为人始终应该对自己的道德有着较高的要求，应该常常改过迁善，不让自己的所作所为有失于理。这与西方国家把道德看作是个人的事情、其他人无权过问无疑是截然不同的，不能改了中国人这个人生向上的优点而去追求西方式的自由。

当然，梁漱溟也看到了西方文明的一些优点，认为中国文化要往前发展，就必须在坚持自身文化优势的基础上吸收西方文明的一些优点，做出一定的转变和调整。其一当然是引进西方先进的科学技术。其二就是学习西方的团体精神，以克服中国传统社会散漫、消极、无力的缺点，真正走上团结富强的道路。梁漱溟认为，中国社会缺乏团体观念和有力的组织，"中国人讲五伦，单是这人对那人的关系，没有个人对团体的关系"[1]。因此，要改变中国社会一盘散沙的原貌，真正走向团结富强的道路，就要倡导团体精神。这个团体不仅是指大范围的国家，还是指与个人生活休戚相关的小团体，从一乡一村开始，个人积极参与团体，团体事务依靠大家共同解决，个人在参与和建设团体中争取生存境况的改善。在他看来，发扬团体意识和团体组织，相当于是在中国文化传统的"父子、君臣、夫妇、长幼、朋友"五伦之外再增添一伦，即，个人对团体、团体对个人这一伦，抑或说用这一伦去代替过去的君臣之伦。

同时，梁漱溟也注意到了西方文明自身的一些转变，比如从强调平等权利和多数决原则到重新重视专家和智识的重要性，再比如团体主义对以往放任自由和个人主义的矫正，等等。也正是基于他对西方文明中个人主

---

[1] 梁漱溟：《中西文化及其哲学》，中华书局2013年版，第44页。

义与社会主义、权利观念与义务观念两种力量竞争与融合的观察，他认为把中西方文化精神加以融通调和是必要的，也是可能的。这种调和可以从两方面入手：其一，是用中国文化的"尚智尚贤"传统调和西方的民主原则。梁漱溟认为，"理性越发达，文化越进步的社会，越应当尊重学术，尊重专门知识""少数贤智之士的领导与多数人的主动二者可以调和，并不冲突"。① 因此，他主张乡村建设应该奉行贤者指导的原则，就是要"开出多数人接受高明的少数人领导的路子"，把贤智之士的领导与多数人的主动调和起来，形成一种"人治的多数政治"。正如他所说："中国不能有团体组织则已，如果有团体组织，那么，这个尚贤的风气仍要恢复，事情的处理，一定要听从贤者的话。……尚贤尚智根本是一个理，都是因为多数未必就对。……这一个团体，虽不必取决多数，可是并不违背多数；它正是一个民治精神的进步，而不是民治精神的取消。"② 其二，用礼俗去调和西方的法治精神和自由原则。他认为，法治精神固然不错，但有其机械和强制的一面，自由原则缺乏对于个人道德和人格向上的砥砺。因此，一个社会向上的路子不能光靠颁行法律或者投票表决，而是要靠教育。要通过教育养成一种符合人情、大家相喻而共守的礼俗，从而达成社会的良好秩序。这就是他所设想的"新礼俗"。梁漱溟认为，过去的几十年里，中国依靠法律和政治改造都没有建立一个强有力的国家政权，反而越搞越糟，究其原因，在于社会崩溃了，而所有的政治改革和革命的路径都没有从社会的层面去寻找原因和解决的方法。因此，中国需要用礼俗而不是法律建立一种新的社会构造。③ 新礼俗正是运用这样一种"政教合一"的方法、用"以教育为政治"的体制来改易社会习俗，这一点也与学习西方社会团体精神、培养国民团体意识的意旨相契合。

基于上述新礼俗思想，梁漱溟研究了历史上的乡约组织，认为古代乡

---

① 梁漱溟：《乡村建设理论》，《梁漱溟全集》第 2 卷，山东人民出版社 2005 年版，第 292 页。
② 梁漱溟：《乡村建设理论》，《梁漱溟全集》第 2 卷，山东人民出版社 2005 年版，第 289—291 页。
③ 梁漱溟认为："因为我们过去的社会组织构造，是形著于社会礼俗，不形著于国家法律，中国的一切一切，都是用一种由社会演成的习俗，靠此习俗为大家所走之路。……不但过去如此，将来仍要如此。中国将来的新社会组织构造仍要靠礼俗形著而成，完全不是靠上面颁行法律。"《梁漱溟全集》第 2 卷，山东人民出版社 2005 年版，第 276 页。

约德业相劝、过失相规、礼俗相交、患难相恤的意涵以及融合教化、经济、政治等各方面内容的乡治模式十分值得继承和借鉴。他认为，乡约乃是乡里乡党自发形成的，所谓乡约就可以理解为"大家相约来办事"。对比中国古代乡约和当时的地方自治，乡约更符合中国的社会文化情况。自治是以权利为本位，讲求彼此的牵制和均衡，与中国人固有的精神不合，而乡约是一个伦理情谊化、又以相互劝勉、人生向上为目标的组织。因此，乡约可以包含地方自治，而地方自治不能包含乡约。只不过在今天的时代情势下，乡约可以被进一步补充改造，将消极的相恤变成更积极的作为，把有限的组织变成更开放的、有着改造社会和创造新文化的更高远目标的组织，把一乡之约扩展为范围更广泛的联结，变成一种更广泛的社会运动，同时保持乡约的民间性。正如梁漱溟自己所说："我们乡学村学的组织，如能发生作用，乡村真正活起来，则对于中国地方自治问题的解决，不啻发明了一把锁钥，找着了它的诀窍，岂不是一件很伟大的事业吗？"[①]

借鉴古代乡约的组织机制，梁漱溟设计了一套乡学村学的办法。乡学村学既是一个包括全体乡村人员在内的学校，也是一个乡村组织，具有寓政于教、政教合一的性质。这个组织的具体工作目标有两方面：一是对乡村人员施以必需的教育，以提高乡村社会中各成员的社会生活能力；二是相机倡导乡村各项社会改良运动，兴办各项社会建设事业，逐渐改善乡村生活、提高乡村文化、促进社会进步。[②] 实际上，也就是负责全面推进包括农民教育、推行社会改良、组织生产、销售和信用合作社、调解乡村纠纷及办理乡村自卫等在内的各项乡村事务。

具体而言，乡学村学组织由教员、学董、学长和学众四类人员组成[③]：

一是学董。由乡村中最有能力的领袖人物担任，主要负责劝众入学、倡行公事、带头尊敬校长、接受校长规戒和礼待教员。由学董组成的学董会是乡村建设的行政机关，负责劝众入学、筹划乡村建设费用、审定预

[①] 梁漱溟：《乡村建设理论》，《梁漱溟全集》第2卷，山东人民出版社2005年版，第300—322页。

[②] 梁漱溟：《乡村建设大意》，《梁漱溟全集》第1卷，山东人民出版社2005年版，第572—573页。

[③] 《乡村建设理论》中将乡学村学的四类组成人员称为校董会、校长、教员、乡民。《乡村建设大意》中则称为学董、学长、教员、学众。

算、稽核支销款目，以及拟定乡村建设计划、兴办乡村社会建设事项、答复县政府和乡民的咨询事项、讨论县政府饬令办理事项、协助理事办事等。学董会还设有相应的执行人员，即乡学村学理事。理事先由县政府委任或学董选举产生，待训练普通农民学会选举后，再由学众选举产生。理事负责将公事拿出来公开讨论，敦促民众监督公事，接受学长的规劝，礼待教员、执行学董会的决定、负责与下级理事联系、代表乡村与县政府沟通等。

二是学长。由学董会推选并经县政府里聘乡里品德优良、负有名望的人士担任。学长主持教育，主要发挥监督教训功能，承担榜样、师长的角色，不负责行政事务，处于超然地位。这一点非常突出地体现了梁漱溟所设计之"贤者指导"的原则。学长应秉持理性的原则，在乡民和理事之间居间调停，一方面监督理事的工作，提醒其毋与乡民发生正面冲突、伤了和气情面，另一方面当众人对理事有所非议和攻击时，又要加以维护和调和。当学长发现理事和乡民的冲突无法调停时，则应劝理事辞职或报告县长将其撤换。[①]

三是教员。主要是志愿者、知识分子等外来的乡村建设运动者，他们多是受到过乡村建设相关专门培训的知识分子，主要负责设计和推动乡学村学的组织发展，将先进的技术和思想引入乡村社会。同时，教员还负责培养农民的公共精神，教育和促进农民积极参与乡村事务。

四是学众。也就是全村的一般乡民，负责积极参与乡村公共事务。学众是改进乡村社会的主力和主体。乡学村学要求农民要有团体和民主意识、遵守传统社会伦理。具体来说，比如必须做到开会必到、有意见当众说、尊重多数、照顾少数、勇于负责、为团体付出、遵守规约、敬长睦邻、信任和爱惜理事、尊敬校长、改变恶习等。许多学校都制定了学众规约，对教学纪律、开会秩序、日常操行及不得从事的陋习等作了具体的规定。[②] 学众会议是乡村的民意机关，负责提出意见、讨论决定事关乡村的重要事务和监督理事的工作。开会时，农民们在教员的引导下，就特定问

[①] 山东省政协文史资料委员会等：《梁漱溟与山东乡村建设》，山东人民出版社1991年版，第328—332页。

[②] 梁漱溟：《村学、乡学须知》，《梁漱溟全集》第5卷，山东人民出版社2005年版，第451—454页。

题充分表达自己的看法和建议,教员则因为掌握与民众沟通的技巧、熟悉乡村的实际问题,对民众的意见加以整合、打磨,运用所学提出解决问题的办法,抑或将不能解决之问题求助于上级机关。在梁漱溟的设计中,学众会议是农民和知识精英齐心合力发现和解决问题的平台。"一个好方法的产生,必须是由这样得来:一面是对问题顶亲切的乡下人,一面是有知识方法的有心人,彼此逗合接头,一个以他的亲切经验,一个以他的知识方法,两相磋商讨论,经过这番陶练,好的方法就有了。"[①]

除了上述机构之外,乡学村学组织在其承担的生产、自卫、教育、卫生等多种事务领域都有相应的职能部门的设置。

这样一套"以学校组织社会"的系统,意在通过教育提高民众的基本素质、激发其向上向善的精神,使之积极参与乡村团体生活,关心和治理乡村公共事务,养成自我组织的能力。同时,也通过促进民众的团结合作来解决农村经济落后、风俗败坏、匪患丛生、劣绅横行等问题。1931年,梁漱溟在山东邹平县成立山东乡村建设研究院,研究院下设邹平乡村建设实验区,实验区有县一级政府,但隶属于乡村建设研究院,县长由研究院院长任命提名并经省政府正式任命。县以下取消原有的乡镇公所行政机构,而代之以乡学,一个乡学一般涵盖若干个村,乡学之下再设村学。实际上,通过实验区、乡学、村学的设置,研究院的教育力量代替了邹平原有的基层政府,实现了整个行政系统的教育化。乡村建设研究院下设立乡村建设研究部,招收大学或大专毕业生,用两年的时间研习梁漱溟所著之《中国民族自救之最后觉悟》与《乡村建设理论》,学员毕业后到各乡村建设实验县担任科长和辅导员职务;另外设立乡村服务人员培训部,招收初中毕业生,用一年的时间学习有关乡村建设理论、农业知识、农村自卫等科目,结业后回到各所在县担任乡村建设骨干。借助上述组织设置和人员配备,乡村建设着力于把分散谋生的乡民组织起来,同时通过推广科学技术、移风易俗等方面改善乡村的经济和社会生活。

不难看出,梁漱溟所设计的这一套乡村建设方案从理念到实践都紧紧围绕着社会改造这一核心问题,可以说,他的乡村建设是一个以社会为本

---

① 梁漱溟:《乡村建设理论》,《梁漱溟全集》第2卷,山东人民出版社2005年版,第203页。

位的建设方案。之所以选择这条路径，是因为在他看来，中国当时一切政治、经济问题的根源不在于顶层的政治、军事制度设计问题，而在于深层次的文化和社会的问题，因此中国的建设和振兴也只能选择自下而上的路径。同时，他不赞成从阶级分化和阶级斗争的角度来理解中国社会和分析中国发展的路径，而是更主张通过温和、渐进改良的方式来发展国家，因此，他为救国图存所寻找的路径就是从文化的改进和复兴做起，从社会的改良做起，从乡村建设做起。这里尤其值得注意的有两点：一是，梁漱溟特别强调了知识分子在乡村建设中的发动者和引领者的角色和使命。他认为，要对中国固有文化发动变革，必定不可能依靠乡村民众自身，而须经由那些最早接触世界和受到外在文化刺激的知识分子。而在知识分子这一边，他们一方面最先走出乡村，接受西方文化，另一方面也需要重新回到乡村，找寻自己文化的根本，这样才能真正沟通中西文明，找到自己知识和理想的归宿。梁漱溟对知识分子在乡村建设中的作用定位是"桥梁"，他们的使命就是"内外相通，上下相连"，联结乡村和外部世界，联结知识头脑和本地实际。二是，梁漱溟也特别强调"乡村共同体"的理念。他把乡村看成建立在亲情和乡亲基础上的共同体。这一主张与当时中国共产党在农村所开展的阶级划分和农民革命是截然不同的。阶级斗争是要从无产者、被剥削阶级中寻求革命力量，而梁漱溟认为，中国实际上是一个"伦理本位、职业分途"的社会形态，并不存在显著的阶级分野，中国农村"不独没有形成阶级的对抗，乃至职业的或经济上同地位的联结，也每为家族的或地方乡土的关系所掩"[1]。因此，他不赞成通过暴力革命的方式解决中国社会问题，认为夸大阶级的分野只会造成乡村的分裂和社会的冲突。对于阶级斗争中重点打击的乡绅群体，梁漱溟则认为他们应该成为乡村建设中的重要依靠力量。在他设计的乡学村学中，这些人往往作为乡村最有办事能力的人和最有德行的人而被推举为"乡董"或"乡长"，在乡村建设中处于领导和主事地位。

梁漱溟为乡村建设所设计的这一套以乡学村学取代基层行政系统的具体措施，是试图达到政治与教育的结合，寓政于教、寓事于学，把伦理道

---

[1] 梁漱溟：《乡村建设理论》，《梁漱溟全集》第2卷，山东人民出版社2005年版，第454页。

德和人生向上的思想蕴涵于乡村的自治中，把乡村建设成一个政治和伦理的混合体，具有典型的"政教合一"的特点，充满了强烈的儒家理想色彩。正如前文所述，在中国古代知识分子的思想图景中，政治与道德伦理高度合一、制度与教化并行的"三代之治"是最美好的时代和政治，恢复三代之治也成为他们的最高政治理想。梁漱溟在这个意义上延续了一个传统儒家学者的思想关怀，因之获得后人"中国最后一个儒家"的评价。他的乡村建设思想和实践始终以儒家思想为指导和统摄，是"中学为体、西学为用"，这一点也把他和其后的晏阳初、陶行知等其他乡村教育派领袖人物区分开来。

但是，梁漱溟的新礼俗思想和他所设计的这一套村学乡学组织显然存在很大问题。概言之，它是将儒家思想与西式民主政治嫁接在一起的产物。梁漱溟试图用贤者调停的方式去改造西式民主政治中的权力制衡和监督原则，同时用礼俗来纠正西方法治的机械性和强权性[1]。应该说，这种嫁接是较为粗糙的。他对西式民主及其内在机理的理解也存在不深入和不准确的问题。

就实际效果而言，梁漱溟在山东邹平的乡村建设实践也并不成功。在当时的时代背景下，乡学村学的试验很大程度上寄生于韩复榘的军阀势力之下。乡学村学"政教合一"、以学校取代行政的做法之所以有短暂的生存空间，一方面因为其很大程度上遏制了政党势力在农村的发展，另一方面在于其能为地方军阀提供较为稳定的兵源。但乡建运动主要着力于县级以下社会改造，在县级及以上政权结构保持不变的情况下，可想而知其实际效果是有限的。一旦参加乡建的政府官员对乡建原则的信念不坚定或认识有偏颇，乡建实践就会变形和走样。在山东菏泽和济宁等地，乡农学校这样一套政教合一的组织因其较一般基层政权能更方便、更严密地实现对乡民的组织和控制，因而沦为地方官员加强基层控制、汲取乡村社会资源的工具。地方官员往往将自己的势力安插进乡农学校，借由学校组织来强行摊派、抓丁，本来旨在推动乡民合作和乡村建设各项事业的组织变成了权力无限大、民主和法制色彩全无的政府爪牙，由此引发了强烈民怨。当

---

[1] 马飞、黄晗：《梁漱溟的新礼俗思想——一种儒家式现代化治理模式》，《哈尔滨工业大学学报》（社会科学版）2021年第6期。

时国民党大员陈诚在给蒋介石的电报中反映邹平的乡村建设在实行过程中"因收缴民枪,并增种种杂税,加重民众负担,致惹起曹县第八区民变。后曹县各区相继而起,单县、定陶、城武、郓城、巨野等县,亦预备响应",因而评价它"毫无成绩,徒扰民及加重民众负担,深为民众所痛恨""以改革始,以祸民终"①。对此,梁漱溟在后来的回忆中也承认:"号称乡村运动而乡村不动,……我们自以为我们的工作对乡村有好处,然而乡村并不欢迎"②"在邹平首尾不满八年……实未能为地方造福,思之歉然"。③

四 乡村教育派

五四运动以后,当时中国一些教育家和教育团体广泛认识到乡村教育对于民众进步、国家富强的重要性,于是纷纷开展了不同形式的乡村教育实验,形成了一场声势浩大的乡村教育运动。这场乡村教育运动的重点,就是将教育的中心由城市转移至农村,唤醒占中国人口绝大多数的农民的觉醒,提高他们的智识水平,由乡村改造和乡村建设来拯救国家于贫弱危亡。这其中,较有代表性的乡村教育推动者包括晏阳初、陶行知、黄炎培等人,较有代表性的乡村教育实验区有平民教育派在河北定县创办的乡村建设实验区、生活教育派在南京晓庄的试验乡村示范学校、职业教育派在江苏昆山徐公桥创办的乡村改进实验区。

晏阳初与定县平民教育实验。1923年,中华平民教育促进总会在北京成立,积极推广平民教育思想,其中最具有代表性和影响力的人物是有着"国际平民教育之父"之称的晏阳初。晏阳初作为留学归国的知识分子,很早就热心于平民教育工作,曾发起全国识字运动,编写和推广《平民千字课》,并筹资组建了多所平民学校。在其推广平民教育的过程中,他逐渐认识到中国平民教育的重点应该在于农民的教育。1925年前后,晏阳初无意中读到尹仲材编写的《翟城村志》,对其产生了浓厚兴趣,亲自前往拜访。而米迪刚亦被乡村教育计划所深深吸引,遂邀请平教会以定县为试验区,并将翟城村的公共房屋和田亩赠予平教会使用。平民教育会于是选

---

① 《陈诚先生书信集:与蒋中正先生往来函电》,台湾"国史馆"2007年版,第302—304页。
② 梁漱溟:《乡村建设理论》附录,《梁漱溟全集》第2卷,山东人民出版社2005年版,第574—575页。
③ 《致卢资平》,《梁漱溟全集》第8卷,山东人民出版社2005年版,第266页。

择河北定县为平民教育的试验点。1926年,晏阳初领导的中华平民教育促进会动员了五百多名知识分子举家前往定县定居,开始了为期十年的乡村建设实验。定县平民教育的基本思路在于,乡村建设应以民族再造为使命,而实现民族再造的根本是人的问题。正如晏阳初所说,"中国今日的生死问题,不是别的,是民族衰老、民族堕落、民族涣散,根本是人的问题;是构成中国的主人,害了几千年积累而成的很复杂的病,而且病至垂危,有无起死回生的药方的问题。这个问题的严重性,比较任何问题都严重;它的根本性,也比较任何问题还根本。我们认为这个问题不解决,对于其他问题的一切努力和奋斗,结果恐怕是白费力,白牺牲。近数十年来一切的改革建设失败的经验,已经够给我们认识这个问题的根本性和严重性了。……乡村建设对于民族的衰老,要培养它的新生命;对于民族的堕落,要振拨它的新人格;对于民族的涣散,要促成它的新团结新组织。所以说中国的农村运动,担负着民族再造的使命。"[①] 在对定县进行实地调查的基础上,晏阳初总结出中国农村"愚、穷、弱、私"四大病症:"愚"即是指大多数民众不但缺乏智识,甚至目不识丁,文盲率极高;"穷"即是指大多数民众的生活水平极低,常在生存线上挣扎;"弱"即是指大多数民众根本无法享受到基本的科学医疗和公共卫生条件;"私"即是指大多数民众没有团结和合作的意识,更缺乏基本的公民素养。[②] 晏阳初认为,在这四大病症之下,任何国家的建设、社会的发展都是无从谈起的。因此,要首先致力于解决这四大根本问题。如何解决呢?他针对性地提出了"四大教育"和"三大方式"[③]。"四大教育"包括"文艺教育""生计教育""卫生教育""公民教育"。其中,"文艺教育"攻愚,主要着力于文字和艺术两方面,文字上帮助农民举办读书识字活动,提高民众的识字率;艺术上选编鼓词、歌谣等民间艺术素材,组织歌咏比赛、农村剧社等文艺活动,丰富民众的文化生活。"生计教育"治穷,包括训练农民利用现代科学知识和技术如选种、园艺、畜牧等进行农业生产;创设合作社、

---

① 晏阳初:《农村运动的使命》,宋恩荣主编《晏阳初全集》第1卷,天津教育出版社2013年版,第255页。
② 《在平教专科学校开学典礼上的讲话》,《晏阳初全集》第1卷,天津教育出版社2013年版,第145页。
③ 参见《中华平民教育促进会定县工作大概》,宋恩荣主编《晏阳初全集》第1卷,天津教育出版社2013年版,第214—216页。

自助社等农村合作经营组织，实现农民经济风险的分担和经济利益的合理分配；改良手工业、提倡副业，以丰富农民的经济获益手段。"卫生教育"扶弱，包括创建农村医疗卫生制度，以节省农民的医疗费用，促进农民最低限度的健康保障；对农民实施公共卫生教育，以促成农民养成良好生活习惯，成为健康国民。"公民教育"克私，主要致力于培养农民的团结力、公益心和合作精神，启发农民的是非心、正义感，避免重"私"带来的问题。同时，通过公民训练，使得农民具有最低限度的公民常识和政治素养，以促进地方自治的真正实行。所谓"三大方式"是指将"学校式、社会式、家庭式"三大方式结合并举，建立初级、高级平民学校和平民大学，对各个文化层次的平民普及教育，同时以高级平民学校或平民职业学校毕业生的各种活动为中心，对毕业生开展继续教育和培训，最后，联合各个家庭中地位相同的分子施以相当的训练。根据晏阳初的设想，乡村建设的四大教育遵循先实验研究，然后训练人才，最后全国推广的方式逐步推进。在平教会的努力之下，定县十年间有四百多个自然村普及了平民教育，学龄儿童入学率和文盲扫除率都位居全国之首。同时，定县也在农业生产、卫生保健、互助合作、基层自治组织建设等方面取得了前所未有的成绩，形成了一个以教育为切入点推动经济、社会、政治、文化全面发展的乡村建设模式。

陶行知与晓庄生活教育实验。生活教育派也是乡村教育思潮和实践中一个颇具影响力的派别。生活教育派的领袖人物陶行知在担任中华教育改进社干事期间产生了平民教育下乡的想法。他认为，乡村教育乃是"立国之根本大计""我们要从乡村实际生活产生活的中心学校，从活的中心学校产生活的乡村师范，从活的乡村师范产生活的教师，从活的教师产生活的学生，活的国民。"[①] 1927 年，陶行知于南京郊区晓庄创办试验乡村示范学校，1928 年改名为晓庄学校。晓庄学校办学的根本宗旨在于，将创办乡村学校和改造乡村社会融为一体，通过办理好的乡村学校去造就好的乡村教师，进而通过乡村教育改造乡村社会。在办学理念上，晓庄学校秉持"生活教育"的核心理念：一方面，坚持"生活即教育、社会即学校"的

[①] 陶行知：《中国乡村教育之根本改造》，《中国近代思想史文库·陶行知卷》，中国人民大学出版社 2015 年版，第 168 页。

教育原理，要求晓庄学校培养出来的教师能有适应乡村生活的能力，"活的乡村教育，必须有活的乡村教师。活的乡村教师必须有三个条件：第一有农夫的身手；第二有科学的头脑；第三有改造社会的精神。他的功效：一年能使学校气象生动，二年能使社会信仰教育，三年能使科学农业著效，四年能使村自治告成，五年能使活的教育普及，十年能使荒山成林、废人生利。这样，教师就是改造乡村生活的灵魂。"① 另一方面，坚持"教学做合一"的教学方法，正如陶行知所述，活的乡村教育要有活的方法，活的方法就是教学做合一，"教的法子根据学的法子，学的法子根据做的法子；凡事怎样做就怎样学，怎样学就怎样教。比如种田这件事，要在田里做，就要在田里学，也就要在田里教。"② 因此，晓庄学校的教学没有课内课外之分，全部课程都服务于乡村社会生活的需要，包括文牍、会计、庶务、烧饭、种菜等，真正践行了陶行知所主张的"和牛马羊鸡犬豕做朋友，对稻粱菽麦稷棉下功夫"。晓庄学校历时三年，先后开设了乡村中心小学、试验乡村师范学校、乡村中心幼稚园、试验幼稚师范院、乡村教育研究部，是中国近现代乡村建设和乡村教育史上的一个重要典范。

黄炎培与中华职业教育改进社。黄炎培是中国近代职业教育的创始人和杰出理论家，他于1917年发起成立中华职业教育改进社，这个组织是中国现代第一个以倡导和试验、推广职业教育为宗旨的教育机构。黄炎培认为，当时中国最重要且困难的问题在于民众的生计问题，要解决生计问题，只有从教育着手，而当时中国教育的状况是纸上之教育，所学无所用、所用非所学，不但不能解决生计问题，反而成为解决生计问题的一大障碍。据此，他主张沟通教育和职业。在他看来，职业教育就是"用教育的方法，使人人获得生活的供给及乐趣"，为个人谋生、服务社会和增进国家生产力三个方面做准备。他所发起的中华职业教育社，其目的就是要改良普通教育、推广职业教育，力求做到学校无不用之才，社会无不学之执业，国无不教之民，民无不乐之生。黄炎培的职业教育主张也经历了一个从以城市为重心向以乡村为重心的转变过程。一开始，改进社是在城市

---

① 陶行知：《试验乡村师范学校答客问》，余子侠编《中国近代思想史文库·陶行知卷》，中国人民大学出版社2015年版，第172—173页。

② 陶行知：《试验乡村师范学校答客问》，余子侠编《中国近代思想史文库·陶行知卷》，中国人民大学出版社2015年版，第174页。

倡导职业教育、工余教育。后来，黄炎培逐渐认识到，中国人口中农民占绝大多数，经历连年天灾人祸，农村社会已经贫弱不堪，职业教育的宗旨就是要用教育的方法促成一方民众谋生的能力，使"无业者有业、有业者乐业"，因此，广大农村应该成为职业教育关注的重点。基于此种考虑，改进社开始将农村作为重点纳入其研究之中。同时，黄炎培也认识到，仅靠职业教育这单一的办法来解决民众的生计问题是行不通的，正如他所说，"社会是整个的，不和别部分联络，这部分休想办得好；别部分没有办好，这部分很难办好"①，单从职业学校做功夫、单从教育界做功夫、单从农工商职业界做功夫，都不能真正发达职业教育。于是，他提出了"大职业教育主义"的理念，即，不仅从教育的角度，还要积极沟通教育界和职业界，广泛参与全社会的活动和发展，从政治、经济、科技等其他角度共同推进农村的建设。以上述理念为指导，中华职业教育改进社先后在长江三角洲一带举办了多个试验区和学校，包括江苏昆山徐公桥乡村改进试验区、镇江黄墟农村改进试验区、吴县善人桥农村改进试验区、浙江绍兴善庆农村学校、余姚诸家桥农村改进试验学校、上海沪郊农村改进试验区等。其中，以1929年成立的江苏昆山徐公桥乡村生活改进试验区为最具代表性。徐公桥试验区以"计划并促进乡村自治、教育普及、生产充裕、娱乐改良"为宗旨，重点围绕三个方面展开：一是普及教育，提高儿童入学率，降低农民文盲率；二是推广合作社，建立信用、借贷、生产合作社，通过合作的办法避免高利贷和高价种子农具，促进农产品联合销售，推广科学技术；三是提倡公共卫生，普及农村基本医疗卫生知识，培养农村卫生服务人员。应该说，黄炎培所领导的中华职业教育改进社及他们进行的一系列试验活动事实上已经远远超出了职业教育的领域，延伸至整个乡村建设，这与当时诸多乡村教育流派和团体的发展路径与转变历程是一致的。

如前所述，清末以后，随着国家权力向基层的延伸，乡治发展的一个明显趋势就是日渐被国家政权的意志所主导，士绅阶层消失或从乡土社会退出。但在民国时期，尤其是20世纪二三十年代轰轰烈烈的乡村建设浪潮

---

① 黄炎培：《提出大职业教育主义征求同志意见》，余子侠编《中国近代思想史文库·黄炎培卷》，中国人民大学出版社2015年版，第253页。

之中，乡村建设短暂地回归了自治本位。这其中，最有特色的就是知识分子对乡土社会的回归、对乡村社会治理的深度参与。正如杨开道所说："（中国士人阶级）不是直接去制裁民众，便是间接去教化民众。士人阶级从不投身到民众里面，做民众的领袖，谋民众的幸福；民众没有士人阶级的引导，也无法自己组织，自己工作。所以中国几千年的政治，都是人民被治，士人治人；士人阶级总是同政府打成一片，而没有同人民打成一片的。"[①] 从这个角度来看，乡村建设运动的特点，正在于知识分子"跑到民间去"，智识阶级不再永远和政府打成一片，和人民分成两体，而是和人民打成一片，替民众服务。

整体而言，民国时期的乡村自治和乡村建设兼具现代性和传统性两面。一方面，自由、民主、自治、团体主义等要素已经开始萌芽，民国的乡村自治也已经具有西方地方自治的制度性外观。但另一方面，乡村自治的实践仍要从乡土社会固有的传统中寻求支持，同时也受到传统社会结构的约束。因此，无论是山西村治、翟城村治抑或乡村建设诸流派，都在很大程度上表现为中国传统文化和西方民主自治制度的某种嫁接。这其中，西式制度为表，是外在形式；传统文化为里，是根本的精神内核。梁漱溟、阎锡山、米迪刚等人的思想中都带有很强的文化保守主义倾向。他们认可传统文化中的道德价值，主张以自身文化为基点去吸收和扬弃外来制度与文明，希望在本民族的文化传统中转化出现代性因素，这也是为什么他们面临民族救亡的急切之虞，却仍然选择从看起来缓不济急、需久久为功的社会改造入手，将乡村建设作为民族自救的一个共同的路径选择。从这个角度来说，民国时期的乡村自治和乡村建设可视为对古代乡治思想进行现代化发展和改造的一种尝试。这种文化保守主义与彻底否定自身文化传统的时代浪潮形成了鲜明的对比。传统愈深厚的文化和社会，其保守性往往也愈强，因此其通往现代化的道路也愈加艰难而曲折。因此，尽管民国时期的一系列尝试难言成功，但它们所提出的问题仍然有强烈的现实意义，其实践过程也为国家和社会治理的现代化转型提供了某种有益的启示。

---

① 杨开道：《中国乡约制度》，商务印书馆2015年版，第27页。

小结 乡约制度所蕴含的农村社会治理思想

　　传统中国乡约制度经历了较多起伏与变化,上至宋代《吕氏乡约》、朱熹《增损吕氏乡约》,中经明代王阳明、吕坤、刘宗周、陆世仪等人的悉心创设与士大夫的笃力实践,及至清朝的《圣谕广训》、清末民初的翟城村政、民国初年阎锡山的山西村政等,各具特色。除民国以外,历代乡约的发展,总体上呈现为从单纯的基层道德教化组织向广泛涉及乡村生活各层面的整体乡治体系,从最初的民治、自治组织向官治、民治结合乃至全面官治化演变的态势。纵观历史,虽然乡约理论自吕氏兄弟经朱熹及明代诸儒不断演化完善,但从实践层面来看,实质性的乡约从来都没有成为大范围或普遍性的存在。乡约分布具有明显的地域性,主要集中在陕西关中、河南豫中、南赣、福建、安徽、广东、浙中、楚中、湘中及台湾等部分乡村地区。这种地域性与文化和地方危机有关,乡约兴盛于理学深厚的关中,又多运用和发展于匪患多发、伦理崩塌、风气败坏、危机深重的地区。乡约持续时间最长也不过五六十年,大多数往往昙花一现,甚至在当时实际效果亦十分有限。这种时空上的特殊性和局限性是值得注意的。尽管如此,乡约制度的产生、发展和流变仍然留给我们一些有益的养分和重要的启示。

　　首先,"治一国必自治一乡始"。乡约之治体现了一种"以乡为本"的治国理念。中华传统文化从根本上说是一种伦理类型的文化,而由伦理关系构成的中华文化之生活共同体,其最自然、最基础的单元即是乡村。因此,中国古代的政治思想,自始至终贯穿着一种以乡村、乡土为根本来达成国家治理的理念。先秦时期儒家的创始者孔子即提出"吾观于乡,而知王道之易易也"(《孔子家语·观乡射》),明确以乡礼之治为王道之基。另一位代表人物孟子在阐述其政治主张时,则提出了"死徙无出乡,乡田同井,出入相友,守望相助,疾病相扶持,则百姓亲睦"(《孟子·滕文公上》)的"井田制"乡村治理构想,作为其所提倡的"仁政"的基础,这一构想对于后世乡约的肇兴产生了重要影响。此外,先秦典籍《周礼》中所载周代"六乡""六遂"之制、乡里什伍之政,也都体现了这种本于乡村、自下而上的治国理念,尽管在当时未必实际付诸实施,却也在相当程度上构成了古代中国基层治理施设的理论根据。

　　创始于宋、繁盛于明、蜕变于清、延及近世的乡约传统正是上述理念最典型的一个体现。杨开道在评价《吕氏乡约》的特点和意义时,首先就高度肯定了其以"乡"这个社会最基本的自然单元行乡约这一点。他认为,王安石所行之新法,虽然初衷在于强国富民,但这种自上而下推行、直接着眼于经济军事的变法,事实上缺乏牢固的下层组织基础,一旦实行下去,不是敷衍塞责便是变本加厉,遂使"良法变成恶法、助民反以殃民"。[1] 而在传统中国士大夫那里,理想的治理应该首先着眼于基层道德伦理基础的构建,这就是为什么服膺理学、首倡乡约的吕氏兄弟并不取法于王安石之类自上而下的制度变革,转而承继先贤的乡治构想,在陕西蓝田的乡里村间推行以"德业相劝、过失相规、礼俗相交、患难相恤"为核心原则的乡约,致力于一乡一地的民风的塑造。

　　乡约所体现的以乡为本的治理理念,是以化民心、养民俗的乡里德治为其精神实质的。对于这一点,明代章潢在《图书编》中阐述得十分清楚:只要"一乡之风俗同、道德一",便可使"道其再见于今",而"乡乡皆然,县有不治乎?县县皆然,天下其有不太平乎?"[2] 每个乡村好了,县就好了,县好了,天下就太平了,通过基层道德秩序的构建、良风美俗的培育,儒家士大夫治平天下的政治理想就有希望实现。明末的陆世仪也发挥了孔子"吾观于乡,而知王道之易易也"的主张,提出"乡者,王化之所由基也,有民人焉,有社稷焉"[3] "治天下必自治一国始,治一国必自治一乡始"[4],乡约正可以"由今之道而臻古之治"[5],在新的历史环境下复现儒家梦寐以求的三代理想之治。及至民国,兴盛一时的山西村治、翟

---

[1] 杨开道:《中国乡约制度》,商务印书馆2015年版,第70页。
[2] 章潢:《保甲乡约社仓社学总序》,《图书编》卷九十二,上海古籍出版社1992年版,第775页。
[3] 陆世仪:《治乡三约·自序》,《丛书集成三编》第21册,上海商务印书馆1936年版,第561页。
[4] 陆世仪:《思辨录辑要》卷十八《治平类·封建》,《丛书集成三编》第670册,上海商务印书馆1936年版,第189页。
[5] 陆世仪:《治乡三约·自序》,《丛书集成三编》第21册,上海商务印书馆1936年版,第561页。

城村治和乡村建设运动，在学习西方地方自治的同时，也都延续了传统中国"治国本于乡"的理念和乡里德治的精神内核。这其中，最代表性的就是由村治派学者王鸿一提出、在阎锡山"山西村政"中付诸实践的"村本政治"思想。王鸿一指出，村是天然形成的政治基础，"既有人群共同之关系，复为切身生活之根据，则以之为政治基础，谁曰不宜"，因此"村内之治安、风化、生计及一切生活问题，皆国家之根本大政"。① 阎锡山进一步发展了以"村本政治"的政治理念，他的村治以编村为基本单元，主张只要将乡村这一"人类第一具有政治性之天然团体""最切近人民本身厉害之天然团体"治理好，造成一个好人的道德有机体，"然后推之县区省国，任何政治，无不顺利。"② 因此，概括而言，乡约的核心意旨是敦风化俗，乡约之治不是自上而下的、外在的治理，不是国家主义的方案，而是起始于最小社会单元的、自下而上的、内在的治理，是化民成俗的德性之治，是德治的方案、社会的方案。

其二，"教养兼施、富而后教"。虽然乡约作为一种德化组织，其初衷和根本精神在于德润乡里、化民成俗，但是经过朱熹的增损和明清两代士大夫在思想和实践两个层面的发展，乡约逐渐在道德教化的基础上，把经济民生、争讼调解、赋税收缴、社会治安等内容纳入其统摄之下，由单一的德治组织发展成一个以德治为中心的综合性乡治体系。教养兼施为乡约的德化事业提供了有效的基础和保障，反过来，也使得关于乡村的一系列制度施设和政策举措有了良好的道德统摄和价值归依。

事实上，古代中国历来重视教养结合的治国理念。早在先秦时期，孔子已提出了"庶之—富之—教之"的基层治理次序③，在百姓繁衍生息、生活富足的基础上再施行风教德化。孟子在其"井田"与"仁政"构想中，除倡导"谨庠序之教，申之以孝悌之义""死徙无出乡，乡田同井，出入相友"等德治、德化措施外，更有"五亩之宅树之以桑，五十者可以

---

① 王鸿一：《建设村本政治》，《村治月刊》第 1 卷第 1 期，1929 年 3 月。
② 阎锡山：《对政学各界人员讲话》，山西村政处编《山西村政汇编》，1928 年版，第 823—828 页。
③ 《论语·子路》："子适卫，冉有仆。子曰：'庶矣哉！'冉有曰：'既庶矣，又何加焉？'曰：'富之。'曰：'既富矣，又何加焉？'曰：'教之。'"

衣帛矣；鸡豚狗彘之畜，无失其时，七十者可以食肉矣；百亩之田勿夺其时，数口之家可以无饥矣"（《孟子·梁惠王上》）这样关涉百姓民生的乡治施设，以及"守望相助，疾病相扶持"等民间互助及乡村治安维系的内容。战国时期的《管子》中也提出"仓廪实而知礼节，衣食足而知荣辱"（《管子·牧民》）的主张，将乡村的经济社会治理作为道德教化的前提。乡约之治可谓秉承了"教"与"养"兼备的思想。从《吕氏乡约》那里，"德业相劝""过失相规""礼俗相交"就伴随着"患难相恤"的民生内容。明清两代士大夫更是在乡约理论设计和地方实践中将道德教化与各种保民安民的措施结合起来。正如陆世仪所论，乡约由是成为一个整体的乡治体系。其中，乡约为纲而虚，保甲、社仓、社学为目而实，分别对应乡村社会生活的道德教化、治安防卫、民生保障、乡村教育，四者共同维系乡村社会的良序运行。在历代乡约实践中，乡约所涉及的乡村公共事务领域十分广泛，覆盖了财产、教育、劝农、卫生、保卫、道路等各个方面，也发展出积谷、施粥、恤孤、葬亲、周寡、扶病、救溺婴、劝惜谷、劝济粥等一系列丰富的措施。

  乡约的实用性与其生命力的关系，是不言而喻的。正如朱鸿林所说，乡约能提供给约中成员的好处，和它的吸引力和管制能力是成正比的。社区性和实行度越强的乡约，它的个性也就越明显。[1] 而个性越鲜明的乡约，其有效性和持续性当然越强。以明清两代乡约对比为例，历代乡约中实行最久（约60年）的乡约之一——明代雄山乡约，其之所以能够久存，很重要的一个原因就在于它为社区提供了切实的公共服务，例如教训宗族子弟和乡党童蒙的学校，救济贫病乡人的医药房和义冢，帮助乡人举行冠婚丧祭的家礼仪物器用，以及准备救灾的义廪等。[2] 而清朝官方推行的乡约，即反明代以乡约统保甲、社仓、社学之道其而行，将四者割裂交由不同的政府部门负责，破坏了乡治的整体性，使乡约沦为空洞的道德说教。虽然皇帝颁布《圣谕广训》，令基层政府广为宣教，但民众对于这种乡约缺乏真正的认同感和遵守的积极性，其效果相对于明代乡约具有较大差距，乡约实效大大折损。余治《得一录》中描述了晚清咸丰朝地方讲乡约每况愈

---

[1] 朱鸿林：《孔庙从祀与乡约》，生活·读书·新知三联书店2015年版，第261页。
[2] 朱鸿林：《孔庙从祀与乡约》，生活·读书·新知三联书店2015年版，第344页。

下的情形:"盖人情厌常好异,无所为而为之,三五次必将厌倦,……(久之)几以为老生常谈,群相掩耳矣。听者既少,则讲者亦必败兴,乡约之所以历久而多废者,职是故也。"① 空有道德训谕而没有任何关乎地方社区生活实际内容的乡约,竟让地方百姓听得厌恶到了"群相掩耳"的地步。历史经验表明,成效较著的乡约都在强调道德教化的同时包含民生保障方面的内容,不仅重"教",同样重"养",前者保证乡约的合法性,后者保证乡约的有效性。正所谓"实行则事理民安,虚行则事繁民扰",单纯停留于道德宣教而没有民生方面实际内容,或者将道德训谕与村治举措相割裂的乡约,效力一般都不太理想,持续性也不强。

其三,"欲人民先自教养,以代政府之所不能"。传统中国国家统治面临的一个重要的挑战,就是国家规模过大以及由此产生的负荷超载问题。如果单一由政府来承担全部治理任务,则政府必然"有所不能"。这一政府能力的"有限性"在基层治理中的突出反映即是"皇权不下县"。费孝通在1947年写作的《乡土重建》一书中提出了中国古代社会结构"双轨制"的观点,认为"中国以往的专制政治中有着两道防线","第一道防线是政治哲学里的无为主义",即"政府的有为只是在自上而下的单轨上开快车";第二道防线则是"在行政机构的范围上加以极严重的限制,那是把集权的中央悬空起来,不使它进入人民日常有关的地方公益范围之中,中央所派遣的官员到知县为止,不再下去了,自上而下的单轨只筑到县衙门就停了,并不到每家人家大门前或大门之内的。"② 因此,"中央所做的事是极其有限的,地方的公益不受中央的干涉,由自治团体管理"③,这便形成了传统中国一方面是中央集权,另一方面是地方自治,一方面是自上而下的皇权,另一方面是自下而上的绅权和族权平行运作、双轨并行的社会机制。皇权是自上而下的,是官治,绅权是自下而上的,是民治,整个专制皇权就靠这种"双轨政治"来维系。在此基础上,温铁军于《半个世纪的农村制度变迁》一文中首次总结提出"皇权不下县"之说,认为古代

---

① 余治:《得一录》[(台湾)华文书局1969年版;据清同治八年(1869)得见斋刻本影印]卷一四《附乡约会讲变通法》,页15上一下,转引自朱鸿林《孔庙从祀与乡约》,生活·读书·新知三联书店2015年版,第343页。
② 费孝通:《费孝通全集》第5卷,内蒙古人民出版社2009年版,第37—38页。
③ 费孝通:《费孝通全集》第5卷,内蒙古人民出版社2009年版,第40页。

中国"由于小农经济剩余太少，自秦置郡县以来，历史上从来是'皇权不下县'"，并分析指出"这种政治制度得以延续几千年的原因在于统治层次简单、冗员少，运行成本低"①。秦晖进一步将"皇权不下县"的观念引申为"国权不下县，县下惟宗族，宗族皆自治，自治靠伦理，伦理造乡绅"②。尽管人们对于上述"皇权不下县"范式能否准确描述传统中国基层社会的真实面貌存在不同看法③，但政府能力存在有限性，尤其是它既无意愿、也无能力向社会的最基层最末端延伸这一点却是无疑的。

正是由于中央皇权无法独自达成对于国家的治理，才有士大夫所强调的"以乡族为起点，欲人民先自教养，以代政府之所不能"④。而乡约正是欲以民力补充政府之力，发挥民众社会力量的一种非正式制度安排。正如《吕氏乡约》，它出自儒家士大夫对乡里制度崩坏之后民间社会种种衰败和乱象的忧怀，它的目的在于构建一个"德业相劝、礼俗相交、过失相规、患难相恤"的乡村共同体。在传统中国，乡绅长期以来居于官民之间扮演了向官府表达民意、教化乡里、社会福利救济、社会公共事业建设、基层矛盾调解的角色。宗族亦承担了包括家族内部和家族之间民事纠纷裁决、

---

① 温铁军：《半个世纪的农村制度变迁》，《战略与管理》1999年第6期。
② 秦晖：《传统中华帝国的乡村基层控制：汉唐间的乡村组织》，《中国乡村研究》（第一辑）2003年第1期。
③ 例如，对于乡绅的作用，瞿同祖在《清代地方政府》一书中就提出了不同于乡绅自治的看法。他认为，乡绅这个群体虽然在野，但其权威的来源在于朝廷。他们一般都具有一定的功名、学品或曾经担任一定的官职，是官僚集团的实际成员或候补成员、离退休成员。士绅是皇权倚重的一种民间权威，它本质上是皇权的一种延伸。而关于宗族的作用，根据冯尔康对于中国古代宗族发展阶段的划分（先秦典型宗族制、秦唐间世族士族宗族制度时代、宋元间大官僚宗族制时代、明清绅衿平民宗族制、近现代宗族变异时代五个阶段），中国乡村社会的宗族化应在宋代之后，大量宗族组织的出现和成形则迟至清代。据此，传统中国的基层社会并不是"宗族社会"这个简单的概念可以概括的。周庆智也认为，即使宗族势力广泛作用于乡土社会，它们也并不是皇权的对立面，在大多数时候恰恰是皇权的维护者和协作者。此外，秦晖在对长沙走马楼出土吴简的研究中发现，简牍中存在大量乡、里等基层组织以及基层衙门、官吏之间相互往来的公文；白德瑞、鲁西奇等人的研究也表明，基层社会存在大量官僚体系辟召的职役人员，也就是我们通常所说的胥吏及其僚属，这些都与"天高皇帝远"的基层自治秩序想象相反，反映了古代国家政权在县以下的活动和控制十分显著。参见瞿同祖《清代地方政府》，法律出版社2011年版；冯尔康《中国宗族社会》，浙江人民出版社1994年版；鲁西奇《下县的皇权：中国古代乡里制度及其实质》，《北京大学学报》（哲学社会科学版）2019年第4期；[美]白德瑞《爪牙：清代县衙的书吏与差役》，尤陈俊、赖骏楠译，广西师范大学出版社2021年版；周庆智《官治与民治：中国基层社会秩序的重构》，社会科学文献出版社2019年版。
④ 萧公权：《中国政治思想史》，辽宁教育出版社1998年版，第497页。

家族成员过错惩戒、族田经营、家族祭祀等在内的诸多基层社会治理功能。而乡约在很大程度上正是士绅佐治乡里的组织化形式，亦是家族自治功能的一种扩大化表现。自《吕氏乡约》创始以来，历代乡约都设立由约长、约正、约副等领导的组织机构，乡约领袖大多非政府直接任命。这些人相比政府任命的官吏更贴近、熟知乡村生活，在基层民众中通常具有较高的名誉和威望，由他们组织民众缔结规约，能够更直接、有效地解决乡村生活中的困难和问题。同时，乡约从一开始就继承孟子"守望相助，疾病相扶持"的儒家仁爱精神，提倡由民众结成各类"患难相恤"的互助性团体，例如帮助葬亲的葬亲社、轮流储粮以防歉年之需的社仓等，这些团体通过捐赠或募集等方式筹措资金、物资、人力，很大程度上补充了政府救济制度之不足，实现了民间自发互助的目的。此外，乡约在其漫长的发展历程中，不断将保甲、社仓、社学等基层组织吸纳于其中，并且与地方宗族之族规、族约相互融合，造成了宗族的乡约化，这便使保甲的保长，社学的教长，宗族的族长、乡绅等都充分参与到乡约这一基层自治组织之中，乡村生活中的诉讼纠纷、田契交易等繁杂琐碎、官府无暇尽理但又与民生息息相关的事务，都可交由乡约处置。因此，尽管乡约在其发展中也经历了从由民众自发形成的自治组织到不断被中央权力渗透、吸收、利用，愈发丧失其自主性与独立性的过程，但其通过对于基层多元治理主体和治理方式的涵纳与扩充而为古代乡村社会的稳定和发展所做出的贡献，仍是不可忽视的。

其四，"以民力补充官力，以官力提策民力"。在传统乡约的发展演变过程中，始终贯穿着"民治"与"官治"的疏离与融合这一线索。如前所述，乡约作为一种古代乡治理念与实践，就其最初的发轫与立意而言，其根本的属性在于"民治"而非"官治"。从缘起而论，乡约本是"绅民之约"，是乡绅发起、乡民自愿参与、独立于政府之外的一种民间组织。《吕氏乡约》的主要制定者吕大钧，自述其创立乡约是"乡人相约，勉为小善"[1]"愿与乡人共行斯道"[2]，这已经为乡约的民治属性定下了基调。《吕氏乡约》的

---

[1] 吕大钧:《答刘平叔》，吕大临等撰，陈俊民辑校《蓝田吕氏遗著辑校》，中华书局1993年版，第569页。

[2] 吕大钧:《吕氏乡约乡仪》，吕大临等撰，陈俊民辑校《蓝田吕氏遗著辑校》，中华书局1993年版，第567页。

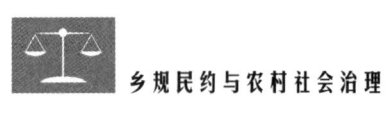

所有约条都是乡绅主导制定，乡民自愿约定遵循，并不依靠政府的行政法令来强制执行，遵约与否主要凭入约者的自觉心，辅以一些简单的物质与精神上的激励或惩罚措施。乡约的各项活动也没有政府官俸的支持，其资金、物资、人力只能通过民间捐赠或募集来筹措。同时，乡民参加乡约是自愿的、局部的，而非强迫的、全体的。这些都体现出其作为基层民治性、互助性社会组织的特性。应该说，民治色彩的乡约是皇权专制制度之下一抹难得的亮色，它代表了乡土社会的自生自发秩序，这种立足于乡村自身需求和文化的民治传统与以乡里制度为代表的王朝国家对乡土社会的控制制度构成了传统中国乡村社会秩序的两个重要维度，共同塑造了乡村社会发展变化的整个历史过程。

但就乡约制度的实际发展过程而言，乡约的"民治"却始终处在与"官治"的复杂互动关系之中。王阳明以巡抚身份行乡约，并与保甲这一官方户籍治安管理制度并举，开启了乡约这一"自治"组织不断"官治"化的道路。随着官府对乡约介入的日益加深，乡约的民治色彩也日益淡化，以至于最终乡约沦为了官治体系的一个组成部分。许多学者据此批评王阳明此举错失了乡约的民治精神，开了一个不好的头。然而，从简单的"官治—民治"二分的角度来看待这个问题，可能过于绝对化，亦无助于我们从传统中国社会治理中吸取有益的养分。从乡约发展的历史来看，乡约可以借政府之力推行，而不失其化民成俗的本义；反过来，制度亦凭借乡约所秉有的道德力量而增强其效力。这两者的关系，正可以用山西村治中"以官力提策民力，以民力补充官力"的说法加以概括。民治可以补充官治的不足，但民治的产生、民力的培养往往不是自然而然的结果，而是需要官治的策动和助力。因此，发挥政府对涵养民治民力的作用是十分重要的，这也近于今天很多学者所提倡的在乡村建设过程中要注重对民众"赋能"的理念。

当然，在肯定乡约实践中官治民治协调互进的正面意义的同时，也不能忽视乡约官方化所潜在的负面效应。比如，在古代乡约发展史上，吕坤《乡甲约》将官方保甲制度中的连坐相司等鼓励百姓相互揭发举报的办法引入乡约，显然违背了乡约作为一种民治组织的根本宗旨；陆世仪的《治乡三约》规定约正作为乡约的领袖却需向官府负责，不仅集会时要率三约之长听约于官府，而且平时还要接手官府下派、本不在乡治范围内的各种杂务，这些做法无疑严重偏离了乡约本有的民治与自治属性。清代乡约更是完全由皇权主导，成为统治者道德宣教的工具，宣告了古代乡约从民治到官治的彻底蜕变。因此，在以官治提策民治的同时，应始终注意官治介入民治的限度，这个限度就在于不能减灭民间社会的活力。历史经验表明，政府过分主宰之下的乡约往往变成"治民"，而不是"民治"。而一旦背离了"民治"精神，这一乡村社会组织就极易沦为政府的附庸，其功效就大大减损。清末至民国时期、"村治派"实践的翟城村治、阎锡山推行的山西村政，以及梁漱溟等提倡的乡村建设运动，正是吸取了古代乡约官治化的经验教训，引入西方理念发展和改造中国固有的乡治传统，力图延续、彰显其根本的自治、民治精神，在相当程度上恢复了乡村基层组织的自治本位。尽管受战事影响，这一对于乡约自治精神的复兴仅持续了较短的时间即宣告终止，但其对于当下的农村基层治理仍有重要的启示与借鉴意义。

第二部分　乡规民约与当代农村社会治理

　　乡规民约是与乡约存在交集，但并不完全重合的一种事物，两者在性质上也有较大区别。一些学者认为，乡规民约一词应是由"规约"一词扩展而来。① 另一些学者则认为乡规民约应与"乡规"一词联系更为密切。② 按照表意特点来分析，乡规民约这一表述的产生应是在清代后期文体改革之后。清末卢梭的《民约论》传入中国，并流行一时，乡规民约可能正是在这一时期合成为一词。③ 其中，乡规指代一些乡村规约，而民约则将宗族、行业等更加广泛的民间规约囊括进来。更准确地来说，"乡规民约"的表达应该被理解为一种修辞上的互文结构，而不是拆分为"乡规"和"民约"两部分，它应该被整体地理解为包括乡村规约和行业规约、会社、宗族规约等其他民间规约在内的各种类型民间规约的统称。④ 但一般而言，由于存在于乡村社会内部的自治性规约是各类规约中最主要、最常见的一种，所以人们在使用乡规民约的时候，是把它作为一个约定俗成的概念来

---

① 董建辉：《"乡约"不等于"乡规民约"》，《厦门大学学报》2006年第2期；董建辉：《明清乡约：理论演进与实践发展》，厦门大学出版社2008年版，第15页。

② 刘笃才、祖伟：《民间规约与中国古代法律秩序》，社会科学文献出版社2014年版，第25页。

③ 刘笃才、祖伟著：《民间规约与中国古代法律秩序》，社会科学文献出版社2014年版，第36页。

④ 当然，也有学者把乡规民约理解为"乡规"和"民约"两词汇的组合体。认为乡规是一种自上而下的制度性规定，体现出强制性的色彩；而"民约"则是一种乡民共同制定并遵守的约定，虽然也具有一定的约束力，但其制定过程相对而言是一个平等的共同体成员约定的过程，而不是自上而下的规定的过程。按照这种理解，村民自治章程属于典型的乡规而不是民约。郑文宝、姜丹丹：《乡规民约的当代意蕴——基于传统与现实的问题意识思考》，《安徽师范大学学报》（人文社会科学版）2016年第1期。

使用的，即特指乡村规约。①

要理解乡规民约，首先要理解何为规约。"规约"一词是规与约的组合。规从中文字义来说是规定，《毛诗》郑笺云："规者，正圆之器也。"孔疏云："圆者，周匝之物，以比人行周备。物有不圆匝者，规之使成圆；人行有不周者，规之使周备。"②《说文》也说："规，有法度也，从夫，从见。"③ 而约的意思则是纽结、约束，《说文》云："约，缠束也。"④ 那么，规约二字合起来就是规定和约束的意思，也就是某种特定的社会规范。规约一词据考最早可见于古代宗族对于义庄的管理中。北宋时期的范仲淹出钱购置庄田，将其出租所得用以赡养族人，规约就是用以分配和管理义庄收入的一套办法。此外，宋代的朱熹倡导设立社仓，丰年时购买结余粮食储存以备灾荒之年救济民众，规约一词也同样见于古代社仓的管理。规约的性质大致体现在三个层面。

其一，规约是不同于国家正式规章制度的民间性规范。从规约一词的使用来看，它所涵盖的内容十分广泛，包括宗族规约、乡规民约、行会规约、书院规约、帮会规约、寺庙规约等。⑤ 而对这些常见的社会规范冠以"规约"之名，主要是强调它的基本属性是一种民间规范、民间规则，并将其与国家强制的、正式的规章制度相区别开来。这一点在一些地方志的文字表述中反映得较为充分。例如《千秋鉴乡约碑》中有言："朝廷有律法，庶民有禁条。"⑥《萧家里等七村公议禁约碑》中记载："从来国有律条，民有禁约。"⑦《大寨屯规约碑》中也说道："朝廷有法律，乡党有禁约。"⑧ 可以看出，庶民的禁条、民间乡党的禁约是相对于朝廷、国家的法

---

① 乡规民约与村规民约两词是同一含义，下文中对两者不做区分。
② （汉）毛亨传，（汉）郑玄笺，（唐）孔颖达疏，（唐）陆德明音释：《毛诗注疏》卷十八《小雅·鸿雁之什·沔水》，上海古籍出版社2013年版，第953页。
③ 许慎：《说文解字》，中华书局1963年版，第216页。
④ 许慎：《说文解字》，中华书局1963年版，第272页。
⑤ 刘笃才、祖伟：《民间规约与中国古代法律秩序》，社会科学文献出版社2014年版，第25页。
⑥ 贵州省地方志编纂委员会编：《贵州省志·文物志》，贵州人民出版社2003年版，第347页。
⑦ 桂林市文物管理委员会编：《桂林石刻》（下册），中央文献出版社2006年版，第279—281页。
⑧ 广西民族研究所编：《广西少数民族地区石刻碑文集》，广西人民出版社1982年版，第126、128页。

律而被论述的，前者是民间自发形成的行为规范，后者是国家政权强加的外在规则，两者共同塑造了社会的秩序。

其二，规约是以合意为基础的约定性规范。这一点把规约与习俗、习惯区别开来。按照约束力的由强到弱，社会规范可以被分为三个类型：一是国家以强制力为约束基础的法律性规范；二是协商谈判形成、以同意或合意为约束力基础的约定性规范，它可以进一步分为民间规约和私人契约；三是没有外在约束力的习惯性规范。顾名思义，第一种法律性规范的约束力是最强的。而第三种习惯性规范没有外在强制力约束，它是人们基于习俗的一贯性行为方式，但因为人们共有共享同一或相似的习惯和习俗，因而这种习惯性规范具有了普遍性。相比之下，第二种约定性规范的核心在于约定，即人们是以约定的方式而形成某种共同的行为规范。"约定"和"俗成"是存在本质区别的。"约定"主要有着两方面意涵：一方面，共同规范的约束力来自"约定"的过程，是因为参与了约定的过程，所以相关主体对于规范才能具有较高的认同度，也就是说，参与约定是规范的合法性基础。这也是为什么规约制定过程中"同约中人"的充分参与是十分重要的。只有经过充分参与的规约，才能具有较好的约束力；另一方面，从规约所约束的对象范围来看，规约也只对参与约定的同约中人具有约束力，而不涉及参与约定之外的其他社会成员。

其三，规约是调节共同体内公共事务的契约性规则。这一点又将规约与一般的调节私人之间关系的民间契约区分开来。同样作为依靠民间力量的社会秩序，一般契约主要是指私人之间的约定，用以规定和规范私人之间的关系，也就是所谓的"官有政法，民有私约"。而规约则是一定共同体内成员协议订立的用于调节公共性事务的契约。如前所述，在中国古代，规约最早起源于民间力量兴办的义仓、义庄、义学等，是用以规范这些组织和机构运行的一套规则体系。何为"义"？——"与众共之曰义"①。这些冠以"义"字的举措一开始往往始自某个能人乡贤、官绅乡绅的义举，但它旨在服务于共同体内全体成员，也对全体成员的行为提出了相应的规范，因此它实质上在一定范围内提供了公共物品。史料中大量相关记载反映了规约在调节共同体内公共事务方面的重要作用。例如，位于

---

① 洪迈：《容斋随笔》卷8，《人物以义为名》，中华书局2005年版，第106页。

广东大埔县百侯镇百侯街的一块乾隆时期的"通乡公碑"就反映了该地运用规约的方式规范市场度量标准、保障交易公正，进而维护市场秩序的事例。该集镇为了杜绝市场上度量器具作假的现象，在集市上公开设置了"斗""升"量器各八个、秤五个，量器依序轮换校对，同时立碑文对私置斗升及其他弄虚作假行为给予惩罚。这一举措对该地的市场公平交易起到了有效的保障作用。① 规约同样也被用以维护乡土社会的公序良俗。署楚雄府定远县的一则"禁止浇风恶俗规约碑"就反映了当时用规约的方式对民间婚嫁的聘礼规格进行限制和规范，以矫正当地婚嫁索财无度的不良习俗的事例。② 再如，古代民间社会，出于家庭贫困或女性陪嫁妆奁颇费家资等原因而溺杀女婴的现象较为普遍，对这样伤天害理的行为，虽官府出面也屡禁不止。民间有识之士意识到官禁不如私禁，遂以集众订立规约的方式大力倡导减少陪嫁负担，从而间接地遏制了溺婴现象。诸如此类的例子不胜枚举。民间规约还被广泛运用于包括公共交通、公共资源维护、社会互助互济、社会公序良俗等在内的各类公共领域。

　　由此，我们可以对规约的属性加以简要的界定：规约不同于法律、规章制度，它是民间的规范，而不是国家的章程；规约又不同于民间习惯习俗，它可能在很大程度上脱胎于或者依托于共同体内久已有之的习惯习俗，但往往将习俗习惯以某种成文的形式记载下来，因此，它是成文的、明确的规范；规约还不同于私人契约，它规范的不是私人之间的关系，而是共同体内的公共事务。总体而言，民间规约是民间组织、机构和团体有关组织运作的自治规范与公共事务管理方面的成文规则。③

---

　　① 《通乡公碑》，梅州市工商行政管理局编纂办公室编《梅州工商行政管理志》，附录第171页。
　　② 碑文记载："上户亲迎，只用八色聘礼：盐、茶、酒、牲、耳环、手镯、妆簪、戒指、纱帕一块、包头一幅、布衣二套，不得希图夸耀增减，亦不准安索礼银。违者重罚。中户亲迎，只用六色聘礼：盐、茶、酒、牲、布艺一套、纱帕一块，其余首饰一概不用，女家不许安索礼银。违者议罚。下户须当仰体亲谊，仅用耳环一双，布艺一套，女家不得妄索财礼首饰等物，男家亦不得惛于奢侈。违者议罚。"对于丧夫改嫁的情况，规约给予了支持："醮妇再婚，只准翁姑接养膳银，多至十两，少则六两，如有明瞒暗索，故违公论者，众议加惩。如男女俱贫，更宜体贴变通成就，不得以此数拘限鳏寡。"参见张方云主编，楚雄彝族自治州档案局编《楚雄历代碑刻》，云南民族出版社2005年版，第334—335页。
　　③ 刘笃才、祖伟：《民间规约与中国古代法律秩序》，社会科学文献出版社2014年版，第25页。

乡规民约是存在于乡村社会一定地域范围内的一种规约类型。不同于以血缘、业缘、志缘等为纽带的民间组织所产生的规约，它具有典型的地域性特征。现有文献中关于乡规民约的定义有很多。例如一些学者将乡规民约界定为"在村民自治的条件下由全体村民共同制定并遵照执行的关于村务管理的行为规范"[①]。有的学者认为乡规民约"是自治的一种体现，由乡民们自动、自发地制定，处理众人生活中面临的治安、经济、社会、教育、礼俗等问题"[②]；有的认为乡规民约是"村民在其生产、生活中产生、形成，在一定地域范围内利用道德约束机制，进行自我管理的民间行为规范"[③]；还有的学者指出乡规民约可以从广义和狭义两个角度来理解，前者泛指一切乡土社会所具有的国家法之外的公共性规则，后者则仅指在国家政权力量的帮助和指导下，由乡民们自觉地建立的相互交往行为的规则。[④]

综合上述定义，乡规民约的基本含义可以被概括为"居住于同一村落的村民为了管理公共事务、规范交往行为，基于本村文化传统及所需解决的现实问题，在生产和生活中自发共同订立和实施的规则"。这一定义中包含至少以下几个层面的内涵：首先，乡规民约的宗旨在于沟通利益关系、协调社会关系、规范社会成员的行为，因此它具有社会规范的属性；其次，乡规民约是在村民自治的框架下，由全体村民共同制定并遵照执行的行为规范。它产生的意志基础是村庄成员的合意，制定的主体是全体村民，是一种共信共行的自我约束性规范；再次，乡规民约由共同居住于同一村庄的村民根据村庄文化、传统、习俗和生产生活的现实需求而制定。这强调了乡规民约的地域性特征及其制定、执行所依循的社会文化基础。不同于以国家强制力为后盾的正式制度和法律规范，乡规民约更多地借助共同的文化传统、价值观念和社会舆论等道德、情感约束机制而施行；最后，乡规民约所规范的领域是村庄共同体范围内的各种公共事务和公益事业，一般包括村庄公共安全、公共教育、公共秩序、公共环境、公共资

---

① 汪俊英：《农村基层"准"法律——村规民约》，《法学杂志》1998年第4期。
② 牛铭实：《中国历代乡约》，中国社会科学出版社2005年版，第3页。
③ 张明新：《乡规民约存在形态刍议》，《南京大学学报》（哲学·人文科学·社会科学）2004年第5期；福建省委党校课题组：《关于健全村民自治制度的调查与思考——以福建省村民自治制度为例分析》，《中共福建省委党校（福建行政学院）学报》2004年第1期。
④ 谢晖：《当代中国的乡民社会、乡规民约及其遭遇》，谢晖、陈金钊主编《民间法》（第三卷），山东人民出版社2004年版，第278页。

源、公共财产、公共工程建设及维护、公共福利、公共道德和风俗等。[①]

第一章　乡规民约的发展及演变

一　传统中国乡规民约的发展与演变

乡规民约在中国古代最早发端于何时，目前学界没有公论。[②] 但有一点是可以推想的，乡规民约作为从乡村生产生活中自发产生的、由乡民自主订立的、用以调节一定范围内人们行为的社会规范，其发源和发展应该有着较为悠久的历史。春秋战国及至两汉时期就存在乡规民约的早期雏形。这一时期的史料记载了很多士绅里吏热心乡里公共事务、创办私学以及救助贫民的事迹，也记载了大量民间自发产生的生产、生活类互助行为，例如农忙时期的换工、共买农具和耕牛、协作牛耕以及婚丧嫁娶方面的筹资周济等。此外，还有当时乡里民众相互劝勉、纠过的"街弹"和"兴弹"等。不晚于两汉时期，在里社这一基层行政组织之外，开始出现民间私社组织。[③] 这些私社组织应该包含一些规范成员行为的内部规约，只是目前并没有考证到有成文的内容流传下来。到了东汉时期，开始出现了有简单的成文规条的乡规民约。历史学者考证到 1973 年在河南偃师县出

[①] 董建辉归纳了乡规民约的四个基本特征：其一，乡规民约是一种行为规范，要求同约中人共同遵守；其二，乡规民约是人们在合意的基础上形成的，尽管乡规民约存在"首倡和唱和"的问题，也就是通常有一个或一些人首先发起主张，其他人起而应和，但乡规民约的本质在于同约中人的合意；其三，乡规民约的制订主体是乡民，是不同于国家法的民间法，主要约束力来自于乡民在价值观上的共同性和社会舆论等情感和道德的力量，而不是来自于国家强制力；其四，乡规民约具有社会性，它不同于单个个人之间达成的一般性契约，它约束的是一定范围内的全体社会成员。董建辉：《明清乡约：理论演进与实践发展》，厦门大学出版社 2008 年版，第 16 页。

[②] 目前学界较有代表性的几种说法，一种是一些研究者从成文性、影响力的角度考虑，将《吕氏乡约》作为历史上第一个乡规民约。但这种观点显然忽略了更早时期存在于民间的各种形态的乡规民约；第二种观点是王铭铭将范仲淹于公元 1030 年为羌人所订立的条约作为最早的村规民约；第三种观点是董建辉根据河南偃师县出土的一方东汉时期的"汉侍廷里父僤卖田约束石券"，认为其为东汉侍廷里二十五位居民自主订立的规约，是迄今为止有史可考的最早的乡规民约。

[③] 民间组织是民间规约产生和存在的基础。尽管传统中国民间组织形成较难、发展较慢、水平较低，但历史上它仍然在不断生成和发展，其组织化程度也在不断提高。正是由于各种民间组织，包括基于血缘纽带的宗族、基于地缘的村社组织、基于业缘的行业组织、基于志缘（具有共同信仰、知识和价值的志同道合者组成）的各种会社组织的存在，民间规约才有了不断发展的基础。参见刘笃才等《民间规约与中国古代法律秩序》，社会科学文献出版社 2014 年版。

土的一方东汉时期的"汉侍廷里父老僤卖田约束石券",这方石券的文字讲述的是东汉明帝时期,侍廷里的二十五户乡民自发组成一个名为"僤"的组织,众人集资置办田地,作为担当里父老组织成员的日常支出之用。① 董建辉认为,这则石券反映了这些乡民自我组织、自主立约的过程,是一份典型的乡规民约。② 据此而言,这则石券也可算作目前有明文可考的最早的一则乡规民约。及至汉末三国魏晋南北朝时期,战乱频仍,随着人口流动和基层乡里组织的崩坏,私社获得了很大的发展。到唐代,私社组织从数量和名目种类来说,都已经十分繁盛,包括亲情社、葬亲社、香火社、女人社等。这一时期,私社规约有了较为周密的组织机构和详尽的纲领、章程和规条。唐晚期五代及至北宋初年,又是一个王朝几近倾覆、社会动荡、民不聊生的时期,私社组织再次发展壮大。从唐末至宋初敦煌的社邑文书可以看到,当时的乡民为抵御社会动乱和匪患侵袭,开始以一个乡甚至数个乡为范围联合结成互助性防卫组织——社邑,这种大规模的、地域性的民间结社成为当时基层社会自力解决安全保障问题的基本组织形式。③ 社邑的组织方式和规条对后世乡约的组织架构及约文内容可能也产生了一定的影响。

北宋《吕氏乡约》标志着一种新型的民间组织的出现。经朱熹的增损及其门生后辈的推广,更兼此后明清两代官方的吸纳,乡约逐渐扩大了其影响力。依托于乡约组织,其所制定的规约在规范性、影响力方面都较此前的民间规约取得了显著的进步,很多学者也将《吕氏乡约》作为传统中国乡规民约的开端。作为乡约这一德化组织的纲领性文本,乡约约文一般陈述乡约的宗旨、组织机构设置、集会方式、惩戒性规条等,前文已有详细论述。这种综合性的乡约规条当然属于传统中国乡规民约最重要的组成部分。但除了乡约约文之外,自明代中后期以来,民间乡约中还出现了更接近于今天所谓之"乡规民约"的一个发展脉络。这种乡约不以社会教化为主要目的,也不关注社会救助,而是旨在解决村庄内诸如山林保护、禁止屠牛、治安防卫等具体问题。其中,较为典型的例如安徽祁门的"护林

---

① 宁可:《关于〈汉侍廷里父老僤卖田约束石券〉》,《文物》1982年第12期。
② 董建辉:《明清乡约:理论研究与实践发展》,厦门大学出版社2008年版,第18页。
③ 参见宁可、郝春文《敦煌社邑文书辑校》,江苏古籍出版社1997年版;孟宪实《论唐宋时期敦煌民间结社的组织形态》,《敦煌研究》2002年第1期。

乡约会"、福建莆田的"誓禁屠牛乡约"、安徽歙县岩镇旨在治安保卫的"岩镇乡约"等。① 这些规约虽然保留了乡约的名称，但此类乡约在精神内核上已大不同于此前的乡约，更接近于今天所说的乡规民约。

清代冠以乡约之名的乡规民约也较为多见。史载，清代理学家、著名官绅李光地于康熙五十五年（1716）在其老家福建泉州安溪县湖头村主持订立过《同里公约》，其中五条禁约包含禁止盗窃、奸淫、赌博和盗牵耕牛、放火焚山。次年，他又订立《丁酉还朝临行公约》，主要内容包含乡约公正处理事情以及与县里的关系、清家甲、约正与尊长的关系、禁宰耕牛、置功过簿。这两个文本都名之为"公约"而非"乡约"，因为它们已不同于一般乡约，而是一些在具体事宜上约束乡民的规条。它们更准确的名称应该是乡禁约，禁约所体现的乃是地方官长的意志。乾隆年间，徽州地区出现了大量应付差徭救助类、互助互济经济类、保护水口和人居环境的环保类和教育资助宗族弟子科考类的乡约。一个典型的例子是乾隆五十四年（1789）安徽祁门的侯潭乡约。这一乡约虽然冠以乡约之名，也有"讲乡约"一项内容，但其本质是由当地四个姓氏、共12户协议组成的一个以应付差徭、互济互助为宗旨的合股经营的经济实体。② 此外，清代福建长乐的梅花里乡约也是一个乡规民约的典型。梅花里地处福建沿海，自明代洪武以来即是海防重镇。到清代嘉庆和道光年间，人户逾七百户，大姓宗族超过四十个。这一地区历来民风不佳，多有"恃强凌弱、以大欺

---

① 嘉靖二十六年，祁门三四都侯潭、桃墅、灵山口、楚溪、柯里等村，由于山木"节被无籍之徒望青砍断，斩掘笋苗，或为屋料，或为柴挑，或作冬瓜芦棚"，遂合众订立护林规约，"并将议约规条由众人联名俱状，赴县呈告"，由县衙告示印钤，四处张挂，俾人人知晓，自觉遵守。嘉靖十四年，被廷杖除官的前御史朱浙，以乡里莆田县"间有惯习屠牛，阴通盗贼，行凶逞暴，作过为非，凡有失盗之家，便来此寻觅，叫号喧闹，无日无之，鸡犬为之不宁，乡里被其污蔑"，遂与乡民倡行誓禁屠牛乡约。嘉靖二十三年，致仕的歙人郑佐以"今者天时亢旱，人心忧危。奸党乘机邪谋窃发，假称借贷敢拥人于孤城。倚恃强梁，辄纷纷臂于单弱。白昼公行而无忌，昏夜不言而可知"，倡导乡绅举办带有团练性质的岩镇乡约。嘉靖二十九年，蔚州人尹畊著成《乡约》一书，倡乡人抵御"北虏"之患。嘉靖三十四年，岩镇乡民以"倭寇势甚，陆梁冷落，遂聚集里众重订'岩镇备倭乡约'"。曹国庆：《明代乡约推行的特点》，《中国文化研究》1997年第1期。

② 《侯潭乡约序》记载："吾约十二家……差徭繁多，支持弗易。且各户贫富不等，凡遇公事，甚费周张。于乾隆五十四年大众相商，公立一会，每户输银二两，共二十四两。又劝谕各户绅士量力捐输银三十八两七钱，二共凑银六十二两七钱。每轮派二户经管其银，择约内殷实之家承领生息。订期每年十月十五日齐集经营之家眼同清算，备酌款待。"陈柯云：《略论明清徽州的乡约》，《中国史研究》1990年第4期。

小"之事①。为了矫正败坏的民风,当地士绅与大姓族长于清道光年间制定了梅花里乡约。乡约约规共有 22 条,主要涵盖与梅花里地区乡民生活最为相关的七个方面,包括修身、禁赌博烟酒、防火御盗、学田产业、租税缴纳、乡族争讼、甲董职责。这些约规中,除了修身之外,其他项目都不是直接的道德教化,而是一些规范居民行为的具体规条。以治安方面为例,因为梅花里濒临大海,常有船只因为风暴而倾覆之事发生,而每当此时,乡民往往只知捡拾财务,而不思舍身救人。约规于是规定:"如遇遭难之商,宜先救人种德,且免奸梢肆毒。倘再仍故习,定即指名禀究。"②再如防火方面,梅花里人口稠密,房屋多藩篱相隔,常有发生火灾,前后之房相互牵连之隐患。为此,规约规定:"以后如遇失火,甲董带各弟侄持具赴救,一要折断火路,其能出力者另论奖赏。"③ 如果遇到失火还袖手旁观,甚至趁机抢劫财物者,立即追究严惩。诸如此类乡约不以道德宣教为主要内容,而侧重于针对涉及乡民公共事务的具体事宜作出规定,实际上更接近于今天我们所说的乡规民约。这些规约都为革除积弊、敦化风俗起到了切实的作用。

清代中后期,作为基层社会组织的乡约制度在机构和组织上逐渐退化,但在一些地区,由民间自发设立规约以解决乡土社会共同事务的精神和一些行之有效的约文却得以保留。其中,尤其是大量针对乡民侵害性行为的禁止性约文内容广泛留存下来,成为日后被称为村禁约的一种民间规约传统。④ 根据侯怡宁的研究,清代山西地区就广泛存在村禁约,其形式、内容和处罚方式等甚至早在明代就已经基本成形。这种禁约是以村为基础,由全体乡民设立以约束人们行为、改善道德风化的一种共同规则。村禁约采取"合社公议"的方式订立,内容一般涉及赌博、坟茔、土地、耕植、放牧、砍伐、祭祀等官府无暇顾及的民间细事,禁约的处罚方式大体

---

① 《乡约二十二条·附记》,道光《长乐梅花志》,厦门大学图书馆藏抄本,第 15 页。
② 《乡约二十二条·附记》,道光《长乐梅花志》,厦门大学图书馆藏抄本,第 13 页。
③ 《乡约二十二条·附记》,道光《长乐梅花志》,厦门大学图书馆藏抄本,第 13 页。
④ 按照刘笃才对于传统中国民间规约的划分,他将乡村居民为主体制定的自治规约称为村社规约。而村社规约中又分为源自《吕氏乡约》传统的乡约型村社规约,基于丧葬互助、水利建设、经济合作、祭祀协作等宗旨的民间结社所产生的社条型村社规约,以及针对乡民危害很大的各种侵害行为所制定的禁约型村社规约。刘笃才、祖伟:《民间规约与中国古代法律秩序》,社会科学文献出版社 2014 年版,第 102—133 页。

以"村社议罚、罚交钱粮、不服者送官纠治"为主。① 到了民国初期,在阎锡山所实行的山西村治中,这一禁约传统被加以近代化和法律化改造,成为山西村治中一项重要内容,担负整理村范、训练民治的重要功能。前文中山西村治部分对此亦有提及。在一则阎锡山对乡治人员的讲话中,他就说道:

> 关于村禁约,你们下乡讲演时,也要注意。按我村的情形,历来有吃禁约的习惯。每逢到了立禁约的时候,村里杀一双羊,大家吃了,遵守禁约,俗话谓之吃禁约。这种习惯,我想各地方,虽然大同小异,但是到处都有。你们下乡时,总要为人民解释明白,这回并不是由官厅另外定出一个村禁约来,还是要大家维持以前的习惯,格外看的重要一点,使村中减少坏人坏事。村人明白了,自然会定。②

这里,他强调了村禁约制度与历史上禁约传统的延续性。在延续禁约传统的基础上,村治将禁约纳入国家法律体系,对其内容和处罚方式进行了官方改造。在内容方面,村禁约继承了"不准忤逆不孝""不准挑唆词讼"等传统禁约中的道德规训内容,以及"不准六畜入公地""不准随意放牧牛羊践踏五谷""不准砍伐公地及村民茔域内树木"等与生产生活相关的禁令遗俗,但同时又将禁烟、禁止缠足、禁止儿童失学等民国政府的官方话语和现代性政令措施加入了禁约条款。改造后的禁约内容主要围绕禁止妨害公共安宁、秩序、公共事务、公共财产及身体、风俗、公共交通、公共卫生等七个方面事项制定。在处罚方式上,革除了罚跪、吊打等陋习,改为罚款、训诫等更符合现代法律精神的议罚方式。经此改造,禁约实际上由明清时期"合社公议"以禁止侵害性行为的公约变成了融合乡民与官方两方面意志的治理性规范。改造后的禁约制度成为村治制度体系中的一个重要组成部分,在消除莠民、整理村范、补阙国法、推进民治等方面发挥了重要作用。除山西的乡禁约之外,乡规民约在其他地区应还有广泛存在和作用。前述翟城村治部分也提及米鉴三在河北当地为移风易俗

---

① 参见侯怡宁《民国初年山西村治中的村禁约制度研究》,硕士学位论文,山西大学,2018 年。

② 山西村政处编:《山西村政汇编》,山西村政处 1928 年版,第 688—689 页。

和整顿地方治安牵头制定了包括《查禁赌博规约》《看守禾稼规约》《保护森林规约》等在内的一系列乡规民约，使翟城村成为当时地方改良的模范。此外，明清两代及民国时期民间宗族、会社、乡村自治团体等组织也有进一步的生长，这也使得包括乡规民约在内的民间各类规约获得了相应的发展。

二　中华人民共和国成立以后乡规民约的隐伏与恢复

中华人民共和国成立后，国家政权快速下沉至农村最基层，也迅速地改变了农村社会的基本形态。随着1958年农村社会主义改造的开始，人民公社化运动兴起，农村逐步建立起了由人民公社、生产大队、生产队构成的"三级所有、队为基础"的生产和社会管理模式，以生产队为基本核算单位，国家法律和政策直接传递到最基层，彻底改变了中国几千年以来皇权不下县的传统格局。在人民公社对社员的准军事化管理体制下，传统社会的乡规民约当然失去了其存在的土壤和价值，在很长时间内几乎销声匿迹。随后而来的"文化大革命"时期，乡规民约更被界定为"封、资、修"，成为被批判和扫除的对象。

乡规民约的再次出现是在改革开放和经济体制改革之后。1978年底，农村开始实行家庭联产承包责任制，农民获得土地经营自主权。与此同时，集体化时期"三级所有、队为基础"的农村基层组织形态也走向终结。包产到户极大地释放了农村生产和经济发展的活力，但也带来另一个直接后果，即农村组织化程度急速降低。在人民公社解体后的一段时期，农村社会开始出现集体意识淡化、生产生活纠纷频发且无组织化解决渠道、打架斗殴、赌博、偷盗等治安案件甚至恶性刑事案件高发、封建迷信抬头、集体林木遭到乱砍滥伐等现象。面对急剧变化的经济社会形势，农村公共事务如何管理、农村社会秩序如何维系、农民如何实现再组织化成为一个亟待解决的问题。为填补农村社会组织化的真空，打破无人管事的局面，广西宜山县三岔村公社合寨大队果地、果作等自然村仿效城市居民委员会的做法，以无记名投票方式选出村庄治安带头人，召开全体村民会议，制定村规民约，由此产生了中国最早的村民委员会，开启了村民自治的先河。广西的创举反映了当时全国农村基层社会的现实问题，也契合了农村社会经济发展变革的迫切需求，因而很快得到全国人大常委会的高度重视。经过调查研究，全国人大对果作村的做法给予了肯定，后经地委、省一级的试验发展，推广到全国，从而确立为全国性的基层群众自治制度。也正是在这种背景下，一些地方的农村社会自发产生了规范村庄公共事务的自治规约，用以填补后集体化时期基层组织体系解体后留下的空白。因此，20世纪80年代，乡规民约重新回到人们的视野。

广西金秀瑶族自治县是改革开放之后最早重新起用村规民约的典型代表。金秀瑶族自治县因为地处偏远、群山阻隔，历代王朝政权几乎都没有真正下沉延伸到这一地区，无法对其实现实质性的统治，因此这一地区社会长期以来依靠瑶族特有的"石碑制"进行自我管理。石碑制是瑶族民众为了维护生产和生活秩序以及抵御外界侵扰所自发制定和形成的一种具有自卫和自治性质的民间规约。规约的内容被镌刻在石碑或模板之上以昭示百姓共同遵守，因此名为石碑制。石碑制是一种典型的民族习惯法，它所涉及的内容包括惩罚盗贼、保护财产、维护家庭婚姻关系、防御外敌、保护商旅安全等内容，涵盖瑶民生产生活的诸多重要方面。大瑶山历史上曾有"村有铭刻、寨有石碑"一说，也有俗语"没有神仙管不到的鬼、没有石碑管不得的人"，便反映了大瑶山村村有石碑，人人都在石碑约束之中的局面。改革开放以后，在急剧的经济社会转型过程中，瑶族地区也发生了翻天覆地的变化。受到市场经济环境的影响，大瑶山地区丰富的自然资源如林木、药材和其他经济作物带给瑶民巨大的利益诱惑。而人民公社的解体和快速获得的经济收益又进一步催生了当地农村的一些生活恶习，甚至引发犯罪行为，对大瑶山地区的自然资源保护、社会秩序维持都带来了较大挑战。正是在这种情况下，传统的石碑律重新进入人们视野，并以乡规民约的形式再次担负起维护瑶族村庄共同体内生秩序的使命。对此，费孝通在其《四上瑶山》一文中有所谈及："瑶山深山密林，遍地是宝，但是这些财宝需要看守，那就成了难题。哪里有这样多人去看守那么大一片森林呢？如果在森林里培植的作物不能保证收获，那又有谁愿去经营呢？去年听说就是由于山外有人进来购买香草，就发生偷盗事件。一皮包灵香草就值几十块钱。致富热走了火，就会进入邪道。要靠公安人员去搜查处罚，那就不胜其烦了。这时，瑶民想到了传统的石牌制度来了。石牌制度用现在通用的话来说就是'乡规民约'。传统石牌成了瑶民制定村规民约的参考资料。"①

广西金秀瑶族自治县罗香公社1980年的一则关于处理乱砍滥伐木材的工作总结反映了这一地区集体林木遭受严重破坏，以及乡规民约被用以处理该问题的过程。这则文本记述到，当时集体林木权属不明、无人管理，实际是谁砍谁得，因而在利益的驱动下，村民甚至党员都纷纷参与盗伐木材。"为了挽救这一局面，我们的想法是制定村规民约，规定：凡是生产队集体的木材，一律不准任何人乱砍滥伐，如社员需要自用的，必须经正当手续审批后，按生产队指定的地点进行砍伐，违者每砍一棵按砍伐刀口量直径，每寸罚款2元以上。这是让群众自己管理自己的财产。这方法比我们直接去管要好得多。让生产队有罚款权，如果生产队没有罚款权就很难制止乱砍滥伐的发展。"② 根据档案记载，在当地几个乱砍滥伐严重的村子，农民自发地组织起来，于1980年3月制定了《六巷四个生产队关于封山造林、封河养鱼问题的决定》，这也成为金秀瑶族自治县自党的十一届三中全会以来第一个乡规民约。订立乡规民约的举措一开始并没有得到上级政府的积极回应，因为彼时人们受到"文化大革命"时期错误思想的影响，对于乡规民约的性质尚有顾虑。但随着乱砍滥伐现象的日益严重，乡规民约的作用才日渐引起人们的重视。1982年11月6日金秀忠良公社政治社会治安小组写给县政法委的关于《整顿社会治安情况总结》的材料中记述到，该公社在打击乱砍滥伐集体林木的过程中，发现公社下属的多个生产大队和生产队存在乱砍、乱伐、乱卖集体林木行为，甚至有大队书记亲身参与将整个大队集体山林剃光头山的现象。③ 为了从根本上改变集体山林无人管理的问题，金秀瑶族自治县县委召开林业三定工作会议，决定确定林业生产责任制，划定自留山。同时，作为配套措施，大量村规民约在林业三定工作小组的指导下被制定出来，用以规范村庄内林木管理。

以金秀瑶族村规民约为代表的乡村规约经过各地的实践、总结和推广，逐步得到了中央的重视和肯定。在此过程中，人们对乡规民约性质和作用的

---

[1] 费孝通：《费孝通民族研究文集新编》（上卷），中央民族大学出版社2006年版，第499页。

[2] 《金秀瑶族自治县档案馆藏》，全宗号86，目录号2，卷宗号5，转引自莫金山《金秀瑶族村规民约》，民族出版社2012年版，第22页。

[3] 《金秀瑶族自治县档案馆藏》，全宗号87，目录号1，案卷号124，转引自莫金山《金秀瑶族村规民约》，民族出版社2012年版，第24页。

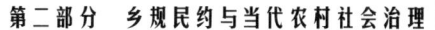

认识发生了深刻变化，乡规民约不再是一种封建落后的事物，而是一种农村和农民用以进行自我管理、民主管理，帮助规范乡村公共事务、约束村庄共同体成员行为的有效制度资源。此后出台的一系列党和政府的文件和法律法规中，乡规民约的价值被正式明确。1983 年，中央一号文件《当前农村经济政策的若干问题》中就提出，"要通过制定乡规民约，开展建立文明村、文明家庭的活动。整顿社会治安，加强治安保卫和民事调解组织。反对并制止各种不良风气和不法行为，增强乡邻团结，家庭和睦，改变村风村貌，树立社会主义新风尚。"1986 年 9 月，中共中央和国务院《关于加强农村基层政权建设工作的通知》提出，"村民委员会要进一步完善村规民约，……发动广大村民积极参加社会生活的民主管理，以进一步发挥群众自治组织的自我教育、自我管理、自我建设、自我服务的作用。"这些表述都标志着乡规民约这种传统的乡村治理资源沉寂已久之后重新得到官方的认可。

当然，改革开放初期自发产生的乡规民约也出现了许多与国家法相冲突的地方，这也引发了此后国家对于乡规民约制定过程的介入。这种介入的典型体现，是国家在明确乡规民约的合法地位、肯定其积极作用的同时，也相应地完善了国家对乡规民约的监督和控制。一方面，通过法律的方式规定乡规民约与国家法的法理关系，禁止其内容与国家法相抵触。1987 年 11 月全国人大常委会通过的《中华人民共和国村民委员会组织法（试行）》规定"村规民约由村民会议讨论制定，报乡、民族乡、镇的人民政府备案，由村民委员会监督、执行。村规民约不得与宪法、法律和法规相抵触。"另一方面，通过组织的方式加强政府在乡规民约制定过程中的引导和监督作用。典型的体现就是村民自治章程的制定。这一章程从法理而言属于乡村自治规约，也被称为乡规民约的高级形态，但从其实际产生过程来说，它几乎不产生于村庄内部，而是政府民政部门统一组织和自上而下推动的。其具体做法是先由民政部门组织试点，形成规章，然后经过修改完善，形成统一模式，最后再推向辖区内各乡村。村民自治章程事实上更多体现了国家对乡村社会的一套治理原则，体现了地方政府重建乡村秩序的一种努力。[1] 因此，从时间轴来看，人民公社解体到村民自治组织

---

[1] 张明新：《从乡规民约到村民自治章程——乡规民约的嬗变》，《江苏社会科学》2006 年第 4 期。

定型之间的短暂时期,乡规民约整体而言具有较强的自发性和多样性,当然其中也不乏与国家法有所抵牾的地方。此后的乡规民约则受到更多国家介入和官方意志的影响。

三 乡规民约与当前农村社会治理

《村民委员会组织法(试行)》实施之后,农村社会逐渐形成了以乡镇基层政府和村民委员会这一基层群众自治性组织为两大主体的"乡政村治"格局。然而在此之后,尤其是随着税费改革的实施,乡政村治治理格局所显现出来的治理效果却并不尽如人意。以农村公共品供给这一与民众切身利益最为攸关的事项为例,在很长一段时间里,"费"是乡镇政府行政费用和农村公共产品提供的主要资金来源,带来严重的农民负担问题,引发世纪之交人们关于"三农问题"的广泛讨论。税费改革以及取消农业税之后,虽然农民的负担大为减轻,但相应地,农村基层政府的财政能力也日益空心化,这直接导致基层政府对于农村公共物品的供给能力显著下降。取消农业税之后,农村在公共治理方面普遍采取"一事一议"的制度安排,即由村民大会或村民代表大会民主讨论决定村庄内公共物品的提供。但由于现行行政村辖区范围较大,内部差异日益明显,村庄内部在公共产品的提供和配置上越来越难达成共识,加之村集体和干部权威性的缺乏,一事一议的制度安排在实际运作中遭遇较大困境,很多农村公共产品的供给不得不延宕甚至搁置。同时,国家虽然以"以奖代补"等形式加以支持和鼓励,但在很多时候,国家补贴的部分都需要以村庄先行支付为前提,这对于村庄集体经济较为枯竭的许多村庄而言,无疑构成了一个巨大阻碍。在一些地方,村集体不仅失去了提供公共物品的能力,甚至连村委会日常运作也难以维持。在此背景下,为了保障村委会的基本工作,国家遂将村委会这一基层群众自治性组织纳入国家财政保障范围,这又使得村委会的行政化倾向进一步加强。

21世纪初以来,在"多予、少取、放活"的指导方针下,国家对农村财政转移支付的范围和力度不断增加,承担了越来越多的农村公共品供给职能。国家的大力投入当然为农村社会的发展提供了强有力的支撑,但客观而言,这种外部输入式公共供给的弊端也日益显现。一方面,自上而下的外部资源注入主要通过项目制的方式来进行,这不可避免地带来寻租和

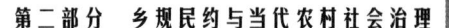

低效问题。中间层级的干部往往化身营利性经纪人从中牟取私利,使得项目资源在输入和下沉的过程中严重流失,国家外部投入效率较低。同时,项目制模式下的公共供给必然存在供给的不均衡和供需不匹配问题。能否纳入立项一定程度上取决于村庄是否具有较强的寻租或博弈能力,而未被纳入立项的村庄或未纳入立项的公共品种类则依然会面临严重的短缺。此外,公共物品建设的规划性、延续性以及后续管理维护也都缺乏有效的保障。从更长远层面来看,国家对农村的反哺对于基层政府的关系和行为模式以及乡村社会内部结构也带来了深刻的改变。基层政府从过去依靠农村税费维持运转转变为依靠上级转移支付,相应的行为模式则由过去的"要钱""要粮"变为"跑钱"和借债,在这种形势下,基层政权从过去的汲取型变为与农民关系更为松散的"悬浮型"政权[①]。同时,外部资源的大量注入也极大地改变了村庄内部结构。乡村经济精英主导乡村治理,村庄政治的公共性严重萎缩,乡村权力结构趋向于寡头化。无理上访户、牟利性钉子户、灰黑势力等农村边缘群体也快速崛起,形成分利集团,蚕食下乡的惠农资源。这些都对村庄公共品的自我供给产生了挤出效应,带来村民的福利依赖与村庄内部横向整合能力的弱化等后果。[②] 在更深层面,这种状况也进一步影响了村庄成员的公平感知和价值标准,改变了乡村社会的人心秩序。

因此,总体而言,税费改革以后,以财政转移支付为主要方式的国家对乡村社会的外部资源输入模式并没有达到预期的效果。在国家一方,其对农村的投入与农村治理的实际效果不成正比;在农民一方,虽无须背负沉重的税费负担,但农村公共品的供给状况并没有得到根本的改善,有的甚至相较于税费改革之前还有所下降。同时,乡村社会还面临日益加重的村庄权力结构失衡、内生力量弱化等现实问题。由此可见,国家单方面自

---

① 周飞舟:《从汲取型政权到"悬浮型"政权——税费改革对国家与农民关系之影响》,《社会学研究》2006 年第 3 期;渠敬东:《项目制:一种新的国家治理体制》,《中国社会科学》2012 年第 5 期;折晓叶、陈婴婴:《项目制的分级运作机制和治理逻辑——对"项目进村"案例的社会学分析》,《中国社会科学》2011 年第 4 期。

② 李祖佩:《项目进村与乡村治理重构——一项基于村庄本位的考察》,《中国农村观察》2013 年第 4 期;陈锋:《分利秩序与基层治理内卷化——资源输入背景下的乡村治理逻辑》,《社会》2015 年第 3 期;林雪霏、周治强:《村庄公共品的"赋能式供给"及其制度嵌入——以两村用水户协会运行为例》,《公共管理学报》2022 年第 1 期。

上而下、由外向内向农村输入外部资源的模式需要反思和调整。长远来看，农村的发展和治理仍需建立在农民和乡村社会的主体性力量得以发挥的基础之上。事实上，从乡村社会治理自古至今的嬗变也可以看到，不论哪一时期，也不论国家政权向基层社会延伸的意愿和能力如何强大，国家与农村基层社会仍然不可避免地存在不同程度的分离。同时，中国社会仍然具有较强的伦理社会属性，仍然存在较大的地区差异性和文化异质性。因此，国家对基层社会的治理仍需不同程度地借助基层社会自身的力量，运用乡土社会既有的治理资源，尊重乡土社会本身的创造性与活力。根本而言，国家与乡村社会、农民之间需要探索建立更为健康均衡的关系。

乡规民约正是这样一种自发的秩序、内生的资源，也正因此，它在农村社会治理中仍然有其存在的价值和作用空间。近年来，不论是在学术界，还是在一些地方的政治实践中，乡规民约都重新引起了人们的关注。一方面，在村民自治的框架之下，现有农村村民自治制度需要探索新形势下的有效实现形式。如前所述，改革开放后村民自治的回归填补了政府力量在正式法律供给和行政管理方面的不足，在乡村社会自我组织、自我管理以解决公共事务方面发挥了重要的作用。在当前推进国家治理现代化的语境下，要实现农村社会的善治，也需要充分发挥自治的作用，进一步探究自治切实有效运转的方式，探索国家与社会合理的边界，促进村民自治与政府管理之间更合理的互动。2014 年，中央一号文件就论及要"探索不同情况下村民自治的有效实现形式"。党的十九大报告在提出乡村振兴战略时，也明确指出要"建立自治、法治、德治相结合的乡村治理体系"。由此，学界开始了一波"找回自治"的讨论，希望借此为村民自治这个既有制度注入生机与活力，寻求村民自治行之有效的思路和方法。另一方面，自 2003 年非典之后，社会管理问题进入人们的视野。2013 年，党的十八届三中全会提出国家治理体系和治理现代化建设目标，社会管理理念进一步向社会治理转变。在加强社会治理创新的框架下，乡规民约也得到进一步重视。从实践层面看，近年来，农村社会各种问题和矛盾日益突出，农村社会的一系列问题，诸如两委矛盾突出、干群关系恶化、基础公共服务短缺、生态环境破坏、社会风气下滑等，都较为严重而迫切，农村社会包括治安秩序、利益分配、社会保障、纠纷调解、道德风尚等在内的实际问题亟待寻找解决的机制。而乡规民约在上述问题领域展现出切实有效的作用。尤其是，在各种涉及公共利益、公共服务、公共财务的农村问题中，乡规民约通常被视为一种有效的村民自治方式和社会治理资源，能解决政府管不到的问题，同时也体现国家建设的现代化目标。为此，党的十八届四中全会《中共中央关于全面推进依法治国若干重大问题的决定》提出，要发挥市民公约、乡规民约、行业规章、团体规章等社会规范在社会治理中的积极作用。2017年，党的十九大报告中提出："发挥乡规民约、市民规约对于调节基层社会的作用。"2018年，民政部等七部门联合出台的《关于做好村规民约和居民公约工作的指导意见》中也提出，要在2020年全国所有村普遍制定或修订形成务实管用的村规民约，推动健全党组织领导下的"自治、法治、德治"相结合的现代基层社会治理机制。因此，可以说，乡规民约的功能已经嵌入国家与社会互动关系的框架中，在当前乡村振兴、全面推进农村治理现代化的背景下得到相当程度的彰显。

第二章　当前农村乡规民约的实施情况

一　当前农村乡规民约的实施背景

传统中国乡约之所以能发挥重要作用，乃在于其立基于一个"乡土中国"。正如费孝通所说，"中国基层社会是乡土性的"，"乡土社会在地方性的限制下成了生于斯、长于斯的社会，常态生活是终老是乡。"[①] 乡土社会的地域封闭性和文化共同性是乡约生成和发挥效力的基础，地域封闭性决定了乡民彼此生活的高度依赖性，从而决定了他们对共同规则的遵守，文化共同性决定了乡民对共同传统习俗的认同、对共同权威的服膺。相较而言，当前乡规民约所处的社会环境显然发生了深刻的变化。

首先，村规民约的经济基础发生了深刻变化。农耕时代自给自足、相对封闭的农村社会环境使得地缘、血缘关系成为维系乡村社会的纽带，长期的共同生产、生活为传统乡规民约的发展提供了天然的土壤。[②] 1949年

[①] 费孝通：《乡土中国》，《费孝通全集》第6卷，内蒙古人民出版社2009年版，第108、111页。

[②] 骆东平、汪燕：《从村规民约的嬗变看乡村社会治理的困境及路径选择——基于鄂西地区三个村庄的实证研究》，《湖北民族学院学报》（哲学社会科学版）2016年第2期。

之后，随着农村集体化的实行，村民自治空间缺失，村规民约也随之失去生存的土壤。人民公社解体之后，农村社会逐步形成了乡政村治的格局，村民自治重新获得空间，当代村规民约也正是在这种背景下重新登台。但此时，村规民约的经济基础已经发生了重大变化。乡土社会的封闭性被打破，村庄成员不再受制于土地，谋生和获取财富的途径日益多元，生活方式日益多样，经济差距也逐渐拉大，加之各种经济要素的流通使得村庄成员间的依赖度大大下降，这些都在客观上导致村庄规约的合意成本普遍提升，而违约成本大大降低。举例而言，在一些村庄，大量青壮年劳动力外出务工，很多家户仅有老幼人口留守，在这些村庄，涉及新修水塘、维护村级公路等公共问题都无法通过一事一议制度达成合意，更遑论订立规约。

其次，乡土社会的社会基础也发生了深刻变化。在传统中国社会，乡规民约等民间法很多时候事实上被纳入广义的法律体系，成为官方认可的法律渊源之一，甚至可以作为司法审判的依据，具有相当大的法律效力。传统乡规民约多源于乡绅、族长、乡贤等德高望重的乡土社会领袖的首倡和推动，事实上有较强的社会权威作为基础。对于那些有组织化支撑的乡约而言，一般更是设有约正等正直不阿者专门负责规约的执行，这些方面都保证了传统乡规民约在乡土社会的较强约束力。而对于当代中国而言，乡村社会的民间权威在很大程度上被摧毁，传统道德观念受市场化等诸多因素冲击，也不再是人们普遍认同的价值观。即使在那些传统文化和习俗得以留存的地方，村庄成员，尤其年青一代，对于传统权威的服膺也已大大减弱，轻视或无视传统习俗与权威成为一种普遍现象。要重新恢复乡土社会的社会基础和民间权威是较为困难的。

再次，因为国家送法下乡等普法行为，村民的法治观念、权利意识越来越普及。这虽然是一个可喜的现象，但客观而言，却也使得村庄成员对国家法以外的其他乡土社会内生性社会规则的认同度日趋下降。今天乡土社会的民众遇到任何问题，首先寻求的也是干部调解或者更进一步的法律诉讼。对那些存在村规民约的村庄，为提高规约约束力而订立的惩罚性条文也会被村民质疑为不合法，从而对规约的执行造成阻碍。同时，相比传统乡规民约而言，当代乡规民约在很多地方事实上是国家外部干预的结果，村规民约的制定主体一般是村民代表大会，但实际上村规民约大多来源于乡镇政府或地方民政部门的统一模板。对于村民而言，这些不过是基层官僚的"官样文章"，这种认识也大大降低了村庄自治的权威性。

简言之，近代以降国家政权对基层社会的大范围介入、乡土社会封闭性的打破、人员和信息的流动、利益的多元化、文化共同体的解体、国家法的普及、村庄成员权利意识的提升等，这些都是当前乡规民约所面临的新环境。分析当前农村乡规民约的现实环境和实施背景，是重新审视乡规民约对于当前农村社会治理的价值意义和作用空间，并探讨如何在当前环境下发展和完善乡规民约、发挥其应有功能的前提。

二 当前农村乡规民约的实施现状

当前农村乡规民约实施状况最显著的特征就是地域的不均衡性。一般而言，少数民族地区或其他社会结构较为稳定的地区乡规民约较多。这些村庄往往具有共同的历史传统、文化传承、宗族关系或宗教信仰，构成一个较为稳定的文化共同体，即使在经过了社会主义改造之后，村庄共同体仍然得以较好地保留和维持。相反，在社会结构较为松散的地区，乡规民约的实行效果较不理想，大多流于一纸空文，以空洞和形式化的宣传语为主，没有切实的措施。在这些村庄里，很多村民甚至村干部的认知中，村规民约往往被与《村民自治章程》等同。同时，即使在同一地区内，村庄与村庄之间的情况也是存在相当大差异的。考察各地乡规民约的实施状况，可以发现，乡规民约实行与否、效果好坏在很多时候取决于以下几个方面的现实因素：

一是，村庄是否具有某种形式的利益联结。共同利益决定了集体内成员达成一致行动的合意成本，因而也决定了共同体内部集体行动的可能性。当前农村行政村辖区面积普遍较大，人口较多，村庄内部在自然地理、交通通信、经济发展等方面都可能存在较大不平衡性，导致村庄合意成本较高，达成共同认可的乡规民约难度较大。乡规民约实施较为有效的地方往往是村庄内利益联结较为显著的地方。这里的"利益联结"最典型的包括两个方面：其一是村庄集体经济，其二是村庄内婚丧嫁娶等相互依赖性日常事务。

首先是村庄集体经济。有集体经济，就会有集体收益分红，村规民约的实施就会自然地与之捆绑，变得具有约束力。大量案例表明，在具有集体土地收入、村企业、合作社等集体经济形式的村庄，村规民约更有可能实施得较好。例如贵州塘村的"红九条"之所以能有效地执行并获得显著成效，实质上依托于其村集体所成立的合作社在带领村民共同致富方面的雄厚实力。该村原本是一个典型的贫困村，2013年全村人均可支配收入仅为3940元，村级集体经济不足4万元，贫困人口138户600人，土地撂荒率高达30%。2014年，一场百年不遇的特大洪涝灾害摧毁了脆弱的农业基础设施，农田被淹，房屋毁损，很多农户被这场大水冲得一贫如洗。面对常年贫穷和灾荒带来的生存困境，在上级党委政府支持下，塘约村党支部组织全体村民开展农村土地承包经营权、集体土地所有权等"七权"的确权工作，并成立"村社一体"的合作社，组织全体村民把承包地确权流转到新成立的合作社，通过"合股联营"的方式抱团发展。由此，塘约村发生了翻天覆地的变化，农民人均可支配收入超过万元，村集体经济收入超过200万元。塘约由一个"脏、乱、差"的贫困村变成了小康建设示范村。当村集体积累了一定的财富，通过乡规民约对这些财富进行分配并对村民其他方面的日常行为作出规范，也就更容易得到村民的认可了。

同时，利益联结还包括村庄中一些具有地域内互助依赖性的生产生活事务，比如需要邻居、同族人、同村人、同组（村民小组）人帮助才能完成的婚丧嫁娶事宜。事实上，丧葬互助本就是古代民间社会互助结社的一项主要内容，因此产生的相关规约也是传统中国乡规民约的一种典型类型。在很多农村地区，随着农村人口的大量外移，村庄日益空虚化，加之村民对于村庄公共事务参与较少，村民日常生活联结也日益减少，以至于根本而言村庄共同体维系艰难。但至少从现阶段来看，在大量村庄，婚丧嫁娶、红白两事还是村民之间联结和互助的一个重要纽带。婚丧嫁娶从长时段来看是每家每户都不可避免会遭遇的，如果丧失了与邻人或村民的互信和联结，就会陷入孤立无助的境地，这无疑构成了村庄中每个家户与其他成员之间相互约束的一个重要来源。围绕婚丧嫁娶，乡村社会也形成了一些约定俗成的规则，诸如村庄内红白二事操办专班的组织结构、人员配置、职责分工、办事流程、办事方法、指令与服从关系等。这些规则虽然没有明文书写，但却是人们广泛熟知和谨慎遵守的，具有极高的约束效力，以保障村庄成员共同协作的达成。在这套规则的指导下，相关人员往往能形成各司其职、顺畅有序的协作关系。在很多农村地区，村庄内部，甚至村小组内部或相邻几个小组范围内围绕红白两事都表现出快速而超强的自组织能力，相应的一套约定俗成的组织和办事规则也表现出极强的稳定性和权威性。这种完全产生于村庄共同生活的自发秩序，是值得给予充分注意和深入研究的，它也是农民自组织能力的一个明证。同时，村庄里的红白事"主事人"，一般都能力出众、沟通协调能力强、人缘好，因而成为能"服众"的乡村权威人物。有的村庄成立了由村干部及这些主事人组成的"红白理事会"，这些中心人物和实体组织在村庄纠纷协调、日常事务管理方面都发挥了重要的作用，也成为保障村庄内共同规则得以遵守的中坚力量。

二是，村庄是否具有某种形式的公共资源。公共资源的维护和利用是一种典型的村庄公共事务，围绕这些公共事务就较有可能形成一些村庄内部的约定性规范。所谓的公共资源，是指那些可再生但同时又是相对稀缺的资源。公共资源的多个占用者都共同依赖这个公共资源池塘进行经济活动，他们各自的行为都会对他人造成影响。因而，如何克服公地悲剧，防止公共资源的枯竭和恶化，确保公共资源的可持续利用就成为一个重要而充满挑战的问题。对此，埃莉诺·奥斯特罗姆在其公共池塘资源理论中做了深入的讨论。[①] 正如她所指出的，以往人们解决公共池塘资源问题的方法要么诉诸国家这个外在的强制力，要么诉诸产权私有化这个彻底的市场方案，但这两个方案其实并不是唯二可行的方案，也并不总是最有效的方案。事实上，公共资源多个占用者之间是可以形成有效的自组织行为，建立一套公共资源共享制度，并解决可信承诺和相互监督问题的。这些成功的公共池塘资源制度，往往混合了某些私有和公有制度的特征，很好地应对了搭便车和逃避责任的行为，从而就可持续使用公共资源达成了富有成效的方案。

在古代中国，就存在很多村庄围绕公共资源的使用而形成一套自治规则的事例。例如，现有史料中大量记载的"渠册"和"水例"，事实上就是当时民间围绕小型水利工程的修建和维护、水资源的有序利用而制定的乡规民约，在很大程度上近似于奥斯特罗姆所论之公共事物治理之道。山

[①] 参见［美］埃莉诺·奥斯特罗姆《公共事物的治理之道：集体行动制度的演进》，余逊达、陈旭东译，上海译文出版社2012年版。

西《洪洞县水利志补》中就记载了很多渠册资料，里面所述"水例"譬如：

> 一、本渠两处堰，俱系悬险。河水泛涨吹塌断渠道，过水不得，就便别开渠道，不致失误浇灌民田，如挨本村地亩，即便开渠，或系别渠地土增加一倍，于水户上均摊。水户不纳者，罚白米二斗。地主违阻者，送官治罪。
>
> 二、本渠上下正渠俱阔三尺，其各处支渠俱阔二尺。如两岸地户侵占者，送治罪。
>
> 三、原不系本渠地亩，无功于本渠，不论平滩水地，俱不得混行使水。如盗豁渠水浇灌者，每亩罚白米五石。一半纳官，一半散众。
>
> 四、本渠新人末夫地亩，地虽在上，理以后浇。必待古册地亩浇完，方许浇灌。如古册地亩浇灌未完，末夫地户，或乘兴工强截浇灌者，每亩罚白米五斗，一半纳官，一半散众。①

除了渠册之外，还有很多水资源使用的规约以碑碣的方式保存下来，例如一则清代陕西安康的凤亭堰公议放水规碑也记录了"公议放水条规五则"：

> 一议，凤亭堰水出自老龙池，遇天旱丰年，私堰移榨（闸），公堰滴水绝流，非同协力接堰，不能决得水来。自后议有定规，凡放轮牌水者，不论斗数多少，皆必至老龙池接堰。若有偷安不登山接堰，徒放现成水者，准同众将他渠口封塞，分放伊水。违议即同堰长禀究，以警惰民。
>
> 一议，本堰各有名分之水，有等强悍之徒，窥无人守，黑夜偷水。一经查出，投鸣堰长，酌水多少，分别轻重，议罚入公，违者禀究。
>
> 一议，已经分定之水，宜于各安农业，照数轮放。有等奸狡之徒，窥无人来，将平水改窄易宽，渠旁暗狭窟眼，为害不浅。一经查

---

① 孙焕仑：《洪洞县水利志补》，山西人民出版社1992年版，第186页。

出，投鸣堰长，罚钱五百文入龙王会，以充公用，违者禀究。

一议，佃户种田多者，皆有移此救彼之心。然水只得调下，不得调上。弱有恃强之徒，遇水混调，不分上下，准众放水者，投鸣堰长，仍照常规，违者议罚，以警强悍。

一议，堰长巡查堰口，奔走上下，议得每石水工谷五升，约计收谷六石余斗，以一石入龙王会，以充公用。其余概归堰长工事，违议禀究。①

上述水例和碑碣都记载了按期轮流放水，以保证水资源使用公平、止息争端的内容，也对水渠的使用资格、使用秩序、日常维护、修建成本分摊，以及违规放水或破坏河渠等行为的处罚措施做了较为具体明确的规定，用规约的方式为水渠这一公共资源的使用提供了基本的规则。

再以西南地区乡规民约为例，很多少数民族居住在山区，山林、水源是人们生活的命脉，所以保护共同的自然资源、禁止砍伐树木、保护农田水利等内容就自然成为乡规民约共同的主题，而这种对自然资源的共同依赖也成为这些地区乡规民约产生效力的重要保障。西南侗族地区至今仍可见到专门为保证农田水利灌溉、保护水源而立的禁止碑，譬如贵州黔东南州黎平县归用溪水旁一则清代光绪年间所立碑碣的碑文：

不准任何人在此水沟之山上挖山塞水，违者罚一千两百文；不准挖坏水沟之埂，使水流出或无故开放水出，违者罚一千二百文；不准任何人在水沟闹药取鱼，违者罚二千五百文；按各户田之大小来分水当，各使自流，不准阻塞他人之水当，违者罚五百文。② 云南《阇村公山松岭碑记》则对破坏山林的行为给予明文禁止，并明确了惩罚措施。碑文写道：……永定万世章程，无论绅民，一经拿获，于罚制银十两。议将会议条规，开明于后。一、远近昼夜，不得偷砍；二、河埂倒坏，不得挖入伐树；三、护艾于茅，禁止刈割树枝；四、树秋千架，不得便如其中遭伐；五、左右私山，禁止路行此地；……八、松

---

① 李启良等：《安康碑版钩沉》，陕西人民出版社1998年版，第305页。
② 吴大旬等：《从有关碑文资料看清代贵州的农业管理》，《中国农业大学学报》2009年第3期。

根松叶，不得随便偷捞；九、村中红事，永远不准取彩；十、看沟人等，不得从中取材。①

以上这些乡规民约都是围绕共同资源的治理而展开的。今天，我们也可以看到很多传统村落、旅游村寨、古民居、历史文化名村通过乡规民约来对村庄的山林、河流、旅游景点等共同资源进行共同使用、管理和保护，以实现资源可持续利用的例子。

三是，村庄是否存在能人乡贤。乡约在古代即是绅民之约，它发端于那些志在乡野、躬身实践，希望通过自己的德性知识教化民众的儒家知识分子。民国时期轰轰烈烈的乡村自治和乡村建设运动中，知识分子也被寄望以成为乡土社会现代化改造的骨干力量。从古至今，有知识且对乡村有关怀的能人，无论是村庄内生精英还是外来精英，都对乡村社会的发展起着举足轻重的作用。今天，村庄的能人强人一般是村主要干部、致富带头人或早年离开村庄、现已具有一定的资本或社会声望的名人乡贤。就乡规民约的制定和实施而言，存在能人乡贤的村庄，乡规民约的实施一般也较为广泛、效力较为切实。例如，在湖北长阳土家族自治县的某村，该村村支书在 20 世纪 90 年代带领一批村民贷款购买了附近一个小型水电站，水电站此后一直经营状况良好，积累了该村脱贫致富的第一桶金。随后，该支书又带领全村村民开始种植茶树，开办制茶厂，在短短十几年时间使该村发展成远超邻村的富裕村。这位村支书当选市一级人大代表，虽然此后卸任村支书一职，但仍然在村内享有极高威望。因为他超强的个人权威，该村村规民约能有效地运行。近年来，在广东、浙江、福建等一些地区，能人乡贤在乡村治理中的作用得到较大程度的重视，一方面通过他们的智识德行、成功事迹来感召村民勤劳自强、善行善举，另一方面也动员他们将更多的资本、资源反哺乡村，为村庄发展注入新的活力。在存在能人乡贤参与的地方，乡规民约更容易得以制定和切实执行。

因此，简要而言，是否有较强的利益联结、是否具有共同的文化或自然资源、是否存在能人乡贤的支持，是影响当前农村不同地区乡规民约实

---

① 曹善寿主编，李荣高编注：《云南林业文化碑刻》，德宏民族出版社 2006 年版，第 453—454 页。

施状况和作用大小的几个关键因素，也是造成乡规民约实施状况不均衡格局的原因。而这三个因素之所以重要，是因为它们解决了乡规民约建设的内在推动力和外在约束力这两个关键问题。互赖性生产生活事务的存在、村庄共同资源的使用和维护、村庄内部精英的大力推动为乡规民约的制定和实行提供了内在动力，而集体经济的利益激励和乡村外部精英的人格感召及资源投入为乡规民约的实施提供了外在的激励和约束。

三 当前农村乡规民约的类型划分

按照乡规民约内容的涵盖广度来划分，乡规民约可以分为综合性村规民约和单约性乡规民约两种。综合性乡规民约是对村庄内各方面公共事务进行全面规范的规约，内容较为丰富全面，往往涵盖国家政策宣传、村庄经济生活、村风民俗、社会治安、婚姻家庭、邻里关系等方面。单约性乡规民约则是针对某些特殊的村庄公共事务所制定的专门规约，例如村庄红白事执行、环境治理、计划生育山林保护等政策落实、集体产权分红等。

综合性乡规民约举例：

北京市顺义区东水泉村村规民约
（2014 年）

为更好地培育和践行社会主义核心价值观，弘扬中华民族传统美德，引导村民遵纪守法，自觉履行各项义务，认真贯彻落实党和政府的方针、政策、法律、法规和各项规章制度，树立社会主义道德观，建设文明、和谐、富强、美丽东水泉村，特制定此村规民约。

【村风民俗】

一、全体村民关心热爱集体，坚决维护村集体荣誉，勇于同破坏集体利益和有损集体荣誉的现象作斗争。

二、移风易俗，相信科学，反对封建迷信，喜事丧事简办。

三、积极参加有益的文体健身活动，提倡见义勇为，伸张正义，努力提高自身素质。

……

【环境规范】

一、村民以国家核准发放的宅基地使用证实际面积为准,宅基地以内受法律保护。凡是宅基地以外地上的乱堆乱放必须清理干净,私搭乱建必须无偿拆除。需临时占用的必须按村委会规定并签订协议书后占用,村委会需要时,无偿拆除恢复原貌。

二、实行党员、村民代表包片负责,每月不定期组织党员和村民代表进行检查,每月不少于一次。对有私搭乱建、乱堆乱放现象的户每次处罚50元。并将检查处罚结果上报村委会备案。

三、家禽家畜养殖必须圈养和拴养。发现有散养的户,每次处罚50元,无人认领的由村委会处理。

……

【户口和土地集体财产规范】

一、户口迁入本村的,只限于男方婚娶和女方招亲。招亲的只限于有女无儿户,且只能一女儿享受招亲入户。

二、本村升学考出去的学生,户口已迁出的,毕业后户口可自愿迁回本村。

三、凡是不符合村规民约规定男娶女招的人入户东水泉村,该人无论属农业户口或非农业户口均按临时非农业户口管理,东水泉村只负责管理户口,本人不享受东水泉村一切福利待遇及所有村集体分配。

……

【党员、干部及村民义务、监督、权利规范】

一、党员、干部和村民要自觉学法、遵法、守法,模范遵守村规民约和各项规章制度。

二、提倡社会主义精神文明,党员、干部和村民要树立良好的社会风尚,杜绝黄、赌、毒等丑恶现象。未经相关部门批准的社团组织,党员、干部和村民一律不予参加。

三、村民之间要互尊、互爱、互助,和睦相处,村民应待人有礼貌,说话和气,不说脏话、粗话,争创文明家庭和文明村民。

……

【社会治安村庄综合治理】

一、村民要自觉遵守维护相关法律法规,积极同一切违法犯罪行为作斗争。

二、村民要自觉维护社会秩序和公共安全，不打架斗殴、不酗酒滋事，严禁侮辱、诽谤他人、拨弄是非。

三、爱护公共财产，不得随意损坏水利、道路交通、供电、通讯、生产、消防等公共设施。

……

【流动人口及出租房屋管理】

一、出租房屋严格按照《北京市房屋租赁管理若干规定》执行。承租人不得私自容留他人居住，发现外来人员聚众赌博，打架斗殴等违法行为，房主要及时举报，发现有违法犯罪嫌疑人逗留要立即报警。

二、村民出租房屋需租房人出示身份证等有效证件，并及时到村委会流动人口服务站进行登记备案，签订出租房屋协议和安全责任书，办理暂住证。房主负责对租户进行水、电及取暖等安全教育，对租户负第一责任。

三、居住在本村的流动人口应自觉服从村委会管理，严格遵守本村的《村规民约》，尊重本村风俗习惯，与村民建立良好的人际关系。

……

此村规民约望全体村民自觉遵守，如有违反，尚未触犯治安处罚条例和刑律的，由村委会批评教育，责令改正，并罚款500元以上。触犯法律法规的报送司法机关处理。

本村规民约如与国家相关政策、法律法规相抵触的，以国家相关政策、法律法规实行。未尽事宜，由党支部及村委会提请党员、村民代表大会讨论修改完善并执行。

所有经过村党支部、村委会、全体党员及村民代表开会通过的各项协议及规章制度与村规民约并行执行。

此村规民约已经村全体党员、村民代表大会表决通过。

东水泉村党支部 东水泉村村委会
施行时间：二〇一五年一月一日起

单约性乡规民约示例：

广西壮族自治区金秀镇六段村计划生育村规民约

（2001年）

为使我村的家户生育工作实现村民的自我约束、自我教育、自我管理，根据《中华人民共和国村民委员会组织法》和中共中央、国务院《关于加强人口与计划生育工作，稳定生育水平的决定》，结合我村实际情况，特制定本村家户生育村民自治村规民约。

一、根据国家法律、法规，村民必须自觉实行计划生育，做到少生、优生，计划生育，不违反计划生育法规，违者自觉按国家有关政策、法规接受处理。

二、已婚育龄妇女必须按时参加一年四次的妇检和健康检查，积极配合做好生殖保健工作，不得无故不检查，如无故不参加妇检的，则由村民自治工作领导小组给予一次性收取罚金100元。

三、按时参加本村召开的计生部门会议和人口学校的培训，掌握3种以上避孕方法和1—2门农业科学技术。

四、外出务工的育龄人员，必须与村委签订管理合同，并领取《流动人口婚育证明》，方能外出，返回家5日内到村委报告，外出期间必须接受当地计生部门管理，属妇检和省直健康检查对象的必须在当地接受检查，并按季度寄回检查证明，如逾期不寄回妇检证明的，则由村民自治工作领导小组对其丈夫给予一次性收取违约金100元。

五、按《广西壮族自治区计划生育条例》规定，生育一孩的育龄夫妇，女方要落实放环措施，生育两孩的育龄夫妇，要有一方落实结扎措施，落实措施的时间必须在生育小孩3个月以内。超过3个月属放环对象不落实放环手术的，由村民自治工作领导小组给予一次性收取违约金50—100元，属结扎对象不落实结扎手术的，由村民自治工作领导小组给予一次性收取违约金100—200元。

……

十一、凡违反本村规民约的，由计划生育村民代表大会研究做出处罚决定，提交计划生育村民自治工作领导小组执行。

从内容来源来看，乡规民约可以划分为内生性乡规民约和外生性乡规民约两种。其中，内生性是指规约的具体内容明显是针对村庄自身的实际问题，依据村庄自身的实际情况，具有较强的地方性、可操作性。与之相应地，外部性则是指规约的内容主要来源于村庄外部的权威规则，比如国家法律及政策。这种情况下，乡规民约多表现为对法律法规、社会主义核心价值观或相关国家政策的一种宣传、普及，较为典型的例如很多乡规民约中的计划生育、土地山林集体所有制等条款。

内生性乡规民约示例：

北京市顺义区龙湾屯镇柳庄户村村规民约
（2014 年）

……

第六条 新建或翻建房屋应严格按照宅基地使用证四至范围，做到不超高、不越线、不私自扩大宅基地面积、不挤街占道。同时，经村委会和上级有关部门批准后，并由四邻签字同意后，严格执行审批程序，即村委会审核→镇土地科复核→主管副职领导签字→电管站接电，方可建设；如需加盖二层，须履行完上述镇村手续后，再出具规划等相关部门的审批手续，方可建设。建房村民需使用有建筑资质的建筑队进行施工。施工过程中要保证交通顺畅，建筑材料堆放整齐；施工结束 10 日内需将建筑材料及时清走并恢复街道及周边环境。及时清理的，发放当月卫生奖励。逾期清理的，停发当月卫生奖励。拒不清理的，将由村民委员会进行清理，清理费用由当事人承担。

……

外部性乡规民约示例：

太原市杏花岭区中涧河乡瓦窑头村村规民约
（2019 年）

一、村民应认真执行党和国家的路线、方针、政策、法律规定的义务，遵守社会公共秩序和尊重社会公德；

二、本村村民、外来暂住人口都必须遵守国家计划生育政策，服从本村计划生育各项管理；

三、村民应不沾毒、不涉毒，远离毒品，大胆检举揭发涉毒违法犯罪嫌疑人，积极同一切涉毒制毒行为做斗争；

四、村民不做任何有损国家、集体和他人利益的事，不做任何触犯国家法律、法规的事，不放火烧山，学法懂法；

五、村民应推行农村移风易俗活动，破除迷信活动，不参与赌博和色情活动；

六、村民应发挥民族优良传统，赡养孝敬父母，不搬弄是非，尊老爱幼；

七、村民应讲究卫生，注意公共卫生，保护环境卫生；

八、村两委一切从村民利益出发，维护村民利益，为村民办好公益事业；

九、禁止在各自然村内新建改建扩建污染设施；

十、践行富强、民主、文明、和谐、自由、平等、公正、法制、爱国、敬业、诚信、友善的社会主义核心价值观，倡导邻里和睦，守望相助。

按照规范内容的积极和消极性质，当代乡规民约也仍然可以分为劝诫性和惩戒性两种。[①] 劝诫性乡规民约条文基本上以倡导性话语为主，一般没有切实的惩罚条文。而惩戒性乡规民约类似于古代的禁约，基本上以惩戒性条文为主，一般伴有切实的惩罚性措施。

劝诫性乡规民约示例：

湖北省恩施土家族苗族自治州建始县三里乡扎鱼口村村规民约
（2019年）

一要遵纪守法，诚信待人；不要违法乱纪不坑蒙拐骗。
二要崇尚科学，反对迷信；不要信仰邪教不愚昧落后。

[①] 张明新依据内容的积极和消极性质将传统乡约组织的约文划分为劝诫性乡规民约和惩戒性乡规民约两种。他认为，以北宋《吕氏乡约》为代表的乡规民约旨在敦风化俗，重在引导、劝告、督促乡民的言行，提倡和增进乡村社会的互助互济，因此可以被称为劝诫性乡规民约。以明代《南赣乡约》为代表的乡规民约则旨在维护乡村社会基本治安和公共秩序，其条文多为规定、禁止、惩恶等，故可以称之为惩戒性乡规民约。张明新：《从乡规民约到村民自治章程——乡规民约的嬗变》，《江苏社会科学》2006年第4期。

三要弘扬美德，孝老敬亲；不要虐待老人不嫌贫爱富。
四要不等不靠，勤劳致富；不要赌博打牌不好逸恶劳。
五要艰苦创业，勤俭持家；不要大操大办不整无事酒。
六要礼貌待人，邻里互助；不要粗言秽语不打架扯皮。
七要男女平等，优生优育；不要性别歧视不违反国策。
八要保护环境，美化家园；不要乱扔乱倒不燃放鞭炮。
九要交通安全，文明驾驶；不要无证驾驶不乱乘乱坐。
十要管理民主，群防共治；不要无理取闹不越级上访。

惩戒性乡规民约示例：

广西壮族自治区金秀镇三片村村规民约
（1991年）

祭石碑，铁炮三声，天灵地准，国泰民安

一、偷盗财物者，罚30斤米，30斤酒，30斤肉，30元钱，失物归原主，全村共吃石碑饭。

二、嫖赌窝家者，罚打锣游村，并按第一条办。

三、强奸妇女、拐卖人口者，罚1000元赔偿受害者，并按第二条办。

四、砍伐本村公共护林区或林木者，砍一罚交20元，石碑和村委各一半。

五、破坏交通、公共场所、集体财产者，罚加倍赔偿外，再按第一条办。

六、勾生吃熟、里通外合，扰乱村屯者，按第一条办。

七、作案者，罚犯者50—100元奖给捉案者。

八、石碑执约者，由应届领导人主持，执行公务人员由石碑罚犯者每天付误工费10元。

从形式上看，各地乡规民约形式灵活多样，其中，典型的形式包括传统条款型、歌谣型、三字经型、顺口溜型、古训型等。各种表现形式的宗旨皆在于将所规范内容与当地文化传统或民风习俗结合起来，达到朗朗上口、便于记忆和传诵的效果。试以顺口溜型和三字经型乡规民约举例

如下：

顺口溜型乡规民约示例：

北京市延庆区房老营村村规民约
（2015 年）

家住房老营，爱村记心中。早船双人坐，艄公好身功。
爱国多奉献，爱党更深情。为人讲友善，诚信待亲朋。
律己必从严，待人要宽宏。助人为乐好，宽厚感情增。
学法懂法纪，守法好名声。爱惜公共物，祭扫讲文明。
邻里要和睦，互帮如弟兄。尊老爱儿童，贤德福寿增。
婚丧嫁娶事，简办廉洁名。远离黄赌毒，不被邪教蒙。
环境要洁净，码放要有形。垃圾分类放，不能随便扔。
喝酒不开车，行车不乱停。相互多谦让，不逞一时凶。
严控雾霾源，减排不可轻。秸秆不焚烧，环保低碳行。
土地最宝贵，保护不放松。搭建不违章，利己不损公。
牢记民为本，干群鱼水情。党员带头干，村民紧跟行。
村规民约定，条条要记清。严格来遵守，村荣家业兴。

三字经型乡规民约示例：

山西省太原市古交市镇永树曲村村规民约
（2018 年）

遵纪守法篇

国有法	村有规	守法度	不可违	勤学法	不犯罪
尽义务	有作为	依法律	缴税费	公共财	不可毁
禁毒博	祛邪恶	讲规矩	守纪律	明底线	不越线

文明礼貌篇

讲道德	行为美	有礼貌	敬长辈	要修养	尊师长
对老小	莫虐待	脏乱差	要整改	真善美	重情义
学科学	不迷信	敢担当	树新风	多奉献	人光彩

家庭邻里篇

俭持家	莫浪费	少铺张	防突变	夫妇情	恩爱深
男和女	讲平等	护弱者	帮友邻	忍为高	和为贵
小摩擦	不吵嘴	肚量大	不吃亏	勤致富	人敬佩

人际关系篇

人间情	如鱼水	善交友	勿虚伪	君子交	淡如水
人际间	少疑猜	忌诽谤	互谅解	大是非	分错对
知明理	讲诚信	不加害	莫侵权	靠法制	依仲裁

从目前各地实际制定和执行的村规民约来看，不难发现，综合性村规民约在数量上要多于单约性村规民约，而外生性村规民约也要多于内生性村规民约。[1] 而无论是从乡规民约的整体类型来看，还是从乡规民约中单个规条的类型来看，劝诫性乡规民约也明显多于惩戒性乡规民约。这反映出目前乡规民约的一些问题，比如大量乡规民约存在照抄照搬村民自治章程或是国家法律、政府文件的情况，因而导致规约条文看似全面宏大，实则单薄空洞。同时，乡规民约的约束力需要依靠惩戒性规定，但乡规民约本身作为一种民间规约，其惩罚性内容是否具有合法性，惩戒标准如何把握，尚存在较多质疑，这些也都导致当前大多数乡规民约仍然倾向于采取劝诫式表述，而非惩戒式表述。

第三章 当前乡规民约推动农村社会治理的典型案例

虽然当前农村乡规民约的实施整体状况存在形式化、不均衡的问题，但在部分地区的农村社会治理实践中，还是存在着一些运用乡规民约取得突出治理效果的典型案例，这些案例为我们深入分析乡规民约对农村社会治理的作用，以及其推动农村社会治理的具体机制提供了可贵的经验基

---

[1] 李斌：《变迁中村规民约研究——以对山东省三个村庄的实证调查为例》，硕士学位论文，山东大学，2008 年。

础。本章选取浙江石磁、广东云浮、厦门同安、北京顺义、贵州塘约这几个具有代表性，但又各具特色的案例，分析它们是如何将乡规民约运用于当地农村社会治理的。

一　浙江绍兴："乡村典章"推进制度治村

当前农村社会治理普遍存在的一个问题是制度供给不足。具体表现为村庄日常事务管理和监督工作缺乏有效的制度规范、村务决策程序不透明、决策机制不健全、村务公开程度低等。这些问题进而导致村两委会关系不协调、村庄内干群矛盾日益尖锐等多种现象。农村社会具有较大的复杂性和差异性，这决定了它的很多问题无法经由国家制度加以统一规范，因而亟待寻找一条路径，在因地制宜的前提下对村庄日常权力运转和日常事务管理加以制度化规范和保障。正是在这样的背景下，一些村庄探索通过制定乡村典章的方式来解决乡村社会制度供给不足的问题，取得了较好效果。

这方面的一个典型案例就是浙江省绍兴市新昌县石磁村。石磁村地处浙江东部天姥山麓，当地不仅是革命老区，而且村庄内宗族、宗派和历史文化背景较为复杂，村庄内经济发展不平衡，因此乡村内部纠纷矛盾激烈。同时，该村村民委员会和村党支部委员会之间矛盾突出，这更进一步导致在村级事务决策和管理上出现不民主、不透明的问题，从而致使村内各种矛盾进一步激化，干群关系非常紧张。《石磁村典章》的设置初衷就是要把村级事务的决策权和处置权最大限度地交给村民，让村民最大限度地参与村内事务管理，通过扩大村内民主来化解两委矛盾、干群矛盾。2004年，该村的乡村典章初稿出炉并张榜公布，村干部逐户收集意见，最后递交全体村民公决。在全村一千一百多名选民中，有九百八十人参与了乡村典章的投票。最终，被誉为全国首部"村民自治特别法"的《石磁村典章》面世，此后，这一基层民主实践被进一步作为"乡村典章"推广到乡镇。典章对村级组织职责、村庄议事决策、村庄财务管理、村务公开等方面的具体事宜作了详细规定，明确各主体职责，最大限度地保障了村民的知情权、参与权、决策权和监督权。首先，针对两委职责不明，相互扯皮推诿的问题，典章做出了明确规范和解释，明确村党组织是决策的受理者，村民会议、村民代表会议和两委联席会议进行决策，村委会是决策的执行者，这种职责划分就避免了两委推诿扯皮、相互掣肘。同时，针对干群矛盾突出的问题,典章规定实行村务定期公开,一般每季度公布一次,向村民公开村务运作程序,把监督权交给全体村民,通过民主评议、经济审计、村务公开等形式,畅通村民对公共事务的参与和监督渠道。乡村典章制定实行之后,石磁村的民主氛围大大提升,村干部的压力小了、工作阻力小了、动力大了,村民们也更放心和称心了,村庄治理实现了从为民做主到让民做主的转变。

石磁村不是典章治村的孤例。绍兴市绍兴县夏履镇针对村务治理过程中制度化水平低、程序不民主不透明、村民意见极大的情况,制定了六套专门的村务办理程序,包括(1)年度规划、重大政策、工程项目程序;(2)集体资产经营程序;(3)村干部报酬、误工费补贴程序;(4)村干部公务消费补贴程序;(5)招投标程序;(6)财务审批程序。以其中的招投标一项为例,该村制定的招投标程序规定,由招投标领导小组提出方案,再由村理财小组、监督小组、股东代表讨论方案。对于一万元以下的项目,直接通报即可;对于一万元至十万元的项目,在党员大会讨论前应有民主听证程序;对于五十万元以上的项目,则需将项目交由上一级区政府招投标中心进行招投标。最后,对于投标过程和结果实行村务公开。通过六套专门程序,村级重大重要事务的管理都有了明确的程序性规定,实现了对村干部的约束,也缓解了村民的不满情绪。绍兴市新昌县沙溪镇董村是另一个典型的例子。该村因为由原六个自然村合并而成,合并后的村两委委员都心向自己原来所属的自然村,因而造成村干部不团结,干群矛盾突出。在此情况下,该村党支部书记牵头带领干部群众制定了"董村典章",明确界定村级各组织之间的职能关系,并对村务决策、村务管理、责任问责、村民行为规范等内容以典章的方式明文加以规范,解决了行政村合并带来的一系列问题。绍兴市嵊州市八郑村同样针对村务管理不规范、决策程序不民主不透明的问题,围绕民主选举、村务决策、财务管理、工程招投标、村务公开、民主管理监督、村干部谈听评、村干部工作追究这八项最核心的村庄事务制定了明确的规章制度和工作流程,简称"八大制度"和"八大工作流程",使得村庄治理有规可依、有章可循。①

---

① 尹华广:《枫桥经验:以乡规民约促进基层治理法治化的实践与启示》,《学术纵横》2015年第12期。

绍兴的做法实际上是运用乡村典章来对村庄事务进行制度化规范，而这个乡村典章就是一种全体村民合意订立的乡规民约。自村民自治制度确立以来，村级党组织和村民委员会的关系不协调、村务管理民主程序缺乏、干群矛盾突出已经日益成为农村社会治理的一个突出问题。这一问题背后的一个重要原因，在于现有法律规章等正式制度对包括村两委职能划分和职责权限、村级民主决策程序、村民民主参与和监督方式等在内的涉及村庄公权力运行的问题缺乏明确规范。乡村典章的出现正好填补了这一制度性空白。乡村典章虽然不是正式制度，但却是一种"准制度规范"，它所规定的权力公授、村务公决，以及民主决策、民主管理、民主监督等原则及其具体实施机制，更为详尽地规范了村庄公权力运行的方方面面，缓和了两委矛盾、干群矛盾，提高了农村社会治理的制度化水平，推动村级治理由"村官治村"向"制度治村""规则治村"转型。就更广泛层面而言，在当前农村社会治理制度供给不足的现实情况下，通过订立乡规民约来产出某种准制度化规则，实际上为解决农村社会各种繁难事务，尤其是涉及全体村民共同利益的村级事务提供了一个可能的思路和方案。

二 广东云浮："乡贤理事会"激活村庄社会资源

乡村人员的大量外流是当前农村的一个普遍现象，由此带来的乡村社会"空心化"，村庄治理内生性权威缺乏，人员组织、内部整合能力急剧下降，也成为当前农村治理的另一个显著问题。但实际上在很多地方，乡土社会走出的大批经济、社会、文化精英仍然保留着浓厚的乡土情结和传统文化观念，他们也具有强烈的反哺家乡的意愿。以广东、浙江、福建等为代表的一些地方就抓住这一宝贵的村庄社会资本，通过成立乡贤理事会，搭建组织平台，借助乡贤、能人的社会联结及影响力，探索解决乡村社会内生性治理资源不足、公共权威衰弱等棘手问题，构成了当前乡村社会治理的一种有益探索。

这方面一个典型的例子就是广东云浮的"乡贤理事会"[①]。云浮乡贤理事会源于该地"村民理事会、社区理事会、乡民理事会"的三级理事会试

---

① 参见蔡禾、胡慧、周兆安《乡贤理事会：村庄社会治理的新探索——来自粤西Y市D村的地方经验》，《学海》2016年第3期；卢志朋、陈新《乡贤理事会：乡村治理模式的新探索——以广东云浮、浙江德清为例的比较分析》，《云南行政学院学报》2018年第2期。

点培育项目。经过几年实践探索，逐渐发展为以自然村为基础，村—组二级乡贤理事会的模式。乡贤理事会的主要职责在于协助党委、政府兴办公益事业、促进农民增收、调解邻里纠纷、参与乡村管理和建设。在人员构成方面，乡贤理事会通过自然村（村民小组）推荐提名的方式遴选包括老党员、老模范、老干部、经济文化能人及外来务工代表等在内的热心本地经济社会建设服务的人士参加，民主选举理事长、副理事长及秘书。从性质来看，乡贤理事会实际上是一种以参与村庄公共事务、开展村民间互帮互助为核心宗旨的公益性、互助性农村基层社会组织。在功能定位上，乡贤理事会与村民委员会、村民小组互为补充。乡贤理事会的工作重心是协调乡里邻里纠纷、协助兴办公益事业、协助村民自治，尤其侧重于对村庄的基本硬件设施进行建设和完善。村民委员会和村民小组则负责村庄的社会服务。由此，乡贤理事会和村民委员会、村民小组形成了村庄社会治理的合作伙伴。乡贤理事会的出现有效地弥补了基层政府和自治组织在提供公共产品和公共服务方面的不足。

　　浙江省湖州市德清县的乡贤参事会也是通过重构乡村社会精英激活村庄社会治理的一个典型例子。德清的乡贤参事会源于当地洛舍镇东衡村的成功经验，该村为探索如何在村两委班子和村民之间搭建起沟通桥梁，在村庄事务管理中发挥四两拨千斤的作用，建立起了一个由村两委会成员、老干部、党员和组长代表组成的新农村建设推进委员会，这成为乡贤理事会的前身。在此后的村务管理中，乡贤理事会获权列席村两委会和村民代表会议，参与村庄重大事项决策和监督管理工作。东衡村的这一做法逐渐在德清县内被挖掘和推广。德清县将新乡贤统战工作作为推进基层党组织建设的重要内容和直接抓手，通过一系列措施推动乡贤这一有力资源有效地融合到乡村人才会聚、产业发展和基层治理的实践中去。[①] 同时，新乡贤的理念在实践中还得到了进一步延伸，除德才出众的本地乡贤以外，投资兴业的外来创业精英、外出经商致仕的成功人士也都被吸纳到乡贤参事会中，成为推动基层治理的重要力量。2014 年，德清县出台专门的《培育发展乡贤参事会，创新基层社会治理实施方案》，明确乡贤参事会在村庄

[①]《浙江德清发布地方标准，让乡贤参事有标可依》，中国新闻网，2019 年 4 月 28 日，http：//baijiahao. baidu. com/s？id = 1632050590680433773&wfr = spider&for = pc。

治理中的功能定位为"协调农户与龙头企业、合作组织、村委会之间的关系，协助党委、政府开展农村公益事业建设，协同参与农村社会建设和管理。"① 此后，为了规范乡贤参事会的运作，推动乡贤资源的整合，德清县还制定了《乡贤参事会建设和运行规范》，本着贴近基层实际、简便易行的原则，对乡贤参事会组织运行的基本要求、机构建设和运行管理等方面进行了具体的规范，实现了乡贤参事会工作的规范化和标准化。经过几年的建设实践，乡贤参事会在各村的村庄治理中切实发挥出了智囊团、连心桥、助推器和减压阀的作用，不仅在村两委和村民之间搭起了一座沟通的桥梁，也成为了乡村社会无声的文化道德力量。2014年，德清乡贤参事会获得民政部"2014年度中国社区治理十大创新成果"提名奖。

广东云浮和浙江德清的乡贤理事会实际上是乡村社会在文化延续的内在动力和乡土社会治理的现实需求两种力量共同作用的产物。乡土社会的传统文化有其延续传承的内在动力。在中国乡土社会几千年的发展过程中，乡土精英对乡村社会秩序的深度参与以及国家政权与乡土精英的合作治理一直是一个延续性特征。士绅阶层凭借自身在道德、文化、经济等方面的资源和权威，在教化乡民、维护乡村社会秩序、提供基本公共服务、调解乡土社会纠纷方面起到了重要的作用，成为沟通官民的桥梁。因此，乡贤文化是中国乡村社会的固有传统。从乡土社会治理的现实情况来看，随着市场化和城镇化进程的加快，大量乡村人员外流到城市，农村常住人口普遍呈现出以老弱妇幼和低文化程度人口为主的特点，这些群体普遍缺乏参与乡村集体活动的积极性和参与村庄事务管理的能力。因而，乡村社会的内部参与主体缺失、参与能力弱化以至于无法产生有效的集体行动已经成为一个日益严重的问题。而长期以来乡村治理平台和机制的缺乏则导致村庄外部精英即使有能力和意愿参与村庄事务，也无法获取有效参与渠道。乡贤理事会的出现正好提供了这一平台，新乡贤群体的进入极大地改善了村庄内公共权威缺失和集体行动能力贫弱的困境，为长期以来陷入僵局的公共物品供给以及陷入固化的村庄内部权力格局都带来了可能的转机。同时，乡贤理事会也区别于一般意义上的政商能人反哺家乡、投资捐献等行为，它的更大意义在于通过乡贤的回归和参与带动村民对村庄公共

---

① 《浙江德清探索乡贤参事会乡村治理模式》，《光明日报》2016年6月22日。

事务的普遍参与，强化对村庄公权力运行的实质性监督，推动村庄公共事务管理的民主化和透明化。在这个意义上，它不光产出村庄的公共产品，更提高村庄成员的公共精神和民主意识、自治能力，对乡村社会长期有效治理具有重要的意义。

三　厦门同安："公序良俗"助力村庄纠纷调解

乡规民约也被大量运用于乡村社会矛盾纠纷的化解。日益突出的社会纠纷和相对短缺的司法资源是农村社会治理的一个矛盾所在。以法院为中心的一元化的纠纷解决机制无法满足乡村社会多元社会纠纷调解的需求。同时，单一诉诸司法的渠道解决为数众多的民间纠纷，不仅意味着较高的司法社会成本，也意味着社会关系的对抗和紧张，对于社会的良性发展并不是一个有利的局面。更重要的是，司法途径虽然能用最明确、最直接的方式定纷止争，但司法诉讼的技术主义和工具理性倾向也并不总是能很好地处理乡土社会所广泛存在的伦理性、地方性、习俗性问题，适应基层社会中千变万化、纷繁复杂的实际情况。因此，对于乡村社会而言，建立多元化纠纷解决机制是十分必要的。乡规民约符合村庄范围内的"情"与"理"，契合村庄范围内的公平正义观念，在纠纷调解中具有高效便捷、成本低廉的优点，不论是从村庄成员自身降低诉讼成本，维系和谐稳定的村庄内社会关系而言，还是从降低全社会纠纷调解成本、提高司法资源的使用效率、维护社会稳定而言，都能起到四两拨千斤的作用。正是出于这些原因，一些地区将规约、习俗等乡土社会传统资源运用于解决民间家事纠纷、乡邻纠纷，取得了较好的实效，丰富了农村社会纠纷的解决机制。

厦门同安区五显镇的"农村家事纠纷援助中心"是这方面的一个典型例子。同安作为厦门面积最大的区，下辖农业人口较多，因而基层矛盾纠纷，尤其是家事纠纷较为频发。针对这一问题，五显镇成立"农村家事纠纷援助中心"，探索用化解村内矛盾纠纷的机制和方法。"家事纠纷援助中心"由村治保主任、调解主任、妇女主任等三人以上村干部组成，同时还吸收包括退休干部、教师等在内的具有一定工作能力和政策法律知识，在村庄德高望重、具有公益心、愿意为群众服务的人士参加。借助家事纠纷援助中心这一机构，同安建立了立案预登记制度，把援助中心的调解作为家事纠纷诉讼立案的前置环节，与司法局、妇联、村委会联动，发挥调解员扎根基层的优势,竭力将纠纷化解在庭前。村民一旦产生纠纷,可以及时向援助中心寻求帮助,援助中心指定调解员第一时间介入。在调解过程中,援助中心强调将"情、理、法"结合起来,既向当事人讲解相关法律法规,又借助村庄群众普遍接受的"乡规民约""公序良俗"等道德规范对纠纷进行调解,促进纠纷当事人撤诉或达成和解,力争在不对簿公堂、不伤害和气的前提下及时化解纠纷矛盾。家事纠纷不同于一般的刑事和民事诉讼,"如果仅以简单粗暴的方式处理,即使事实认定清楚,法律适用正确,依然会给社会埋下许多不稳定因素。"① 同时,农村社会是一个熟人社会,其自身存在着一些自发的纠纷调解机制和资源,一旦发生民事纠纷后,邻里之间或是具有血缘关系的亲属之间会出面自发进行调解或劝解。但这种自发性行为一方面缺乏制度性保障和常态化机制,另一方面劝解的能力和方式也参差不齐。家事纠纷援助中心则是一种更为常态的,既经过培训,又根植群众、贴近基层、方便快捷的纠纷调解机制。这种调解方式往往借助人伦道德、传统习俗、乡规民约等本土化法治资源,具有较高的社会认同度,因此能大大节省成本、弥补正式法治资源的不足。经过一段时间的实践,同安家事纠纷援助中心的实践取得了良好的效果,有效解决了很多棘手的村内矛盾纠纷,深受群众的欢迎。在此基础上,同安经验也得到了全国人大的认可,被作为一种非诉讼的矛盾纠纷解决机制写入司法解释。

　　研究黔东南苗族村寨村规民约的学者孙鞲描述了苗族地区一个关于村内牲畜物权纠纷的案例,在案例中她对比了运用司法手段和运用乡规民约两种方式解决村内纠纷的成本和效果问题。苗族同胞有采用"放浪"的方式养牛的习惯,也就是将牛放养在水草肥美的山上任其自由生活,待到耕作的时候将牛牵回自家牛棚。这原本是节约饲养人力、物力成本的一种自然方法,却也带来一个问题,即放养的牛在外生下的小牛常常无法确定其所有权归属,继而造成农户之间的财产权纠纷。孙鞲所描述的案例中,纠纷双方当事人因为小牛的归属争执不下,最后负气对簿公堂。司法裁决注重证据,因而法院最终的裁决方案就是对小牛与两家母牛进行"亲子鉴定",将小牛和两家母牛的基因采样提交国家林业局森林公安野生动物刑

---

① 《厦门同安:家事审判的"安心术"》,《人民法院报》2015年2月8日。

事物证鉴定中心，根据基因相似性判定小牛的归属。这桩 2009 年发生的案件中，小牛本身的价值在 500 元左右，而司法鉴定的费用高达六千多元，加之其他诉讼费用，双方为意气之争显然付出了较大代价，而对簿公堂也对双方的关系留下了难以弥合的裂痕。[①] 事实上，该地区以往曾有处理类似纠纷的习惯法，比如通过让小牛自己寻找母牛来判定小牛的归属，或是将争议的小牛卖掉，争议双方各得一半等，这些方式虽然没有法律依据，但是符合村庄范围内的"情"与"理"。倘若这种旧有规则能继续受到遵从，很多民间细事就可以在习惯法的范围内解决，亦能实现村庄内的公平正义。从这个案例可以看出，司法途径虽然能用最明确、最直接的方式定纷止争，但并不总是能调节人们的思想，促进社会的理解和宽容。村庄内的纠纷往往细小，但村庄内成员因为重视面子、重视熟人社会中他人对自己的评价，往往小事变大。如果能充分发挥村庄层面的纠纷调解机制，那么很多司法诉讼实则是可以避免的。无论从降低全社会纠纷调解成本、提高司法资源的使用效率而言，还是从村庄成员自身降低诉讼成本，维系和谐稳定的村庄内社会关系而言，都是大有裨益的。

事实上，在中国古代，"无讼"或"少讼"是评价社会和谐安宁的一项重要指征，也是人们所追求的一项政治目标。通过灵活可变且简切有效的方式调解民间纷争，既有利于社会秩序的稳定，又可以减少民众的讼事之累。杨开道在《中国乡约制度》一书中就曾提及古灵劝谕的例子。北宋时福建地区有一位名叫陈古灵的礼学先生，他擅长断狱明决，并且能化行乡里，在他任职的各个地方以学教民、以德化民。陈古灵有一个著名的劝谕文："为吾民者，父义，弟恭，子孝，夫妇有恩，男女有别，贫穷患难，亲戚相救，婚姻死丧，邻保相助，无堕农桑，无作盗贼，无学赌博，无好争讼，无以恶凌善，无以富吞贫，行者逊路，耕者逊畔。斑白者不负载于道路，则为礼义之俗矣。"[②] 后来，朱熹在会稽禹穴壁间发现这个古灵劝谕文，觉得它简切有理，便加以提倡，每每给投牒诉讼之人，很多人看了这个劝谕文受到警醒转而罢诉。这是以道德劝谕来减少诉讼的一个例子。此外，前述山西村治部分也提及村治制度体系中有"息讼会"的设置。息讼

[①] 孙鞡：《黔东南苗族村寨村规民约研究》，西南交通大学出版社 2014 年版，第 165 页。
[②] 杨开道：《中国乡约制度》，商务印书馆 2015 年版，第 33 页。

会从村庄内部选举公正明理的五至七名村民组成,根据传统习俗、民间规约等多种方式处理村中家事纠纷、财产继承、邻里矛盾等民事纠纷,以达到减少民众讼累以及维持村庄和谐的目的。这实际上也是运用民间调解以补充司法资源之不足的一种制度设计。

今天,国家司法资源较古代和近代已大为丰富。但是不论何时,法律相对于社会的发展而言,始终具有一定的滞后性,同时,司法资源的相对紧缺也是客观存在的,因此,现代社会的发展客观上需要一套更为多元立体的纠纷化解机制。乡规民约虽然不是正式的法律文本,却是在日常生活中形成的、并为一定的人群所认同的民间行为规范,当国家正式的法规对乡土社会关系的调整存在不足时,这类规约就可以加以补位,起到调纷止争的作用。对于现代法治社会建设而言,在对乡规民约进行了现代性改造和合法性审查,明确其与正式制度和法律的相互配合和补充关系的前提下,将其运用于乡土社会秩序调节,不但不会削弱法律的权威性,还会丰富本土法治资源体系,缓解司法资源的紧张,降低治理的成本。

四 北京顺义:"乡规民约"促进农村利益沟通协调

乡规民约也被广泛运用于解决城镇化加速发展中出现的大量关系群众利益、迫切又具体的现实问题。这些新情况、新问题,法律尚没有具体细则加以规范,乡规民约恰好弥补了这一空白。乡规民约通过村民的公共参与和协商,在国家法律制度框架内约定成员的权利和义务,使得规约的内容成为村民自愿自觉遵守的准则,有效地防止了利益分化带来的冲突,在处理一些法律尚未明确规范、政府政策法规也不能立即到位的问题上,显示出更高的灵活性、时效性。

这方面一个典型的例子就是北京市顺义区。顺义区位于北京东北部,该区很多村庄位于城乡接合部,也正处在城镇化的加速发展阶段,因此面临大量关系群众利益的新情况、新问题,诸如集体资产处置与收益分配问题、宅基地丈量和确权问题、人口流动引发的新老住户、本地外地矛盾问题等。能否较好地处理这些问题,较好地协调各方利益关系,直接决定了农村社会是否能稳定发展。为此,顺义区在农村社会治理中引入了乡规民约。首先,乡规民约被用来解决村庄公共事务中最棘手的流动人员管理问题。在马坡镇秦武姚村,流动人口远远超过本地户籍人口,人口土流倒挂现象非常明显，外来人口在用水用电、租房私搭等方面较难管理，且与本地居民存在较大利益冲突。以往的流动人员管理多以政法系统的党政力量为主，依托网格化治理、群防群治等管控方式，但是整体而言管理成本较高、效果不佳。针对这种情况，该村通过订立村规民约的方式将本地外来人口召集在一起，共同商讨村庄事务，形成较为公平的方案，并写入规章，大大缓解了村庄资源分配和村务管理的压力。该区另一个村庄南彩镇河北村在乡规民约中写入流动人口管理的"四道关"，对村民对外出租房屋、外来人员信息登记、失业人员再就业、流动人员日常管理四个关口进行了详细的规范，较好地控制了此前较为棘手的房屋出租和流动人口问题，杜绝了违法建设。同样是这一地区，乡规民约也被运用于解决农村发展中的土地纠纷问题。例如陈各庄村针对建房纠纷频繁发生的情况，在修制乡规民约时，规定必须有"四邻签字"，方能开工建设。大官庄村规定在拆除旧房前须由村两委提前介入，对房屋进行丈量，确保在原址范围内翻建，极大地减少了由此产生的利益冲突。

顺义区运用村规民约来解决城市化进程中比较棘手的流动人口管理、土地纠纷等问题，是将村规民约运用于调节村庄利益关系的一个典型例子。经济社会的飞速发展必然带来诸多新问题，而正式法律法规的制定往往需要等待政策窗口的开启，因而存在滞后性。乡规民约则相对灵活、及时，可以针对村庄具体事务采取一事一议、一事一策的民主形式商讨公共事务，同时又以规约的形式产生共同认可和遵行的规则，它的运用实际上为处理经济社会快速发展过程中的各类新问题、复杂问题提供了一种可能的低成本、低风险的路径，也有效地弥补了国家正式制度、法律法规尚未规范的问题领域。

五 贵州塘约："红九条"养成淳美乡风民俗

乡村建设与发展的一个核心问题是"人"的问题，也就是如何让乡村社会摆脱一些陈旧落后、不健康、不文明的生活方式和观念，塑造良好道德风尚，建立文明、健康、有序、和谐的乡村社会氛围。这就需要通过加强农村道德建设，普及科学知识，推进移风易俗，从而形成文明乡风、良好家风、淳朴民风。在历史上，乡规民约的本意就正在于化民成俗。正如明代王阳明在南赣地区实行保甲制，虽然有效治理了当地的动乱和匪患问题，但是他也深感"民知革面、未知革心"，于是更进一步推行乡约，以期起到敦风化俗、治心为上的效果。在当下，乡规民约在引导村民转变生活方式，塑造良好乡村社会风尚、道德习俗方面也能发挥重要作用。事实上，较之于提高村治制度化程度、调解基层矛盾纠纷、协调多元利益关系，乡规民约对农村社会治理的更深层次作用正是体现在文化层面，也就是通过乡规民约促进乡村社会良好社会风尚的形成，增强村庄共同体成员的价值认同，构建良好的精神秩序，达到乡村社会的自觉治理。

贵州省塘约村是一个运用乡规民约推动乡风民俗建设的典型事例。塘约村地处安顺市平坝区乐平镇西北部，原本是一个"村穷、民弱、地撂荒"的国家级二类贫困村，该村通过土地确权，成立村社一体的合作社进行合股联营，发展成了一个小康示范村。但是富裕起来的村民仍然存在卫生习惯不好、陈习陋俗较多的问题。因为有集体经营做后盾，塘约启动了村规民约来规范村民的日常生活，引导村民建立文明的生活方式和价值观念。2015年，塘约村通过村支两委和村民代表大会，研究制定了规范村民行为的"红九条"，推出了改善不良村风、重视淳朴乡风的九条村规民约：对于不参加公共事业建设者、不交公共卫生管理费者、贷款不守信用者、不按规划乱建房屋者、配合村委会工作不积极者、违规操办酒席、不孝敬父母不奉养父母者和不管教未成年子女者，一律纳入"黑名单"进行管理。以3个月为限，在被"拉黑"期间，不享受村里的任何服务和惠民政策，直至改正考核合格后才能重新享受。户主改正了，要在村民小组会上检讨，组委会5人签字，报村民代表大会审议通过了，才恢复正常。审议通不过的，再延长3个月，直至村民代表大会审议通过。

塘约村"红九条"的一项显著成效就是有效遏制了长期以来盛行的"整酒风"。当地人把亲友间的宴请称为"整酒"。整酒本是乡土熟人社会婚丧嫁娶时的礼仪，也可借机联络感情，互致敬意。但近年来，这一习俗逐渐变了味，很多"整酒"并不是出于必要的婚丧嫁娶事宜，而是基于面子排场或礼金回笼的考虑。诸如生日宴、整岁宴、升学宴、迁居宴等，各种名目的整酒逐渐成为一种普遍的社会现象，比排场、比礼金，奢靡之风盛行，敛财歪风劲刮，群众不堪其苦，直呼"人情猛于虎"。吃酒、送礼金、办酒、收礼金、再吃酒……陷入了一种恶性的"死循环"，成为村民的沉重负担，也极大地影响了经济发展，败坏了社会风气。针对这一棘手问题，塘约村"红九条"规定："除婚丧嫁娶外，其他任何酒席都不得操办，村民也不得参与除婚丧嫁娶外任何酒席的请客和送礼，以及为操办酒席者提供方便。"在村支两委的带领下，塘约村推行了酒席申报备案制度，禁止操办红白事以外的其他酒席，操办婚、丧事者需提前五天向村委会申报，经审批后签订承诺书。在办理流程上，"红喜"八菜一汤无大菜，"白喜"六菜一汤盆盆菜不发包包烟、不发纪念品，明确酒席范围、流程、桌数、标准，形成老百姓自己的"规矩"。同时，塘约村还成立"红白理事会"，选举德高望重的寨老担任会长，主管全村红白喜事酒席操办，由村委会统一免费为村民提供餐具、餐桌、厨师团队等一条龙服务。从此，全村的酒席总量减少了3/4，用60万元的集体支出堵住了过去滥办酒席所花费的约3000万元的损失。整治之初，许多村民并不信服，还是存在一些私自违规办酒现象。面对这样的情况，村支两委经过多次商讨协议，决定将没收违规办酒人员的全部食材赠送给敬老院和学校，并将其列入"黑名单"，取消享有的荣誉称号及部分优惠政策。新规实施后，村民滥办大办酒席借机敛财的不正之风得到了有效整治。

像这样运用村规民约推进乡村移风易俗的还有湖北省恩施土家族苗族自治州。在当地，随着"整酒"风气的日益泛滥，出现了一个新词"无事酒"（指毫无合理名目的整酒）。无事酒对当地社会秩序带来多重危害：首先，无事酒加重了群众负担。恩施自治州纪委（监察局）2012年初的一项社会调查显示，2011年，全市城镇居民人均可支配收入为15033元，农村人均纯收入为3946元。而当地一个农村四口之家平均人情总支出约12000元，一个城镇三口之家平均人情总支出约23000元。也就是说，城镇居民人均收入的一半，农村人均收入的七成多，均用于人情支出。[①] 过度的人情消费已经超出普通百姓的实际承受能力，严重影响了广大群众的正常生产生活。其次，无事酒也扭曲了人际关系。过度的人情支出是"无事酒"产生的根源，长期"只出不进"会导致家庭经济入不敷出。因此，少数家庭迫于无奈，编造借口整酒，借机敛财，最终陷入由被动变主动、再由主动变被动的"怪圈"。部分地区甚至出现了收完礼金就举家外迁的怪象，原本淳朴的人际关系最终变为赤裸裸的金钱关系。在少数整酒重灾区，甚

---

① 数据来源于对湖北恩施土家族苗族自治州调研时所获资料。

至形成了依附"整酒"而生的利益链,策划、接客、宴席等由礼仪公司一手包办,"整酒"俨然成为了一个"新兴产业",严重败坏了社会风气。再则,无事酒也带来极大浪费和社会治安隐患。"无事酒"的目的在于敛财,为了实现利益最大化,整酒当事人往往尽可能多地"接客",因此一场酒宴动辄上百人,甚至几百人。大规模的人员聚集,不可避免地带来打牌赌博,甚至打架斗殴等问题,同时由于山区基础设施建设相对滞后、食品卫生监管存在盲区等原因,极易引发安全事故。此外,纠结于"返还礼金多与少"等问题,邻里、亲友之间往往积聚怨气,这些都是影响社会稳定的不安因素。正因如此,为了刹住无事酒泛滥之风,村委会号召村民签订"反对大操大办和违规整酒"承诺书,通过修订完善村规民约,明确整酒范围和申报程序,建立婚丧嫁娶事宜整酒台账,对违规整酒者实行黑名单管理,也取得了较好的成效。如此种种,通过制定和遵守村规民约,村民素质得到极大的提高,守法爱乡、家庭和谐、邻里友好、诚实守信、勤俭节约等传统美德和良好风尚得以发扬,这也成为乡规民约推动农村社会治理的一个重要方面。

概括起来,浙江绍兴的经验是运用乡规民约提升农村制度化建设,通过制度化,以及制度建设和执行的民主化、透明化解决农村治理中最为突出的两委矛盾、干群矛盾,增强乡村治理的合法性。它着力于解决"依据什么来治村"的问题;广东云浮的经验是通过激活新乡贤这一乡村治理和发展的有效社会资源,来解决农村社会公共权威缺失、内部整合能力薄弱的问题,为农村社会发展注入新功能、新活力。它着力于解决农村社会治理"内力不足"的问题;厦门同安的经验是将公序良俗运用于化解基层社会最日常、最细碎的矛盾纠纷,用民间法来缓解现有司法资源的不足,降低司法和行政成本,丰富社会纠纷的调解机制。它着力于解决国家法和正式制度"治理成本过高"的问题;最后,北京顺义的经验是运用乡规民约来协调村庄内利益关系,通过村庄共同体内成员共同参与协商的方式来规范那些国家法律和正式制度尚未规范的问题领域,例如高速城市化进程中的城乡接合部村庄流动人口管理和公共资源占有问题、土地问题;而贵州塘约村的经验是运用乡规民约来规范那些不宜用法律规章制度来规范的领域,诸如乡村社会道德风尚、乡风民俗等。简言之,这两个地方的乡规民约着力于解决法律制度的"空白地带"问题,帮助规范了那些法律制度管不了、不好管的事务领域。

第四章　当代乡规民约的性质、特征及功能

在理论层面，当前学界对于乡规民约主要有以下几种典型的理解范式：一是社会资本和社会信任范式。这种范式一方面可以解释乡规民约的权威来源和效力基础，因为乡村社会具有熟人社会的特征，违反规约所带来的较高道德和人际成本构成了规约对于村庄成员约束力的基础。同时，这一范式也解释了乡规民约对于农村社会治理的作用原理，即乡规民约作为一种制度性社会资本增强了村庄成员之间信任和合作的基础，促进了村庄社区网络的形成，进而对村庄公共治理产生重要作用。二是法律社会学的民间法范式。这种范式把乡规民约作为一种民间法。民间法是相对于国家法而言的，它虽然不是正式的法律规范，但却在农村实际生活中发挥重要的规范性作用，对于调节村庄社会关系、利益关系具有重要价值。因而，乡规民约也属于广义的法，建设和运用乡规民约也属于广义的法治范畴。三是社会整合范式。这种范式认为，改革开放以后的中国乡村社会出现了碎片化的特征，在传统权威不复存在的情况下，乡村社会的整合要从权威性整合向制度性整合转变，而乡规民约正是在保障村民个体平等权利的基础上所形成的一种制度化利益表达和沟通平台，是当前农村社会整合的有效手段。四是公共性与国家建设范式。这种范式认为当前很多中国乡村正面临着共同体解体带来的种种困境，如公共物品供给不足、村民集体认同感和互助合作基础减弱、乡村黑恶势力滋生等，而乡规民约正是重建村庄公共性的重要措施。[①] 上述四种理论范式对理解当代乡规民约的性质、特征及其作用于农村社会治理的方式和机理十分具有启发性。

一　当代乡规民约的性质

事实上，我们可以从以下方面来明确当代乡规民约的内在属性：

[①] 王国勤、汪雪芬：《村规民约的权威塑造》，《江苏大学学报》（社会科学版）2016年第2期。

（1）乡规民约是一种非正式制度

一般地讲，所谓"非正式制度"是广义的"制度"，即人类行动规则与人类决策所依据的社会结构之中的一类。[①] 正式制度是人们有意识地创造的、正式的、成文的规则体系，他们产生于正式的组织结构，依靠正式的组织结构来实施，在组织和社会活动中具有明确的合法性。而非正式制度则是指人们在长期交往中无意识地形成的、不成文的，但得到社会认可的约定成俗、共同恪守的行为准则，它包括价值信念、风俗习惯、文化传统、道德伦理、意识形态等。道格拉斯·诺斯在其经典著作《制度、制度变迁与经济成就》中表达了一个鲜明的观点：非正式制度是与正式制度相对应的，同样对人的行为起到约束作用的一系列规则。制度的重要意义不在于其是否正式，而在于其是否实际地在人的生活中起到作用。[②] 在著名的"霍桑实验"中，心理学家首先注意到组织中非正式组织对人们行为方式的重要影响力。经济学、社会学、政治学等学科都进一步证实了非正式制度的存在及其对人们行为的影响。一个显见的事实是，非正式制度常常限制甚至改变了正式制度的产出结果。正如诺斯指出："即使在最发达的经济中，正式制度也只是决定行为选择的总体约束的一小部分，人们行为选择的大部分行为空间是由非正式制度来约束的。"[③]

乡规民约即是一种典型的在基层社会实际发生重要作用的非正式制度。[④] 区别于国法、村民委员会自治法以及村民自治章程等相关正式制度，乡规民约是村庄成员在长期交往中自发产生、约定俗成的一套行为规则，它体现村庄成员的合意，而不是国家的意志，它以全体村庄成员的共同参

[①] 随着新制度主义的兴起，制度成为社会经济和文化研究领域的一个关键概念，人们对于制度的理解也走向深入。制度被认为是社会生活中形成的一整套社会准则和行为规范，是一套调节人与人之间相互关系的规则体系。这一理解大大拓宽了制度的范畴。制度不仅指那些成文的、正式的、显见的规则，比如国家政治制度、法律体系等，也包含那些不成文的、非正式的、不显见的规则，例如文化传统、伦理道德等。

[②] [美] 道格拉斯·诺斯：《经济史中的结构与变迁》，陈郁、罗华平等译，上海人民出版社1994年版。

[③] [美] 道格拉斯·诺斯：《经济史中的结构与变迁》，陈郁、罗华平等译，上海人民出版社1994年版，第28页。

[④] 按照诺斯对非正式制度的定义，我国农村社会的传统、习俗、道德规范等都可以被纳入非正式制度的范畴。温莹莹：《非正式制度与村庄公共物品供给——T村个案研究》，《社会学研究》2013年第1期。

第二部分 乡规民约与当代农村社会治理

与和自愿服从为约束力基础,而不是以国家强制力为后盾。内容上,乡规民约侧重于解决村庄的各种具体公共事务,追求适用性和实效性;形式上,乡规民约并不强调严密性和完备性,而是讲求灵活性和实用性。尽管乡规民约有着不同于正式制度的特征,但它是村庄成员以自我组织、自我调节、自我管理的方式为乡村社会共同事务所订立的一套规则,它的存在使得诸多乡村公共事务更加有章可循、有规可依,有效地弥补了国法和正式制度的供给不足。在这个意义上,乡规民约作为一种非正式制度促进了乡村社会治理朝着规则之治的方向发展,推动了乡村治理的制度化进程。

(2) 乡规民约是一种社会资本

"社会资本"是从经济学中作为生产要素、能够产生效益的"资本"概念中延伸而出的,对于"社会资本"的具体界定,西方学界有几类不同的观点。[①] 但其基本思想是认为社会生活中的非经济要素如网络、信任、规范等,如同土地、劳动、资本等传统资本形式一样有助于提升组织或个人实现目标的效率,因此可以将这些要素统称为社会资本。因此,社会资本实际上指涉有利于增进一个社会或群体共同收益并促成集体行动的社会规范和社会网络关系。[②] 社会资本最核心的要素就是成员身份、社会网络和信任关系。其中,成员身份是获得组织内资源的基础,社会网络则赋予成员以身份归属感,而信任关系则促成成员间的合作。这些要素看似无形,但事实上能在人们的日常生活和各种组织的运转中发挥相当重要的作用,如果社会资本得到较好的发掘和利用,就能使各种资源要素得到增

[①] 布迪厄(Pierre Bourdieu)认为,社会资本是一个社会或群体所具有的现实或潜在的资源集合体,主要由确定社会或群体成员身份的关系网络所构成。美国社会学家詹姆斯·科尔曼(James Coleman)认为社会资本表现为一种无形的人际关系,其存在于不同行动者相互之间的关系结构中,是一种行动者在实现利益方面可资利用的资源,具体包括横向的协会组织和纵向的科层组织等。政治社会学家罗伯特·帕特南(Robert D. Putnam)认为,社会资本是对社区生产能力有影响的人们基于社会网络和关系准则建立的一系列横向联系,其核心是人们之间的相互信任,可以通过促进协调集体行为提高社会效率。行政学家埃莉诺·奥斯特罗姆(Elinor Ostrom)认为,社会资本是社团组织在经常性的活动开展中形成的、被社团成员所共享的知识、规范、理解、期望等,是对于自然、物质、人力三种资本形态的重要补充。美国康奈尔大学教授安妮鲁德·克里希娜(Anirudh Krishna)进一步将社会资本区分为关系资本与制度资本两类既相互区别又相互联系的表现形式,前者涉及与他人互助合作中产生的价值观、态度、行动准则、信念等,后者涉及促进互利集体行动开展的规则、组织、程序等结构要素。

[②] 参见燕继荣《投资社会资本——政治发展的一种新维度》,北京大学出版社2006年版。

值。正是在这个意义上，社会资本能够创造价值，因而被称为一种资本。经济学者认为，社会资本尤其是信任关系这一要素与经济的增长和发展有着密切的关系，良好的信任关系能大大降低交易成本，推动经济的增长。政治学者也认为信任、规范和网络对制度绩效和政治发展有着极为重要的影响。公民之间信任互惠、合作的程度以及朋友、家庭、社区等将单个的人们联结起来的社会关系和社会网络组织很大程度上决定了社会的活跃程度，从而影响了民主制度的实际绩效与活力。[1] 即使就普遍意义上的国家治理而言，其实也可以观察到社会资本的重要性。社会成员之间普遍的不信任、个体日常交往的疏离、社会自组织的发育不足、社会自治水平的低下等都是社会资本匮乏的表现，而这些通常会与一个国家在治理过程中的集权化、行政化、体制僵硬、反应迟钝、国家与社会关系紧张而刚性、治理整体成本较高等问题产生关联。

　　从上述定义而言，乡规民约正是乡村社会治理中非常重要的一种社会资本。具体来说，乡规民约有助于建立超越由家族血缘与社会交往关系所确定的特殊信任结构之上的更宽泛、普遍的信任关系，通过村民商议制定的一整套规则、制度为好的乡村生活提供制度性承诺，并通过与此制度建立相应的奖惩机制保障此承诺的实现，确保守信者利益，提高失信者成本，提升制度性承诺的可信性，由此导向对于乡村基层的互信与合作具有促进作用的制度性社会资本的形成。[2] 这对于处于传统社会向现代社会转变过程之中，乡村社群的血缘性、地域性特征逐渐减弱，人口流动性不断增加，生活方式由封闭趋于开放的当代中国农村社会尤为关键。当代乡村的这种转变，导致家族血缘约束、人际关系约束等传统信任机制的效率愈

---

[1] 参见［美］罗伯特·帕特南《独自打保龄：美国社区的衰落与复兴》，刘波等译，北京大学出版社2010年版。

[2] 张静将社会资本分为特享型社会资本和通用型社会资本两种类型。建立在血缘纽带、人际关系网络等基础上的社会资本是内外有别的，是特享型社会资本，这种社会资本表现为人际关系网络发达而社会诚信和合作程度低，因而它可能促进一定范围内特定人群间的合作，但在更大范围内却会引发不信任，带来社会资本的流失，甚至造成社会冲突。而通用型社会资本则建立在人们对于共同规则的普遍信任基础上，是价值和利益相异的人群实现合作更稳定和可持续的基础。她认为，村庄公共社会规则的生长和巩固能有利于具有公共品性质的通用型社会资本的生发，从而有助于打破村庄内群体冲突和控制权竞争的循环，提升基层社会治理的品质。张静的研究解释了公共社会规则的产生对推动传统型社会资本向通用型社会资本抑或说制度型社会资本转型的重要性。张静：《互不信任的群体何能产生合作：对XW案例的事件史分析》，《社会》2020年第5期。

发下降,"半熟人社会""无主体熟人社会",甚至"陌生人社会"正在成为乡村社会的现实①,乡村共同体趋于式微甚至解体,乡村社会人际信任下降、权威信任流失、制度信任缺位成为一种普遍的现象。而规范化和制度化的乡规民约的订立,可以为村庄治理提供更有效更稳定的普遍信任机制,推动乡村社会的行为准则从以血缘联系、人际关系等为导向向以公共规则为导向过渡。乡规民约作为村民自我管理、自我约束、自我教育的行为规范,依托于村落传统社会网络和文化资源,具有村民认可和接受的合法性基础;它所涉及的村务公开、民主选举、村民监督等内容,有助于增加基层治理的透明度,通过公共权威的树立为村级治理提供有效的普遍信任保证,提升全体村民的信任度和责任感;它所体现的制度性承诺,有利于多元行动主体之间互信关系的建立,增进村庄合作的可能。因此,可以说,乡规民约这一非正式制度及其催生的制度性社会资本,能够提供一种新的普遍性信任约束机制,推动村庄公共生活进入规范化、制度化轨道,而这将在很大程度上促进乡村社会的现代化转型,提升乡村治理的品质。

(3) 乡规民约是一种软法

从广泛意义上理解"法"这一概念,它不仅是指那些按照立法程序制定出来的法律条文,更应包含为社会实际生活制定和确认规则的广泛行为。软法正是指这样一些原则上没有国家强制力作为实施保障,不具备法律约束力,但却产生实际效果的行为规范。② 软法是由一定的人类共同体制定、协商、认可的,对人们的行为具有外在约束力的行为规则。如同其他一切法一样,软法也意味着人们的某种特定行为不再是任意的,而是受到一定的外在约束和规范,但这种强制力并不一定来自国家,而是来自社会,社会的约束力同样可以构成法的强制力的来源。正由于此,软法亦是法。就法理而言,中国基层群众自治组织(如村民委员会、居民委员会)

---

① 汪小红、朱力:《"离土"时代的乡村信任危机及其生成机制——基于熟人信任的比较》,《人文杂志》2013 年第 8 期。

② 关于软法的论述,参见 Francis Snyder, *Soft Law and Institutional Practice in the European Community*, in S. Martin, *The Construction of Europe*, p. 198. Kluwer Academic Publishers, 1994;罗豪才、宋功德《认真对待软法——公域软法的一般理论及其中国实践》,《中国法学》2006 年第 2 期;梁剑兵《软法律论纲——对中国法治本土资源的一种界分》,罗豪才主编《软法与公共治理》,北京大学出版社 2006 年版;姜明安《软法的兴起与软法之治》,《中国法学》2006 年第 2 期。

规范其本身的组织和活动及组织成员行为的章程、规则、原则等,就应该属于软法的范畴①。但另一方面,软法又不同于一般的法。它一般由超国家体(如联合国、世贸组织)或次国家体(如行业协会、村民委员会、居民委员会)制定,它不由国家强制力保障实施,而是由人们的承诺、诚信、舆论等加以约束,违背软法通常意味着会遭到共同体的排斥。软法的争议不由正式的法院进行司法裁决,而通常诉诸调解、仲裁机构或当事人协商解决。②

就特点来说,软法是特定的共同体全体成员或其代表制定和认可的,用以规范共同体组织和成员行为的规则。这包含三方面的内涵:一是软法的制定主体应该是共同体全部成员或成员认可的代表。换句话说,软法所规制的对象本身对立法过程的广泛和直接的参与是软法较之硬法的一个最大优势。如果失去这一点,软法被共同体之外的主体或共同体内部的少部分成员所操纵,甚至沦为相应组织和个人专断、独裁的工具,软法的作用将大打折扣甚至适得其反;二是软法的权威和效力仅限于共同体范围之内,并不及于共同体之外的任何组织和个人;三是软法作为一种共同体小范围内制定的行为规则,不能与更大范围的硬法相抵触,否则一个国家的法制环境就会被破坏,法治大厦就将被动摇。

对于国家治理而言,软法有两方面作用:一方面,软法能有效补充硬法的不足,以满足现代社会不断增长的需求。在社会快速发展和转型过程中,涌现出各种新型社会关系,迫切需要法律和规范加以调整,而硬法的制定往往滞后于社会实践,导致国家法律供给不足,社会生活很

---

① 根据姜明安的观点,可以被纳入软法范围的大概包含以下几种类型:一是,行业协会、高等学校等社会自治组织规范其本身的组织和活动及组织成员行为的章程、规则、原则。在这些社会组织内部,存在大量的规范其组织成员的软法;二是,基层群众自治组织(如村民委员会、居民委员会)规范其本身的组织和活动及组织成员行为的章程、规则、原则,如村规民约等;三是,人民政协、社会团体规范其本身的组织和活动及组织成员行为的章程、规则、原则以及人民政协在代行人民代表大会时制定的有外部效力的纲领、规则;四是,国际组织规范其本身的组织和活动及组织成员行为的章程、规则、原则,如联合国、WTO、绿色和平组织等,国家作为主体的国际组织规范国与国之间关系以及成员国行为的规则;五是,法律、法规、规章中没有明确法律责任的条款(硬法中的软法);六是,执政党和参政党规范本党组织和活动及党员行为的章程、规则、原则(习惯上称为"党规""党法"),这些章程、规则在其党内能够起到规范的作用,故亦应列入软法的范围。

② 姜明安:《软法的兴起与软法之治》,《中国法学》2006年第2期。

多方面无法可依。软法则较能与时俱进、因地因事制宜，能根据环境的变化不断调整和修正，其制定过程的民主性和其使用效力的限定性都使其具有灵活可控的优势。因此，发展软法对于弥补硬法不足、调整和规范多元社会关系、促进法治建设具有重要作用。另一方面，软法有利于减少立法和执法的成本。软法的制定由共同体成员自行协商制定，而不是外力强加，因而能最大限度地被参与者所理解和遵循，最大限度地降低立法和执法的成本。

乡规民约作为乡村社会民众基于地缘关系为共同事务而设立的规则，属于一种典型的软法。事实上，正如前文所述，乡规民约反映了一项具有东亚特色的法律文化传统。在传统中国，虽然自秦汉而后，中央王朝建立并统一了全国律法，但国法并没有全面深入到乡土社会。在具有较强封闭性的乡土社会，传统礼俗和习惯仍然是调节社会关系、约束社会行为、维持乡土社会秩序的重要规范，法律体现出较强的宗法性和地方性。从法律秩序而言，在国法所确立的至高无上、一统天下的社会大秩序之外，还存在由家法、族规、乡约、帮规、行规等民间法所确立的各种社会小秩序，共同构成一个"一极二元主从式多样化"的秩序结构。[1] 近代以来，服从于现代国家构建这一主线，国家政权致力于实现国法对社会的权威整合，在大规模国法下乡的背景下，这一传统法律秩序结构受到较大冲击。[2] 但尽管如此，应该看到，无论国法如何加强其对于社会的整合，社会总是表现出更大的异质性。因此，即使在一个国法普及的现代国家，我们称为软法，抑或民间法、习惯法、民间规约之类的民间规范对于调节社会关系、

---

[1] 张中秋认为，乡规民约形成于中国，但此后也传播到朝鲜半岛、日本和越南等东亚国家，因而发展演变为一种具有东亚社会共同的法律文化现象。然而，随着19世纪末以来西方法律文化的冲击和东亚社会的转型，这一传统逐渐式微。从1905年"变法修律"开始，晚清开始学习日本化的欧陆法律体系，民国时期继续这一进程，而新中国建立之后，中国又转向全面接受苏联的法律制度。总体而言，无论是欧陆法律还是苏联法律体系，其本质上都是建立在政治国家和民间社会二元分立的现实和理论基础上的，与传统中国家国一体的社会结构和理想不同，西方法律文化在体制和理论上是排斥乡约这种文化传统的。同时，实证主义的法律观也只承认国家权力机关制定和颁布并以国家强制力为保障的规范，对于传统、习俗、情理、判例等法律渊源是较为排斥的。张中秋：《乡约的诸属性及其文化原理认识》，《南京大学学报》（哲学·人文科学·社会科学）2004年第5期。

[2] 国法下乡具体的表现包括国法与地方性、民间性规范的关系进一步厘清，专门的法律机构向基层延伸、面向全体公民开展普法活动等。徐勇：《国家化、农民性和乡村整合》，江苏人民出版社2019年版，第194—200页。

协调矛盾冲突、规范社会行为、维持社会秩序仍然起着重要的、不可或缺的作用。

(4) 乡规民约是一种有效的社会黏合剂

传统中国农村是一个相对封闭的社会形态，村庄成员之间具有地域、血缘、文化、习俗等方面的种种纽带与联结，因而农村社会是一个伦理性整合程度极高的社会共同体。中华人民共和国成立后，人民公社化运动等社会主义改造极大程度地打碎了农村社会的原有基础，起而代之的政社不分的农村社会管理体制再次实现了农村社会整合。这种整合程度比以往任何时候更高，但它是十分缺乏流动性的、抑制社会分化的、高度机械和僵化的整合状态。改革开放后，随着市场经济发展和城乡经济改革，农村社会结构日益分化成为必然趋势，大量农村劳动力实现了从农村到城市、从农业到其他产业、从一个地域到另一个地域之间的流动和转移，农村社会成员因此具有了多样化的职业类型和多元的社会身份、地位、利益关系。这种快速分化和异质的社会结构在大大提高农民自主性的同时，也给新形势下农村社会整合带来了极大难度。在这种背景下，农村的社会整合方式不可能诉诸传统社会的伦理性整合，也不可能倒退到人民公社时期的行政化整合形态，而是需要实现从传统到现代、从人治到法治、从强制到引导的转变。这时候，就需要一种新型的契约性手段来调整社会关系，摒弃传统封闭社会中人对人的身份依附关系，使得个人能以独立、平等的地位订立并遵守规则，调节彼此的利益关系。契约性整合是一个现代社会健康、良性发展的必不可少的条件，从伦理整合和行政性整合发展到契约性整合，也是现代社会的必然规律。

乡规民约在这个意义上正扮演对乡村社会进行契约性整合的角色。它本质上是一种社区性公共规范，由村民通过平等的参与和商议形成合意，共同制定和监督执行。在乡规民约的制定和实行过程中，村民的利益得到了充分的表达，村庄内部各种矛盾和冲突通过共同参与的过程得以化解，全体成员共同的行为规范得以订立和遵行，村庄成员由此实现自我管理、自我教育、自我约束。围绕共同事务的解决和公共规则的制定遵行，乡村社会得到更好的契约式整合，这种整合能有效取代传统社会的伦理式整合和人民公社时期的行政性整合，更好地起到整合农村社会的作用。从当前基层社会协商民主实践的角度而言，乡规民约提供了农村社会中各类不同主体平等协商、共同讨论，合作解决公共问题的深层文化平台，通过乡规民约引导的协商平台来达成共识、化解矛盾、实现社会整合，事实上也可以成为农村基层民主的一种有效实践途径。

二 当代乡规民约的特征

乡规民约是一种具有独特的社会传统和治理资源。从国家—社会关系的视角来看，乡规民约具有相对于国家权力的社会性、民治性；从中心—边缘的视角来看，乡规民约具有相对于普遍性国法的特殊性抑或说边缘性；从传统—现代的视角来看，乡规民约体现对文化和社会传统的继承性；从规范—秩序视角来看，乡规民约体现其能切实有效地解决乡村社会事务、维持乡村社会中秩序的治理性。[①] 考虑到当代乡规民约的性质和功能定位，应特别强调乡规民约的地方性、道德性和契约性三个特征。

首先，乡规民约具有鲜明的地方性。乡规民约以村庄这一特定的地域范围为界，是一种典型的社区性规范。这一点是它区别于其他一些会社、行业、宗教等类型规约的重要特征。依托于特定组织的规约往往以参加者的成员身份为前提，只对组成成员具有效力。如前所述，例如北宋乡约组织在创立之初，就并不是一个严格意义上的地域性、社区性组织，而是只对"同约中人"具有效力的民间组织。吕氏兄弟在与友人的书信中就曾详细讨论乡约是村庄成员强制加入、整体加入、不加拣择地加入，还是自愿加入、自由退出、有甄别地纳入的问题。这事实上关涉乡约是对全体村庄成员具有约束力，还是只对部分加入的乡民具有约束力，进而，乡约是一种整体的公约，还是一种局部的私约。《吕氏乡约》以后，大部分乡约都是以一定地域范围为界的基层组织，虽然其主导意志的民间性日益减弱。根据当代乡规民约的基本属性，它显然是以村庄地域范围为界的地域性规约，具有鲜明的社区性。同时，其意志来源于全体村庄成员的合意，因此，它是村庄成员整体的公约，而不是局部的私约。这是乡规民约地方性

---

① 陈寒非总结了关于乡规民约研究的四个视角：一是国家—社会视角下乡规民约的民治性；二是中心—边缘视角下的特殊性，强调乡规民约作为一种地方性知识的特殊性；三是传统—现代视角下乡规民约的传承性；四是规范—秩序视角下乡规民约的治理性。陈寒非：《风俗与法律：村规民约促进移风易俗的方式与逻辑》，《学术交流》2017年第5期。

的第一重含义。

同时，乡规民约承接村落共同体内的传统习俗、文化资源和社会网络，是存在于村落共同体范围内的一种地方性知识和规则，其发生过程具有自发性、内生性，其效力范围具有地域性，这是乡规民约地方性的第二重内涵。一方面，本土性、地方性是相对于普遍性而言的。国家正式制度和法律是适用于社会全体成员和单元的，因而要求其具备普遍性和广泛适用性。乡规民约则不同，它仅作用于某一个地域和共同体范围之内，离开这个范围则可能失去其合理性、可行性，也因而失去其效力，其本身并不追求普遍适用性。另一方面，地方性也不仅是就特定地域这个意义而言的，它更涉及乡规民约所产生于斯的特定的文化和亚文化群体的价值观、由特定的利益关系所决定的立场、视域等。[①] 因此，同样是乡规民约，村庄和村庄之间在规约的内容、形式结构等方面应该存在很大差异，体现多样化和因地制宜的特征。可以说，乡规民约的生命力也正取决于它融入乡村社会的生活习俗、行为习惯以及日常生活方式的程度，尤其是村民对它的内化和依赖程度。这一点恰恰彰显了民间规约不同于国法和其他正式制度的价值和意义。

乡规民约的地方性是其生命力的源泉，也是其价值保障。这一点尤其启示我们今天在建设乡规民约的时候不要做表面功夫，不要做成官样文章，而是要让其真正体现出对乡土社会秩序维护、乡村社会治理切实有效的价值。具体而言，乡规民约的形式不应千篇一律，内容不必面面俱到，而是要因地制宜、体现特色、言之有物、通俗易懂、简切易行，真正赋予它个性和活力，才能很好地"活化"这一治理资源。

其次，乡规民约体现乡土社会道德规范。如前所述，当代乡规民约从本质上区别于传统中国的以道德教化为核心内容、作为一种辅助政教组织的乡约，它是村庄成员共同订立的用以规范村庄内部公共事务的一套行为规范。但这一点并不取消当代乡规民约的道德属性。一方面，从内容构成而言，当代乡规民约的内容应该包含对于村庄内成员的道德倡导和行为规范方面的内容，当前大多数乡规民约事实上也都包含了这一重要内容。国法对民众的行为只设定了底线的要求，但社会的良性发展和道德向上则需

[①] 盛晓明：《地方性知识的构造》，《哲学研究》2000年第12期。

要各个组成单元对其成员加以更高的道德提倡，乡规民约事实上就对公序良俗、道德风尚这类不宜由正式制度加以规范，但又尤为重要的问题进行了规范，这对于乡土社会的健康有序发展是极为重要的；另一方面，乡规民约的道德性也体现在它所规范的大多是"法度之外、政策之外、情理之中"的农村事务，在这些事务领域，乡规民约更多地遵循村庄内久已有之、成员普遍接受和认同的道德传统与惯例习俗等。同时，在乡规民约的实施和监督上，也较多诉诸村庄内部的道德和舆论约束。

在特定的社会历史环境中，村庄内成员对于道德规则的理解、对权利与义务关系的认知，可能与外在的国家法存在一定的差异。举例而言，对于农村社会常见的招赘婚姻产生的翁婿关系，如果招婚的女儿故去，则丧偶的女婿对于岳父母是否还具有赡养责任？从法律的角度而言，夫妻之间对于对方父母的赡养义务随着婚姻关系的解除或自然消亡而不再存续。但在乡村社会实际运行中，这种情况往往要视其他因素而定。例如如果已故妻子与其兄弟姐妹间就父母的赡养义务曾经有过明确的分家（在析分家产的时候就附带析分了老人的赡养责任）协商和公正（如经过村干部或其他村庄内权威人物见证）的，虽然其本人亡故，但其配偶仍有道义上的责任继续赡养当初分家时分配给他们照顾的老人。这个例子其实就反映了乡土社会特有的道德观念，这种观念与国家法关于家庭赡养义务的规定有较大出入，但它其实反映了乡土社会的"情"与"理"。析分家产与析分老人赡养义务相挂钩，这一点是充分考虑了乡土社会家户的经济承受能力，也符合乡土社会对于公平的感知；不因家庭成员的亡故而斩断家庭关系，斩断责任义务联系，否则会受到社会舆论的指摘，也体现了乡土社会的人情和道德观念。正是因为存在如上所述大量法度之外、情理之中的事务，乡规民约就变得十分有价值。

再次，乡规民约具有社会契约的特性。契约性是当代乡规民约最重要、最根本的特征。从身份到契约的过渡是人类走向现代民主社会的必经之路。契约的本质是自由意志的表达，是每个人不受任何外在因素的压力、影响和制约，自主地表达自己意愿的一种制度和行为。乡规民约的契约性首先体现为，其订立者是享有平等权利的主体。如前所述，古代乡约或者是士绅与民众之间首倡和唱和关系的结果，或者是国家意志的单方面表达与施加。现代乡规民约却是基于平等的订立主体之间明确的同意、合意，是公共讨论和理性协商的结果。经此过程，村庄共同体成员服从的不是乡规民约的首倡者、制定者或执行者的身份、地位或强力，而是所有人共同认可的一套伦理道德、行为规范，这种成员的普遍服从构成了乡规民约的内在约束力。在这个意义上，乡规民约是从乡民的同意中获得合法性权威，其权威来源更接近于韦伯所讲的法理型权威。①

值得注意的是，乡规民约的契约性应体现为规约内容的"互约性"。换言之，乡规民约应该是一套权利与义务并述的契约：一方面，村民必须让渡部分个人权利，履行相关义务，承担共同责任，共同遵守规约，承担违反村规民约带来的后果；另一方面，全体村民享有共同制定规约和监督执行的平等权利。乡规民约不只规范普通村民，不只有对于村民违反规约的惩罚性规定，也规范村干部，还应对于村干部履行职责情况、村民监督村务执行、村务公开等方面做出相应规定。对于当前乡规民约的制定和实施而言，尤其需要侧重强调的就是，乡规民约既要规定村民的义务，更要明确村民的权利；既要有管理村民的规定，更要有约束干部的条例。简言之，就是应把村级公权力和普通村民共同置于规约的管理之下。② 由此，乡规民约使得村落成为治理的契约性共同体。

三 当代乡规民约的功能及其作用机制

通过前文所述典型案例，可以看到，乡规民约在当前农村社会建设和发展中仍然能起到重要的作用。

如果进一步地对乡规民约作用于当前农村社会治理的机制加以提炼，

---

① 根据马克斯·韦伯对权威来源的三种典型类型的划分，传统中国乡规民约的权威主要来源于乡土社会的传统礼法、约ളे组织、家族制度、乡村精英等，但当代乡规民约作为人们在合意的基础上制定的行为规范，其权威具有法理型特征。周家明、刘祖云：《传统乡规民约何以可能——兼论乡规民约治理的条件》，《民俗研究》2013 年第 5 期。

② 于建嵘对于村民自治章程的"互约性"曾进行分析。他认为，村民委员会作为基层群众性自治组织，其村民自治章程应该是有关村庄社区公共生活秩序和公权力配置和运作的约定，是村民们有关社区内公共生活秩序的约定，以及为实现这种约定进行权力让渡而形成公共权力的契约。全体村民是建章立制的主体，享有村级管理的"立法权"，村民自治章程也就是村民之间的契约。在目前的制度框架下，村民自治机关的合法性及其权威不是来源于村民为公共秩序的需要而进行的权利让渡，而是以国家法制权威为直接的权力依托，是国家权力的延伸。因此，从目前乡村社会的政治现状来看，更需要建立的是村民和村级组织之间的契约，村民们因让渡权力而与公共权力组织之间达成契约，才是目前村民自治活动的核心内容。于建嵘：《失范的契约——对一示范性村民自治章程的解读》，《中国农村观察》2001 年第 1 期。

可以将其主要归纳为以下几个方面：

第一，乡规民约提高农村治理的制度化水平。好的治理应首先是制度之治，制度乃是一套规则，规则为人们的行为提供明确的指引，为组织的运作提供明确的规范。在当前农村乡政村治的制度框架下，诸多村庄事务，如村民自治的运行过程和实施机制、村庄公共物品供给、村庄公共决策等，事实上还缺乏相应的制度化规范，很多村庄治理体现出较为浓厚的人治色彩。乡规民约虽然不是正式制度，却是一种"准制度规范"，由它来对农村社会生活的各个方面，尤其是涉及全体村民共同利益的村级公共事务提供解决方案，既符合乡政村治的整体安排，也有利于村庄治理的规范化和有序化，有助于提升乡村社会治理的制度化水平。

第二，乡规民约能激活农村社会资本。乡规民约依托于村落传统社会网络和文化资源，具有村民认可和接受的合法性基础，有利于增进村庄成员间的人际联系和社会网络培育，建立多元行动主体之间的信任关系，增进合作行为。这种社会资本的盘活对于当前农村社会治理而言是十分重要的。当前农村社会治理的一个突出问题就是乡土社会的内力不足，处于传统社会向现代社会转变过程之中，乡村社群的血缘性、地域性特征逐渐减弱，人口流动性不断增加，生活方式由封闭趋于开放，这些因素都带来村庄内成员之间人际关系的冷漠与疏离，并导致家族血缘约束、人际关系约束等传统信任机制的效率愈发下降，治理成本增加。而乡规民约正是针对这一问题，增进乡土社会的人际关系、增强乡村成员的社会联结，并通过规约的订立提供一种新的普遍性信任约束机制，为农村社会的治理注入新的内在动力与活力。

第三，乡规民约能促进农村利益沟通和协作共治。乡规民约是村庄成员围绕村庄内共同事务而订立的规则，它是多元主体在平等对话、民主协商中达成的契约。在这个意义上，乡规民约建设实际上为乡村社会中各类不同主体提供了平等协商、共同讨论、合作解决公共问题的深层文化平台，它所倡导的多元主体之间平等、妥协、宽容的精神，有利于调节利益关系、化解社会矛盾，对于农村基层社会治理起到刚性与柔性、约束与润滑两方面的整合作用。以乡规民约的制定和执行为载体，基层政府党政部门、农村自治组织和全体村民也得以在基层治理问题上展开良性互动，从而形成基层社会协同共治的新格局。因此，乡规民约是村庄多元利益主体有效沟通的平台，也是基层多元治理主体协同共治得以实现的可能路径。

第四，乡规民约能完善农村社会纠纷化解机制。乡规民约是植根于村庄共同体历史和传统的习俗、道德规范，将它运用于农村社会冲突调节，能够健全农村社会纠纷多元化解机制，有效降低行政和司法成本，发挥农村治理第一道防线的功能。司法资源的相对紧张缺乏是现代社会的一个普遍问题。随着经济社会的发展，以法院为中心的一元化的纠纷解决机制必然不能适应不断增加并且多元化的社会纠纷调解需求。司法资源的相对短缺使大量争讼无法得到裁决，但如果一味追加司法资源的投入，也会带来巨大的社会成本。同时，如果一个社会中大量的纠纷都只有诉诸司法诉讼的方式才能解决，这无疑意味着社会关系的对抗和紧张，对于社会的良性发展并不是一个有利的局面。另外，从司法的理念本身来看，以法院诉讼为核心的一元化纠纷解决机制比较侧重"事实为依据、法律为准绳"的原则，比较偏重技术主义和工具理性，在司法实践中，无法很好地照顾到一些伦理性、地方性、文化性因素，也无法很好地适应基层社会中千变万化、纷繁复杂的实际情况。因此，国家治理现代化的一个重要方面就是要寻求和建立多元的、多渠道的纠纷解决机制。对于乡村社会而言，这个多元化纠纷解决机制应该包括县一级人民法院对民事纠纷的依法裁决、乡镇一级的司法所对民事纠纷的调解，以及更基层的村一级的纠纷调解。这其中，乡规民约无疑应该成为村级纠纷调解的重要方式。依据乡规民约的村一级纠纷调解具有高效便捷、成本低廉的优点，能第一时间把矛盾化解在基层，化解在最初阶段，对于基层社会的和谐稳定起到不可替代的作用。

更进一步地看，乡规民约之所以能推动农村社会治理，是因为它能较好地促进农村社会治理在主体和机制两方面的协同。首先，乡规民约促进了农村各治理主体之间的协同。制定和执行规约的过程本身就是乡村多元主体共同参与、良性互动的过程。这里的多元主体不仅包括纵向的基层政府和村两委、村民的协同，还包括横向上政府、党组织、社会组织、村民等在内的不同类型治理主体之间各取所长、各司其职、充分合作，形成水平的协同系统。

其次，乡规民约促进了农村治理多种机制的协同。这里的机制协同，一方面是指正式制度和非正式制度的协同。当前农村社会已有村民自治法及其相关的一系列正式制度安排。乡规民约作为非正式制度，具有其不同于国法且独立于自治章程的内容侧重和规范领域。大体而言，自治章程主要涉及村民自治的基本规范，以及村民政治权利相关问题，乡规民约则在村民自治章程之下侧重于对村庄各项具体公共事务加以规定。具体而言，在因地制宜的前提条件下，乡规民约一般涉及环境整治、社会治安、邻里关系、民主参与、文教卫生、集体经济、公益福利、婚姻家庭、流动人口管理等村民最关心的问题领域。与正式制度相较而言，乡规民约带有更少的强制性，更贴近村民的切身需要。非正式制度与正式制度共同调节村庄社会秩序和公共事务。

另一方面则是德治与法治、自治三种治理机制的协同。乡规民约源自内生性的文化和道德权力，也着力于风俗和德性层面，以道德规范来约束人们的行为，因而是德性之治。同时，规约来自传统、风俗、习俗、惯例，是一种无形的社会规范，构成了一个社会的"一般精神"，它不具备法条化的形式，但却也是一种更深层的"法"，是成文法的精神基础。在这个意义上，乡规民约运用于农村社会治理中公共事务的管理和利益关系的调节，其本质也是一种法治精神的发扬。规约之治与正式制度治理的有机结合，是民间法与国家法、软法与硬法的结合，也是制度化秩序与社会自发秩序的结合。再者，乡规民约是村民为了管理公共事务、规范交往行为，自发共同订立和实施的规则，村民通过民主商议、民主表决、民主管理、民主监督来完成，自治性是其根本属性。乡规民约在村民自治的制度框架下展开，也是现阶段村民自治的一种有效实现形式。因此，乡规民约可以说很好地承载了德治、法治、自治三种治理理念，在这三者当中，德治是其精神内涵、法治是其内在要求、自治是其根本属性。乡规民约在农村社会治理中的作用发挥也说明了，基层社会治理中的自治、法治、德治之间是可以贯通、结合的。[①]

第五章　当前农村乡规民约建设的问题及对策

前文阐述了当代乡规民约的根本属性和内在特征，并分析了其对于当

[①] 郁建兴：《基层社会治理：推动自治、法治、德治融合》，《南方周末报》2018年8月23日。

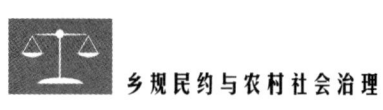

前农村社会治理的若干重要功能。但在当前不同农村地区的治理实践中，乡规民约的制定和实施仍然存在一些较为棘手的难题，这突出地表现在三个方面：首先，大量乡规民约的内容仍然存在与国法精神和现代国家治理基本取向相背离的地方，无论从保障国法的统一性而言，抑或从推进国家治理的现代化进程而言，都迫切需要对这部分乡规民约进行现代化改造。这种改造的核心一方面在于加强对乡规民约的合宪性、合法性审查，另一方面也在于国家权力的适当介入，即在不减损自治活力的原则下对乡规民约的制定和实施给予适当的监督和引导；其次，与前一问题相伴随而来的另一个问题则是，如何在对乡规民约进行现代化改造、确保其不与制定法冲突的同时，尽量葆有乡规民约的本土特色和传统效力，使其继续对调节乡土社会秩序发挥切实有效的作用。根本而言，需要明确乡规民约所应规范的事项范围，协调其与国法、村民自治章程的关系，突出其"国法之外、情理之中"的独特定位；最后，乡规民约作为一种不以国家强制力为后盾的自治性规约，其效力如何保障，也是一个重要问题。这其中，要尤其妥善考虑乡规民约中惩戒性条款的合法性基础、惩戒方式的选择以及设定标准等问题。同时，规范乡规民约的民主制定程序，使其最大限度体现村庄成员的合意，也是提高乡规民约实施效力的关键。

一 乡规民约的现代性改造问题

乡规民约原生于村落的历史和日常生活，具有传统性和乡土性，这是乡规民约的价值所在。但硬币的另一面是，有的规约精神内核还较为封闭，甚至存在与现代社会的基本价值理念相冲突的地方。因此，能否较好地处理"传统性"与"现代性"的关系是能否发挥乡规民约当代功能的关键。一方面，乡规民约需要在国家现行政策、法律精神的引导下，实现内在精神和规则的现代化转换，成为一种调整现代社会关系、符合现代社会需求的契约性规范。另一方面，如何让改造后的乡规民约不减损其个性和特色，继续发挥其对乡村社会切实有效的功能，是一个同样重要的问题。换言之，对乡规民约的现代化改造也要以尽量保留传统的有益有效成分、尊重乡土社会内生秩序、增强乡村建设的内在力量为宗旨。

乡规民约的现代性改造问题在少数民族地区尤为突出。在华夏民族的漫长发展演变过程中，中原之外的广大周边地区在文明进化程度和与中原王朝的交融程度上是存在较大差异的。正如明代田汝成所言:"夫风气人文相依周转,振古以还,四隅之地,西北为首,东北次之,东南又次之,西南其最后者也。"① 一部分西南少数民族一直没有真正融入中原王朝的政权,而是退到山区,停滞在部族社会形态下。从汉代开始,直至明代,汉民族为主体的中央政府对这些少数民族实行羁縻制度,实际上默许了他们按照自身风俗实行部族自治。这些部族在经济发展水平、文化程度等方面都远远落后于中原地区。部族内的社会秩序一般依靠一套口耳相传或是成文的习惯法,较有代表性的例如大瑶山瑶族的石牌律、毛南族的隆款和梅板、苗族的榔约、侗族的款碑等。西南少数民族乡规民约也成为整个乡规民约的重要组成部分。应该说,民族地区是乡规民约推行基础较好、规约内容较实、约束力较强的地区,但这些地区的乡规民约也往往存在不文明、不开化、较为前现代的一面。很多约文内容较为简单笼统、条文粗糙、随意性较大,一些规约内容则反映出较为封闭、排外的特征,对本民族、村庄内部和其他民族、村庄外部实行双重标准等。② 特别是在惩罚方式上,很多乡规民约借助民众对于鬼神天地的迷信,采用了起誓、诅咒的表达方式,因而规约中充斥着非理性的、诅咒性的话语。严格的规约约束虽然在保障民众对于规约的遵守方面确实能起到较好作用,但有些方式显然是有悖于现代社会价值取向的。对类似的规约中的前现代性内容应加以根本的改造。

此外,宗族传统较为浓厚的地区,乡规民约的现代性转型问题也相对较为突出。宗族传统从积极的方面而言,构成村庄治理的有效社会资本。但在一些家族、宗族势力较强的地区,也确实存在村庄宗族势力长期把控村级公权力、拉帮结派、依靠村集体资源敛财,或是干部之间相互提供便利、包庇、放任,甚至发展成与基层政府对抗的地方势力等现象。凡此种种,对基层政治生态造成恶劣影响。在城镇化进程中,伴随着旧村改造、征地拆迁等所产生的可观的发展资源也一定程度上"盘活"了家族宗族势力,部分农村地区的家族宗族势力获得了丰厚的地方集体资源,而背靠家族当选的村干部掌握资源分配权之后,自然倾向于通过各种方式回馈亲族

---

① 田汝成:《炎徼纪闻》卷4《蛮夷》。
② 参见莫金山《金秀瑶族村规民约》,民族出版社2012年版。

成员。这种村庄权力格局使得村庄公共资源往往落入村干部及其亲族的利益网络之中,村庄边缘群体心生怨念,村庄治理失去公正性和公共性。具体到乡规民约上,往往表现为一些涉及成员资格和集体利益分配的条款具有区隔性和排斥性,村庄内的自治规则或潜在规则体系表现出对外部政令的抵制和对国法效力的抵消。为此,2022年中央一号文件也明确提出,防范家族宗族势力对农村基层政权的侵蚀和影响。乡规民约是规约之治,是村庄成员依据所共同制定的规约而进行的自我治理。但是,这种自治的前提是其与国法和政令精神的一致性,是对平等的公民基本权利的切实保障,而不是容许出现自外于国法的"土围子"。因此,乡规民约的一个根本原则就是要符合国法精神,同时也要体现现代国家治理的基本取向。

对乡规民约进行现代化改造的关键,首先就要对乡规民约进行必要的合宪性、合法性审查,以祛除其中与现代法治精神相违背的因素。乡规民约虽然不是正式的法律,但它作为一种民间规约,与国家宪法、法律、习惯、风俗等共同构成了调节整个社会秩序的规范体系。在这个规范体系中,国家正式法律应居于主导性地位,其他规范形式起到辅助性作用,后者不应与前者冲突,这是国家法治统一性的内在要求。因此,应该通过强制的、规范的、前置的合宪性、合法性审查制度,以确保乡规民约的内容不违背宪法和相关法律精神。同时,为了避免村庄内集体意志或多数意志对于少数群体的权益造成侵害,也应提供村庄规约违反者或意见不同者合法的申诉和法律救济渠道。

具体而言,在审查内容上,应审查乡规民约的制定程序是否民主合法,同时审查其内容是否合法合理,发现问题需责令村民会议改正;在审查时间上,可建立定期检查制度,及时督促各村村民会议清理和调整不适应发展需求的乡规民约,制止违反国家法律和政府政策的"土规定";在审查专业性上,可以探索建立专家审查制度和一村一法律顾问制度,以保证乡规民约内容和程序的专业性和科学性。对于暂不具备条件的村落,可委托法学专家、律师或第三方机构对乡规民约进行审查。此外,完善对乡规民约的监督审查机制,还可以发挥村规民约的两个机构、一个小组的监督作用。所谓两个监督机构即是指村民代表会议和村民会议。其中,村民代表会议负责监督村委会的日常工作和乡规民约的执行情况,村民会议则负责对村委会和村民代表会议的工作业绩进行评判,对不称职的村干部和

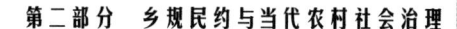

村民代表有权撤换。所谓一个小组即乡规民约的监督评议小组，这个小组可将包括村"两委"成员、村民代表、德高望重的村民代表、村法律顾问、经济文化能人等人员纳入进来，对乡规民约的制定、执行、激励等进行监督和评议，定期予以公开，接受全体村民监督。

对乡规民约进行现代化改造的第二个着手点，就是加强政府必要的引导和监督。虽然乡规民约的本质属性是村庄成员合意订立的自治性公约，但在现阶段，政府对于乡规民约制定和实施过程的引导和监督仍是十分必要的。事实上，国家意志对乡规民约的介入是国家建设的必然要求。近代以来，官方意志不止一次推动对乡规民约的现代化改造。民国时期的山西村治中，官方在继承明清时期村禁约传统的同时，就对其进行了现代化改造，由政府指导加入了诸如禁烟、禁赌、禁缠足、禁儿童失学之类的现代性内容，同时革除了一些陈规陋习。村禁约由村民会议订立，官方一般不直接介入，但各级官员对于村禁约有帮助、考查、审核之责。如遇不合理的禁约条款，官方可以直接予以废止。改革开放以后，面对新产生的大量乡规民约存在的问题，国家权力再度介入乡规民约的制定和实施过程，就乡规民约不得与国法抵触、乡规民约应接受基层政府的监督和审查等方面做出了制度性规定，并有组织地引导了各地村民自治章程的制定过程。同样，我们今天也应避免从"民治—官治"的二元视角去看待乡规民约的发展和意义。在目前情况下，党和政府对乡规民约制定和运行过程的指导和监督是必然存在的。事实上，当下乡村社会的诸多问题也是政府管控不力和社会参与不足的两方面原因共同作用的结果，为此，党的十八大特别提出要推进政府管理与基层群众自治的有效衔接和良性互动。同时，当前乡村社会普遍存在的内生力量不足和横向整合能力不足的问题，也使得政府力量介入以提策民力成为乡村社会建设的一个现实路径。因此，政府对乡规民约的制定和实施给予引导和监督是十分必要的，关键是如何把握介入的时机、方式和限度。具体到乡规民约的制定、实施而言，党和政府需扮演好倡导者、推动者、引导者和监管者这四种角色，包括：以行政方式推动乡规民约试点、督促乡规民约的制定修订、动员村民积极参与、监督乡规民约的执行等。

然而，与乡规民约的现代化改造相应的另一个问题就是：接受了现代化改造之后的乡规民约如何能保留其特有的乡土属性，发挥其运用地方性知识解决地方性问题的功能？如何在推动乡规民约从传统到现代转型的同时，保留乡土社会的内生力量和自发秩序？事实上，在从传统到现代化转型的大背景之下，当代乡规民约开始出现一种发展趋势：大量乡规民约的内容经过基层政府的清理，被统一成固定的格式版本，原有规约中超出法律之外的惩罚性规则被废除，乡村治理领域的传统权威被大大弱化。这些做法当然消除了村规民约与国家法律和政策的冲突，但也使村规民约虚化为了形式化的文本，失去了原本的功能和价值。具体而言，经过现代化改造之后的乡规民约呈现出两种典型状况：

一种状况，就是乡规民约在内容上趋于空洞化、形式上趋于官方化。在各地乡规民约中，有关乡土社会内生传统和自发秩序的内容已日臻减少，而来自村庄外部的规则，包括国家政策法规、规章制度，甚至上级政府政令文件精神之类的内容却占据了大量篇幅。可以说，乡规民约的调整对象从传统的田间地头、邻里纠纷、治安管理、保护山林扩展到了教育、家庭赡养、计划生育、禁毒等领域。虽然对乡规民约进行现代化改造的过程必然带来国法和政令内容的加入，但过多外部性内容不免使得村规民约沦为空洞单薄的政策宣传条文，使其作为民间自治规约的原初功能大为减损。除了内容的空洞化之外，村规民约的体律和表述也更加官方化。大量规约的条文都是照抄现有法律条款，或是重申政府现有政策。官方化一方面意味着规范化，但另一方面也意味着失去其乡土味道和地方特色，从而拉开了与村民日常生活的距离。孙鞞对黔东南苗族地区村规民约的研究中就列举了一个凉伞村的例子。该村 1995 年的村规民约尚有大量与村民日常生活和传统习惯密切相关的内容，如偷盗家禽牲畜、乱砍树木、醉酒闹事、伤风败俗等，村规民约对于这些行为沿袭村寨传统加以处理。虽然这份村规民约形式上十分简陋，语言也不甚规范，甚至存在多处村寨方言，但它的确能较好地反映村庄特征、解决村庄问题。而与之对比，该地区 2002 年出台的村规民约则变得极为官方化，几乎是治安管理处罚条例的摘抄版，失去了乡规民约调解村庄社会秩序的意义。[①]

另一种状况，就是乡规民约在功能上趋于行政化。乡规民约应该是村庄成员为处理村庄内部公共事务而制定的一种自治性规约，但在实际施行

---

① 孙鞞：《黔东南苗族村寨村规民约研究》，西南交通大学出版社 2014 年版，第 115 页。

的村规民约中，很多都变成乡镇政府、村两委为落实上级政策、政令而制定的一种办法性和细则性文本。究其原因，在现行农村基层治理格局下，村委会作为基层群众自治性组织，是不能颁行行政性规章制度的，但在实际工作中，村两委实际承担了大量行政性任务。为了保证这些行政任务的落实，就需要拿出具体的措施办法，乡规民约无疑被很多村一级干部视为一个合适的载体。在这个过程中，乡规民约从自治性规约退变成了行政性措施或办法，虽然保留规约之名，但实则与一般行政文件无异。更为严重的是，村规民约往往演变成作为政策执行最基层的村庄加码或过度执行上级行政指令的工具，从而导致其中被加入了很多既不符合国家法、也有侵犯村民权益之嫌的内容。

举例而言，20世纪八九十年代，落实计划生育政策是很多地区乡规民约的重要主题。在很多地方，乡镇政府和村两委往往主导制定落实计划生育的专门性村规民约。孙鞾在对苗族地区村规民约进行研究的过程中就发现，根据苗族地区的传统风俗，早婚是一种非常普遍的现象，很多苗民在结婚时并不依法去民政部门申领结婚证，而是根据传统习俗举行结婚仪式，因此很多青年在结婚时并未达到法定婚龄，小孩出生也未能办理准生证和户口手续。这种情况非常普遍，以至于民政部门的统计数据与实际情况相差甚远，也使得这些地方计划生育政策的落实较为困难。出于落实计划生育政策的行政压力，该地很多村规民约就着重对于结婚应自觉办理结婚证、未满法定婚龄不得结婚、落实超生罚款等进行了规定。[1] 以黔东南某村为例，该村为了落实计划生育工作，专门制定了详细的计划生育村规民约。这份村规民约首先申明了国家对执行计划生育户的有关优惠和奖励政策："对于夫妻双方均为农业户口的独生子女户或双女结扎户，享受国家奖励优惠政策，国家按人均每年不低于600元标准发放奖励扶助金；对于夫妻双方均为农业户口的放弃政策内二孩生育的独生子女户，国家对独生子户一次性奖励2000元，对独生女户一次性奖励4000元。"[2] 除此之外，该村村规民约对独生子女户和双女结扎户还给予相应的配套性优惠措施，包括："在有关部门安排的农村危旧房改造、灾毁房屋修建中给予优

---

[1] 孙鞾：《黔东南苗族村寨村规民约研究》，西南交通大学出版社2014年版，第104页。
[2] 孙鞾：《黔东南苗族村寨村规民约研究》，西南交通大学出版社2014年版，第105—106页。

先考虑和安排；在救济赈灾工作中，同等灾情条件下，救灾资金、物资优先考虑；在农业开发项目上优先安排和免费进行技术培训、咨询等服务，优先把执行计划生育户列入新技术示范户；优先安排参加绿色证书培训和农业技术培训。"① 而对于违反计划生育政策的家庭，则"在安排农村危旧房改造、灾毁房屋修建中不给予考虑和安排。"对于外出务工和经商的村民，规约规定"必须主动与村委会签订人口与计划生育管理合同，否则不予办理外出的有关证明。"甚至在本村村民的房屋出租和雇用人员方面，还规定"房屋出租户和用工单位在出租房屋或雇用工人时，除按规定签订计生责任书之外，还必须对承租人或佣工逐户逐人进行登记，并查验其'流动人口婚育证明'，不得雇用或者将房屋出租给无证的18—49岁育龄妇女。对发现无'服务证''生育证'的孕妇要在24小时内及时报告村委会并共同做好动员工作。"最后，为了在村内形成人人自觉执行计划生育的良好风气，规定对于检举揭发反计划生育政策的行为"由村委会给予举报人20—200元奖励"。

再例如广西壮族自治区金秀瑶族地区罗香乡1985年制定颁行的计划生育公约，也对超生罚款标准和违反处罚方法进行了细致的规定。列举其中几条："农业人口和城镇居民超生一个孩子：1980年罚款250元，1981年罚款340元，1982年罚款400元，1983年罚款450元，1984年以后罚款500元。从1985年1月起超生的子女不给承包土地、责任田、自留山。……凡在1980—1985年间生一个孩子，罚款能一次结清，女方放环的，可免总数的30%。……限期交款给予优惠。凡在7月10日前一次交清，并女方放环，分别按30%、25%、20%给予减免，不放环的分别只免20%、15%、10%。超过7月10日后才交的，不给予减免。"对有交款能力而顶着不交的，按下列处理："经做四次思想工作，仍顶着不交者，除必需的生产和生活资料外，其他实物，如八角、黄笋、木材、大猪、手表、单车、收录机、电视机、柴油机、手拖等都可以折款顶超生款。也可以停止供应统销粮卡，什么时候交清落实措施，什么时候恢复供应。"②

显而易见，这类村规民约已经与村民自治规约关系不大，而更像是为

---

① 孙鞾：《黔东南苗族村寨村规民约研究》，西南交通大学出版社2014年版，第105—106页。

② 莫金山编：《金秀瑶族村规民约》，民族出版社2012年版，第239页。

落实上级政令而制定出台的一整套具体、细致、操作性的工作办法。类似现象并不少见，比如在八九十年代落实林业"三定"期间，以及在加强基层治安管理的各个时期，都可以看到这类更接近行政办法的乡规民约文本。这些乡规民约显然并不体现村民的共同意志，而是外部意志强加的结果，与乡规民约的原初意旨相距较远。

因此，要使乡规民约在当前农村社会治理中发挥其应有的作用，就一定要在乡规民约的制定和执行过程中妥善处理好"传统与现代""自治与他治"这两对重要的关系。处理好"传统与现代"的关系，就是要探究如何在不违背国家宪法、法律的前提下，尽量保持乡规民约的本土特征，充分利用村庄传统习俗和内在资源发挥其调节农村社会秩序的作用，使其在经过了现代化转型之后，能起到衔接国家法律政策与地方性民情风俗的作用，真正成为一种切实有效的基层治理规范。处理好"自治与他治"的关系，简言之，就是国家权力应保持对乡村治理有效而有限度的介入。当代乡村社会自治能力的恢复需要借助国家外在力量的干预和引导，这是毫无疑问的。但是，国家权力对乡村社会的介入应该保持其必要的限度，有所为有所不为。党和政府不能代替村民、村委会、村民会议制定和实施乡规民约，不能过分主导这一过程。能否在这两者之间找到平衡点和契合点，在基层党委和政府的监督指导下充分发挥规约的民主和自治活力，亦是乡规民约发挥作用的决定性因素。一般而言，针对乡村社会治理主体和客体虚空、德治观念淡漠等问题，国家权力应该扮演好引导者的角色。但同时，国家权力也应该保持其克制力，将更多权力归还给社会自治力量，尊重村庄特色和传统习惯，赋权社会自治组织，逐步激活乡村自治的活力。

二 乡规民约的内容定位问题

当前农村乡规民约建设的第二个重要问题，就是乡规民约的内容定位尚不明确。这尤其体现在两个方面：一方面，乡规民约与国法的关系并没有较好厘清。当前情况下，乡规民约与国法的很多冲突正是由于乡规民约进入了应由国法规范的事务领域而造成的；另一方面，乡规民约与现有农村村民自治章程的关系也较为含混。同为村庄内自治性规范，乡规民约应体现其与村民自治章程不同的内容侧重和功能定位，但两者在现实中却经常被混为一谈。这两方面的问题都需要通过进一步明确乡规民约在国法体系和乡治体系中的角色定位以及其所应规范的事务领域，进而理顺乡规民约与国家法、村民自治章程的关系，才能得以明晰。

一是，乡规民约与国家法的关系。从乡规民约的产生、发展和演变历程来看，乡规民约与国家正式制度、法律一直处于一种此进彼退但又彼此共生的动态关系之中。一方面，两者是此进彼退、此消彼长的。以金秀瑶族乡规民约为例，金秀大瑶山山高路难，历史上长期处于几乎与外界隔绝的状态。在这种自然状况下，瑶民的社会秩序如何调节？于是就有了石牌律这样的民间规约。"石牌大过天"，瑶民遇到纠纷就只能诉诸石牌律这样的民族习惯法。而当1940年国民党新桂系的武装进入大瑶山，并将政权机构延伸到这里，石牌制也就黯然沉寂了。同样，到了改革开放之初，随着人民公社的解体，国家政权再次从乡村社会撤回，乡规民约很快就又重新回到历史舞台，一大批乡规民约在各地自发地生长出来。这一批民间规约正是在国家正式制度和法律缺位的情况下民间社会规范自发生长起来弥补这一空白的结果。当然，这些民间规约不可避免地存在很多与国家正式法律、制度以及现代法治理念相违背的地方。因此，在1986年之后，国家政权连续实行了五次全民普法教育，历时二十余年向乡村最基层传播、普及国家法律知识，强化法制建设，提高民众的法律意识。尤其在税费改革之后，随着农村经济的快速发展以及城镇化进程的推进，以村庄成员身份确认和集体经济收益分配为典型代表的新型农村经济社会问题日渐进入人们的视野，国家也开始更加关注原有农村村规民约中与法律和政策相冲突的内容，更加重视对村规民约的外部干预，并引导村规民约实现其现代化转型。也正是在这一国家政权下渗、国法下乡的过程中，乡规民约与国家法的冲突开始走进村庄成员的视野。在传统中国相对封闭的乡土社会环境下，村规民约在村庄内部所具有的权威较少受到质疑，统治者出于降低治理成本的考量也往往对村庄内部规则中有悖于朝廷律法的部分采取默许的态度。随着国家"送法下乡"等普法政策的推行，外部法律资源渐渐输入农村社会，乡规民约与国法的冲突遂渐渐为村庄成员所感知。[①] 经历这一

[①] 莫金山在对金秀瑶族村规民约的研究过程中记载了2000年发生于广西金秀瑶族自治县长垌乡三角屯的一起偷摘八角果案件。当时一作案人因偷摘他人的八角果，被村民按照村规民约罚款两千多元，但当事人不服，遂以村规民约对他的罚款违法为由向法院提起诉讼，要求判决村规民约执行小组侵犯其私人合法财产权。这起诉讼虽然几经曲折最终以村规民约执行小组胜诉而告终，但在此过程中，瑶民第一次发现，他们视为权威的村规民约按照国家法律规范竟然是违法的。参见莫金山《金秀瑶族村规民约》，民族出版社2012年版。

过程之后，民众遇事习惯于诉诸司法部门和政府了，民间规约的发展空间也就客观上被减少了，乡规民约就再度进入一个停滞和沉寂阶段。由此可见，乡规民约与国家法之间几乎总是处于一个此进彼退、此消彼长的关系之中。

但另一方面，乡规民约与国家法又总是彼此共生的。社会秩序总是需要一定的准则加以规范，因此，只要还存在国家法无力触及或不便触及的地带，民间法就自然而然地生长起来，它的存在也有效地补充了国家法的空白。从法治国家建设而言，中国社会的传统性、复杂性、不均衡性，决定了中国的法治进程不可能一蹴而就、单线前进，而必须是一个渐进的、容纳多种法治元素的过程。从农村社会治理而言，乡村社会法治的不均衡性、乡土社会的多样性、乡村事务的繁杂性，也决定了大量乡村社会不可能、也不适宜完全由国法来加以调节。因此，在当前乡土社会场域，国法和作为民间法的乡规民约必然会长期共存和互补。两者在互动共生的过程中，也会相互渗透、相互塑造。国家法矫正和改造乡规民约中不符合法治精神和现代性取向的因素，反过来，乡规民约的一些有益的精神和内容也可能被国法和正式制度所吸收与运用。

正是由于乡规民约与国法的长期共存和互为补充，准确定位它相对于国法的角色与功能，处理好两者的关系，对于当前乡规民约建设而言就显得尤为重要。大体而言，国家法提供普遍性规则，而乡规民约表达地方性知识；国家法在形式上宏观抽象，而乡规民约具体细致；国家法是刚性的，而乡规民约是柔性的。进一步地，处理好两者关系的关键，又在于明确定位村规民约可以规范、应该规范的问题领域。作为社会的规则体系，国家法律体系和以村规民约为代表的民间规范体系有着各自明显的功能分工。国家法律体系旨在维护国家范围内的基本的、重要的秩序，这一点如不能得到保障，则社会的秩序就会成为问题。反过来，如果国家法过度扩展至村庄日常事务，侵吞民间法的"领域"，也会带来相应问题。国家法的"粗线条"或其现代法精神的超前性必然会损害村规民约或民间法的权威性，而国家法又不能为村庄公共秩序的维护提供足够细致的规则以及合适的公共产品，简言之，国家无法管理好民间"细事"，结果就会造成村庄治理的混乱与低效。因此，对于一个国家而言，基本的或重要的社会关系都应该由国家法如刑法、民法等来调整或维护，而那些特定范围或领域的、不涉及政治秩序维护的社会关系，则可交由乡规民约这类民间法来调整或维护。据此，在当前村规民约建设的过程中，以下两方面是重要的：一方面，村规民约不应介入那些理应归属国家正式法律法规调节的问题领域。事实上，当前一些地区的乡规民约之所以与国家法产生冲突，究其原因，往往是其逾越了自身的规范范围，进入到应由国家法规范的领域，从而造成其与国法精神的背离甚至冲突。这种情况经常出现在国法和自治规约管辖权限的模糊地带，典型的代表如现有农村集体产权的成员身份界定及其所直接关涉的集体收益分配问题。以某地村规民约为例，该规约规定了如下本村户口和土地集体财产的相关管理办法：

一、户口迁入本村的，只限于男方婚娶和女方招亲。招亲的只限于有女无儿户，且只能一女儿享受招亲入户。
……
三、凡是不符合村规民约规定男娶女招的人入户本村，该人无论属农业户口或非农业户口均按临时非农业户口管理，本村只负责管理户口，本人不享受本村一切福利待遇及所有村集体分配。
四、凡是不符合村规民约规定男娶女招的夫妻的子女，该子女无论属农业户口或非农业户口均按临时非农业户口管理，本村只负责管理户口，本人不享受本村一切福利待遇及所有村集体分配。
五、凡是男离婚再娶的，第一任妻子已入户我村的可享受村集体待遇及福利，以后再娶的均按临时非农业户口管理，本村只负责管理户口，本人不享受本村一切福利待遇及所有村集体分配。
六、凡是属招亲的女方，第一任丈夫已入户我村的可享受村集体待遇及福利，以后再招的均按临时非农业户口管理，本村只负责管理户口，本人不享受本村一切福利待遇及所有村集体分配。

诸如此类对于户籍、集体收益的排斥性条款细究起来是有侵犯公民合法权益之嫌的。这些涉及人身权、财产权的事项法律已有明确的原则和规定，村规民约可以不予考虑或在法律允许的裁量空间之内给予规范。这一点可以通过加强对村规民约的合法性审查加以规避。

另一方面，国家法也要尊重村庄的自发、内生秩序，对于那些乡规民

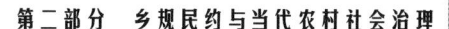

约能够较好处理的村庄公共问题，国家政策法律不能过度插手。当然，这些纠纷亦以不明显违反国家法为底线。比如，一些"鸡毛蒜皮式"纠纷、邻里"口角"、"家事纠纷"等，抑或一些业已被平息的、国家执法机关尚未介入的村纠纷，若没有造成较大的社会影响或危害，国家政策法律也不应再去介入。以社会治安为例，实际上，在村庄日常生活中，像杀人放火、抢劫之类的重大治安问题是比较少见的，即使偶尔出现，也当然地进入国家正式法律调整的范围。而乡规民约所重点关注和规范的，正是那些尚未进入国法管辖范围的村庄秩序问题，例如小偷小摸。村庄日常生活中存在大量情节并不严重的偷盗行为，例如某村民趁天黑潜入其他村民家中偷盗了其悬置在屋梁上熏制的几块腊肉，或某村民在山上砍柴的时候顺手盗伐了临界山林的几根木料，等等。这类事件的规模和情节还不足以进入国家法律调节的范围，这就应该归属于村庄内规约来调节。

再以村庄生活中最常见的家禽和牲畜的管理为例。农村的鸡鸭猪牛羊等牲畜经常处于放养状态，因而容易对他人的庄稼造成践踏、啃食，造成矛盾纠纷。像这类事务领域就需要通过乡规民约加以规范，让每个农户都依照规约明确对自家禽畜的看管责任，并对发生损害后的赔偿标准进行统一规范。在各地的村规民约中，可以发现一些处理类似问题的规约条文，例如"牛羊不当放养，进入他人田地造成他人庄稼损失的，如何惩罚和赔偿……""庄稼在杨花期和抽穗期不得放入鸭、鹅等禽畜入内……""稻田养鱼，禁止放鸭、鹅入内……""耕牛实行阶段性圈养，在圈养期看管不当造成他人农作物和林木等损失的，如何惩罚和赔偿……"再例如田土界边的管理及纠纷处理问题。虽然农村山林土地的权属及其管理已经较为清晰，但在日常生活和农业作业中，不免还是会产生很多"田边土角"的小纠纷。例如一户的山林与另一户的田地相连，其山林的经营方式（比如任其田边树木生长，荫住周围的田地）可能就会对另一户的田地收成造成影响，从而引发矛盾。所以村规民约中也常常发现这方面的条文，例如"田边土角乱建乱栽乱挖，造成别人耕作收入减少的，必须立即恢复原状……""甲乙两者的土地之间，如甲方的田或土边长有树木，并影响乙方生产的，乙方有权要求甲方砍掉树枝，如甲方有抵抗行为或推迟，乙方有权直接砍掉。……"诸如此类的村规民约就鲜明地表现出了其区别于国家法的特性，也充分彰显了其法律之外、情理之中的原则，弥补了村庄社会规则的空白地带，发挥出了其调节村庄日常生活事务的作用。

当然，具体到当下中国乡土社会的情况，不可否认的是，很难找到一条划定国家法和乡规民约管辖范围的明确界限。正如强世功所说"这条界限本身划在什么地方取决于国家法和民间法的力量对比中国家法的理性算计，即国家法取缔哪些封建陋习有利于国家政权在乡村确定合法性，而干预哪些民间习惯会使法律徒成扰民之具。"① 尤其是对那些国家法和乡规民约都可能涉及、都能调解或都难以调解的社会关系领域，最终就取决于村庄民众、基层干部、法官等行为主体如何做出理性的、回应社会需求和符合时代导向的选择。

二是，乡规民约与村民自治章程的关系。从产生历史来看，《村民自治章程》事实上脱胎于 20 世纪七八十年代村民自治确立初期出现的乡规民约。如前所述，改革开放初期，伴随着乡规民约的回归，出现了一些乡规民约内容与国家法律法规明显抵触的现象，引发国家介入乡规民约的制定和实施过程。因此，国家在赋予乡规民约合法地位的同时，也明确了国家对乡规民约的控制和约束性权力。在 1988 年试行的《中华人民共和国村民委员会组织法（试行）》中就规定，村规民约的制定要报乡镇政府备案，并且不得与宪法、法律和相关法规相抵触。其后，在很多地方，基层政府主导了乡规民约的制定和实行。80 年代中期，山东省济南市章丘区起草并通过了全国第一部《村民自治章程》，确立了"依法建制、以制治村、民主管理"的精神。1992 年，中央组织部、司法部、民政部、中央政策研究室联合在章丘召开了"依法治村、民主管理"现场经验交流会，把章丘经验推向全国。因此，从历史上看，村民自治章程源于乡规民约，本质上也是一种村庄内部的自治性规约，这也是为什么很多学者也将其视为乡规民约的高级形态。但同时，村民自治章程也是国家对改革开放后自发产生的这一批乡规民约进行行政审查和监督，并加以现代性改造和合法性规范的结果，是国家政权介入乡规民约的制定和实施过程的产物。

从现有的《村民委员会组织法》文本规定来看，乡规民约和村民自治章程是被并列提及的，例如第 27 条提到："村民会议可以指定和修改村民自治章程、村规民约，并报乡、民族乡、镇的人民政府备案。"按照《村

---

① 强世功：《法制与治理：国家转型中的法律》，中国政法大学出版社 2003 年版，第 88 页。

民委员会组织法》的阐述，村民自治章程是村民会议根据国家法律、法规和政策，结合本村实际情况制定通过的实行村民自治的综合性规范。虽然村民自治章程本质上也是一种村庄内部的自治性规约，但其基本不产生于村庄内部，而是国家政权机关自上而下引导并统一制定的，因而其形式更为规范，结构和内容也更为系统和完整，一般涵盖村民自治组织的产生程序、村民的权利义务、村庄经济管理，以及社会秩序、精神文明、社会治安、村风民俗等方面的内容。相比而言，乡规民约则是村民会议根据国家法律、法规、政策，结合本村情况，针对村庄某一方面的特定问题而制定的行为规范，它是村民针对村庄共同事务进行民主商议的结果，是村庄社会自发和内生的用以调节社会秩序的规范。总体而言，村民自治章程更加官方化、原则化，而乡规民约则应更具有鲜明的本土性、针对性、灵活性特征。

就乡规民约与现有村民自治章程的关系而言，乡规民约可以被理解为对自治章程的一种补充，用以对章程规范范围之外的村庄具体事宜进行规范，两者的关系近似于村庄范围内的"宪法"与"一般法律"的关系。但在实践中，大量村规民约内容空泛，标语口号化色彩浓重，缺乏本土特色，针对性、实用性较差。一些乡规民约仍然是照搬自治章程、上级样板或其他地方的经验，是"贴在墙上、编在册子里"的"表面文章"。正是其内容的空洞和单薄，很大程度上导致了广大村民甚至村干部对乡规民约普遍缺乏认识。在很多地方，基层干部及村民事实上都不同程度地将乡规民约和村民自治章程混淆为一，或朴素地将乡规民约理解为包括国家正式法律法规、村民自治章程、上级政府及各部门针对具体领域各项事务的相关规章制度及政策文件、村民大会自行订立的规约在内的全部内容。例如一些村民认为："村规民约就是各部门制定的'规章制度'，像民政部门关于殡葬、民事协调的规定等。"[①] 这一现象在北方农村地区较南方地区更为显著。北方乡村宗族观念淡薄，传统文化基础相对薄弱，传统习俗和其他形式的非正式制度在这些地方作用较小，这些村庄很大程度上已不再具有传统村落的特点。以北京市顺义区西水泉村为例，该村的《村规民约》正式文本跟《村民自治章程》几乎完全相同，另一份《村规民约（宣传

---

① 引自调研访谈记录。

册)》分"核心价值篇""管理民主篇""村风民俗篇""乡风文明篇""社会秩序篇""乡村建设篇""村容整理篇""生产发展篇""生活宽裕篇""家庭安乐篇",是对新农村建设的整体宣传册,这两种文本都是应对区政府检查的应景之作。在对该村的访谈过程中,受访的很多村民和村干部也表示,目前村庄内的乡规民约主要在上级部门的统一推动下从村民自治章程改编而成。一些村民认为,"村规民约早在八九十年代就有了,跟村民自治章程一回事,只是叫法不一样,后来增加了一些内容而已。"[1] 可见,村民所认知的乡规民约就是《村民自治章程》的变体,他们对于乡规民约的理解也普遍重"规"轻"约",更多地将乡规民约视为规章制度而非村民的自我管理、自我立约。

处理好乡规民约与村民自治章程之间的关系,关键也在于明确定位乡规民约可以规范、应该规范的问题领域。概言之,乡规民约所规范的领域应是"法律之外、情理之中"的部分。在因地制宜的基本原则下,一个好的乡规民约应尽可能聚焦于环境整治、社会治安、邻里关系、民主参与、文教卫生、集体经济、公益福利、婚姻家庭、流动人口管理等村民最关心的实际而具体的问题领域。同时,为更好地定位乡规民约的角色与功能,使之与村民自治章程相区分,在乡规民约的内容上,要把握以下几点原则:一是实用性原则。要从真正解决村庄实际问题的需要出发,制定内容务实、具有可操作性的条文,避免把一些法律、规章制度或政策文件照搬到村规民约,或用村规民约喊几句空洞的口号。二是通俗性原则。村规民约不必追求形式上的官方化、规范化,而是可以灵活简约,内容可多可少,文字可长可短,形式也可以灵活多样。在规约条文的表述上,除了保障清楚准确以外,要尽可能做到简单明了、朗朗上口,便于老百姓口口相传,尽量避免使用政治用语和政治口号。三是动态性原则。如果说村民自治章程经由民政部门统一制定颁行,那么村规民约的内容则应因时因地改变,及时反映村庄生活中最现实、最迫切的问题。因此,村规民约的修订工作应该是经常性的,应体现在村两委会议、村民代表大会或村民会议的日常议题中。这些村级组织、村级会议机制也应该经常将运用村规民约规范和解决问题作为一种工作思路和工作方法。

---

[1] 引自调研访谈记录。

三 乡规民约的效力保障问题

作为一种社会规范，乡规民约的实际效力一定要通过其对于成员的某种约束力才能得以保障，但在当前实践中，这是一个普遍的难题。这背后最根本的原因，正如前文所述，在于当前村庄的内外部环境已然发生了根本性变化。不同于传统中国地域相对封闭、小农经济为主导的乡土社会，当前农村社会的利益多元化、人员的自由流动等因素带来村庄共同体不同程度的解体，也使得村庄成员对于共同体内部规则的违约成本下降，规约的约束力大大减弱。从本质上而言，当代乡规民约是存在于整个社会大范围之内的一个村庄共同体的小范围公约，它对共同体内成员的义务性要求必然超出社会对一个人作为普通公民的义务性要求，因而也就产生了相应的矛盾：村庄共同体对其成员的额外的义务规定是不是正当的？共同体基于何种权威基础和合法性来源提出此种义务，成员又基于何种理由承担此种义务？

相关争议首先围绕乡规民约是否应该设置惩罚性条款以及如何设置这一问题展开。关于乡规民约是否应该设置惩罚性条款的问题，事实上，古人在对乡约制度的相关讨论中就已有涉及。古代乡约的基本宗旨在于感化，在于治心，是治理于无形、防患于未然的前端治理。因此，惩戒措施对于乡约组织而言仅仅是辅助手段，所谓"以刑弼教"。但即便如此，乡约也并不是软弱空洞的劝善书，一定的刑罚措施和团体边界仍然是维系乡约组织的必要保障。对于当代乡规民约而言，设置违约惩罚性条款也是一个普遍性现象。如果没有惩罚性条款，乡规民约的约束力很难得到体现。而一旦设置惩罚性条款，则又会出现一系列的问题，比如：乡规民约的惩罚权来自哪里？是否具有合法性来源？乡规民约的惩罚方式应如何选择？惩罚性条款的惩罚力度、裁量标准如何？等等。这些都是有待探讨的问题，这些问题也很大程度上决定了当前乡规民约的效力能否得到有效保障。

首先是乡规民约惩罚权力的合法性来源问题。关于乡规民约处罚权是否具有合法性依据，实际上是存在争议的。支持的一方认为，乡规民约是一种软法，虽然没有国家强制力作为依托，但它是村庄内部成员通过民主协商的方式为自己订立的规则，因此其设置的处罚性条款可以视作村庄成员基于同意而做出的一种权利让渡，是具有合法性的。而反对的一方大概有以下三方面理据：一是，严格意义上来说，乡规民约的惩罚性内容并没有明确的法律依据，不管是1998年旧版的还是2010年新版的《村民委员会组织法》都没有明确赋予乡规民约以惩罚权，没有说明乡规民约是否可以，以及在何种程度上可以规定对村民进行惩罚。不仅如此，现有《村民委员会组织法》还规定"村民自治章程、村规民约以及村民会议或者村民代表会议的决定不得与宪法、法律、法规和国家政策相抵触，不得有侵犯村民的人身权利益、民主权利和合法财产权利的内容"。按照这一规定，实际上乡规民约设置惩罚就存在侵犯村民合法权利的嫌疑。二是，如果从行政处罚的角度来看，根据《行政处罚法》规定，只有国家行政机关、人民法院和有关企业三种主体才可以依法行使行政处罚权，村民委员会作为群众自治组织并不具备行使行政处罚权的资格，乡规民约所包含的惩罚性条款就更加无据可循。三是，如果把乡规民约视为一种契约，并基于契约实施惩罚，也会存在一个问题，即在现有村民自治的框架内，村庄成员的资格几乎是封闭的，并不是自愿选择的结果，因此这个契约可能是一个强加的契约或者非民主程序的结果，很难保证村庄成员的合法权益不受侵犯。围绕这一问题的争论仍然在持续。总体而言，惩罚性条款有其存在的合理性和必要性。要发挥乡规民约的作用，将村民组织内部的调节、处罚作为维持社会秩序的第一道防线，就要承认和赋予乡规民约以一定的惩罚设置权限。但另一方面，相关惩罚权限目前也的确没有可靠的合法性来源，至少尚缺乏明确的法律支撑。这就需要各地在乡规民约的制定和实施过程中，着力保证乡规民约制定程序的民主性，尤其注重保障村民对于规约制定过程的充分参与，确保乡规民约真正体现村庄全体成员的合意。

其次是惩罚手段如何选择、惩罚标准如何订立的问题。如果乡规民约设置惩罚性条款是合理可行的，那么，选择何种惩戒方式较为可取呢？事实上，在古代乡约组织中，如何恰当地旌善和规过就是一大重要问题，其中，规过的方面又尤为关键。《吕氏乡约》就规定了"书籍"（将违约之人及所犯之事记录于册，是一种名誉性惩戒）、"罚钱"和"除名"三种惩罚性手段。杨开道在评析古代乡约的时候也专门谈到了这一问题。他对这三种处罚方式都持不赞成的态度：首先，道德善恶往往没有确切的衡量标准，比如酗酒、赌博等恶行，世人有目共睹，但像"行止逾违、行不恭逊"就比较模糊，而等到"能事父兄、能教子弟"，就几乎没有一个可以评判裁量和执行惩罚的标准了。因此，道德善恶、过失等只适合用无形的教育感化，而不适合用有形的赏罚。其次，道德善恶这种精神层面的东西是相互传染、相互影响的。正所谓"一二人之心向义，则众人与之赴义；一二人之心向利，则众人与之赴利"。因此，对于道德善恶的激励，正面倡导和鼓励的功效要大于负面惩戒的功效，"隐恶扬善"的办法要好过将善恶都公之于众的办法。至于除名，则更是有违乡约之初衷。乡约的目的正在于敦风化俗、感化民众，仅就这一点而言，就不应该将任何乡里子弟弃于化外。同时，《吕氏乡约》本身作为一个自愿性入约的乡村组织，其聚合乡民、维系乡约组织本就殊为不易，除名无疑是更加将乡约由乡村的公约变成了一部分民众的私约，甚至可能将乡约变成一个小团体，会大大缩减乡约的影响力。正如杨开道所说："一部分参加的结果，小之可以减杀团体力量，大之可以分化农村组织，你为你，我为我，你们是你们，我们是我们，势均力敌，旗鼓相当，还有什么事情可作，什么成绩可言。"[1]同时，除名的方式固然可以将作奸犯科者排除出去了事，但这些被排除出去的人还是要继续生活在乡里社会，与约众事实上还是利害相关，这样的方式徒然使那些因失德犯约而被排除出去的人员走向约众的对立面，最终还是要影响村庄整体的道德环境，正所谓"一个农村社会是一个整体，烂手连累好手，烂脚连累好脚，乡约外面的恶劣分子，自然还要连累乡约里面的优秀分子。"[2] 书籍、罚钱已经落了痕迹，除名更是绝人于善，杨开道因此对这几种惩戒方法都持不赞成的态度，他认为，只要乡约的倡导者和同约中人真诚执着，自然会同化那些恶的势力，而不用担心反过来被恶的力量所同化。

也正是注意到乡约在惩戒方面可能存在的问题，朱熹在增损《吕氏乡约》的时候，就对《吕氏乡约》的入约和赏罚方式进行了增损。他在与友人张栻的通信中对此进行了深入的讨论，他们认为，乡村社会有着自身的复杂性，村庄成员在贫富程度、品行好坏等方面都存在差距，如果采用惩罚的方式维持乡约运行，对于贫者可能有效，而对于富者则可能无效。同时，这种

---

[1] 杨开道：《中国乡约制度》，商务印书馆2015年版，第82页。
[2] 杨开道：《中国乡约制度》，商务印书馆2015年版，第82页。

做法可能并不利于乡民弃恶从善,反而加剧了贫富之间的矛盾和隔阂,损害乡谊。① 所以,经过斟酌,朱熹在增损《吕氏乡约》的时候删去了经济惩罚的条款,只保留了"书过"。对于过失相规的具体方式,朱熹也改为:"同约之人各自省察,相互规戒。小则密规之,大则众戒之;不听则会集之日,直月以告于约正,约正以义理诲谕之;谢过请改,则书于籍以俟,其争辩不服与终不能改者,皆听其出约。"② 也就是采取了"隐恶扬善"的方式,对于善籍可以朗诵,对恶籍则只可默观,给犯过者保留了尊严。③ 上述讨论对于当代乡规民约惩罚性条款的设置仍具有一定的启示性意义,因为它们涉及乡规民约罚式的一些基本问题,例如如何平衡物质惩罚和名誉惩罚;物质惩罚应采取何种标准,对村庄内贫富分化的群体会产生何种激励作用;取消成员资格的惩戒方式是否合适;名誉惩戒应如何操作,等等。

在当前各地乡规民约中,罚款仍然是惩罚性措施最普遍的方式。大量乡规民约都设置了违约罚款条款,例如"凡是不参加村里公益事业投工投劳的农户,误每个工缴纳 50 元给村里"等。但一些乡规民约的罚款存在处罚依据模糊,处罚随意性较大的情况,还有一些乡规民约的物质惩戒不单纯采用罚钱的方式,而是与低保、合作医疗、养老保险、户籍、土地承包等福利或村级行政服务挂钩,从而产生了很多争议。比如有的村庄规定,对违反村规民约者进行经济处罚、取消全家低保;有的村庄规定村民不交垃圾清理费就不准参加养老保险、合作医疗;有的村庄以停办一切证明手续等捆绑收取"社会抚养费";更有的惩罚措施并不止于村民的错误行为,而是延伸至村民不服从村委会安排的行为,比如规定:"全体村民均须自觉服从村委会安排的有关旅游接待、民族歌舞表演及公益劳动等事

---

① 张栻认为,《吕氏乡约》虽然"甚有益于风教",是善俗之良方,但"若在乡里愿入约者,只得纳之,难以拣择;若不择,而或有甚败度者,则又害事;择之则便生议论,难于持久。兼所谓罚者可行否,更须详论精处。"他的这一意见后来成为朱熹增损《吕氏乡约》的重要参考。张栻:《新刊南轩先生文集》卷 22《答朱元晦》,杨世文点校《张栻集》,中华书局 2015 年版,第 1104 页。

② 朱熹:《晦庵先生朱文公文集》卷 74《增损吕氏乡约》,朱杰人、严佐之、刘永翔主编《朱子全书》(修订本)第 24 册,上海古籍出版社、安徽教育出版社 2010 年版,第 3596 页。

③ 朱鸿林曾论及,传统乡约聚会的场景当中公布约众的善行恶行并实施赏罚的做法,带有较强的控制民众、集体教育和警诫色彩,不甚可取。吴飞也提及这一点。朱鸿林:《孔庙从祀与乡约》,生活·读书·新知三联书店 2015 年版,第 240 页;吴飞:《从乡约到乡村建设》,《教育与现代社会》,上海三联书店 2009 年版。

宜，对不服从安排的，将不得享受旅游接待分红，也不得享受任何救济困难补助。……拒不参加投工投劳的农户以后需办理的相关证件村里一律不给予办理。"① 这些村规民约的惩罚性内容显然已经超越了村委会的职权，也逾越了国家的法律法规。在一些少数民族地区，基于颟顸的传统风俗和淡薄的现代法治意识，乡规民约中尚存在不少诸如通过剥夺基本生产、生活资料等极端方式进行惩罚的规定。比如黔东南苗族地区一个村落的村规民约就规定："如果被处理的偷盗者或违反者不服，按照当地习俗，群众一起到偷盗者家里或违反者家里拉牛、抬猪、挑粮"，或是"对抗拒不做计划生育的外进户，一要注销户口，二要收回承包土地另行转包，对窝藏计划生育对象的农户要给予从重处罚。"② 这里甚至产生了惩罚方式本身违法的问题。惩罚的目的是纠正违反者的错误行为，正如《吕氏乡约》所说的"过失相规"，而不是把违反者推向社会的对立面，抑或对其生存和发展的权利进行剥夺或造成重大打击，这一点是在制定乡规民约的惩罚性内容时需要尤为注意的。

惩罚的教育功能应大于单纯的惩罚功能。这方面一个具有启发性意义的例子就是苗族的"供全村吃一顿"。文新宇对雷山县朗德镇报德村、也利村、上郎德村的村规民约进行研究，发现三个村庄都沿用了传统的"供全村吃一餐""罚3个100"等惩罚性条款。③ 报德村的村规民约就规定，对于诬陷行为，需要诬陷者供全村每人五两肉、半斤米和三两酒集体吃一顿，以辟谣和消除隔阂。也利村规定，在村庄发生火灾的时候，村民要积极参与救火，而纵火户则需要拿出一头猪以及若干米和酒来供救火的村民共餐。同时，还规定凡触犯村规民约第二次以上的，要由触犯者家人或监护人拿出肉、米、酒等请村干部和全村父老来进行共同教育。上郎德村则规定凡偷砍本寨风景树的，处罚违反者请全寨就餐一次，也按照每人一斤米、肉和酒来计量。"供全村吃一顿"的惩罚事实上承袭了苗族传统习俗，其重点不仅仅在于罚，更在于教育教化。在苗族文化中，通过集体

---

① 孙鞲：《黔东南苗族村寨村规民约研究》，西南交通大学出版社2014年版，第118页。
② 孙鞲：《黔东南苗族村寨村规民约研究》，西南交通大学出版社2014年版，第120页。
③ 文新宇：《"供全村吃一餐"的处罚规定所反映的苗族习惯法文化——对三个苗族村村规民约的考察分析》，《甘肃政法学院学报》2010年第6期；徐晓光：《"罚3个120"的适用地域及适应性变化——作为对黔东南苗族地区"罚3个100"的补充调查》，《甘肃政法学院学报》2010年第1期。

共餐的形式以教化部族成员有着久远的历史。在苗族古老的"议榔"仪式中，就有杀牛分而食之的做法。根据议榔大会的传统，所有群众都集合于议榔坪，由榔头念诵榔规，然后宰牛杀鸡，将生鸡血滴入大缸内，参与者每人喝一口生鸡血酒，每户分一块生牛肉聚众或带回家煮食，这套仪式宣示了规约的权威性以及村内成员遵守规约的决心。根据苗族历史记载，在另一些村庄争讼的裁决中，苗族还有"烧汤看鸭眼"的做法。当村庄内有纠纷争讼难以决断之时，就在公共地点聚集村民，垒起大灶，架上铁锅，锅内装水、牛油、大米、小米和一只公鸭。双方相对而立，发表自己的辩解意见并进行相互的辩驳。如果最终辩驳难以公断，就诉诸"神判"，即查看鸭子的眼珠，以鸭眼是否煮破来判决原告和被告双方谁输谁赢。判决之后，要由在场所有群众取锅内所煮食物分而食之，吃了神判的食物就象征着自己向神宣誓会遵守规约，不会违反规约，同时也寄托自己不会有被人冤枉、告状而卷入纠纷争讼的期待。类似的仪式还有"烧汤捞汤""煮粽粑""砍鸡剁狗"等。就用意而言，这些习俗的本义并不在于吃，也不在于惩罚，而是通过聚餐或分食的方式搭建一个公共平台，调节和化解村庄内部的争讼矛盾，同时也让参与者广泛地受到教育，从而吸取教训、明白道理，避免更多争讼的产生。可以说，这种形式兼具惩罚、警诫、宣泄、娱乐和教育的多重效果。①

当然，从现代社会的法治观念来看，上述争讼裁决方式在科学性和公正性方面无疑是存在很大缺陷的。同时，示众惩戒的方式也存在对违约者名誉过度损毁的问题，例如也利村对触犯村规之人，就设定有"喊寨"（巡回村庄呼喊以宣示其罪行）的名誉性惩戒。类似的"游街""鼓噪"等处罚方式也存在于一些传统村落当中。对于这类惩戒方式，应尽量加以革除。古代乡约大多都有将约中之人善恶行止书籍于册的做法，但对于恶行一般也主张要先默观和私下劝导，尽量避免当众宣扬。这对于当代乡规民约的名誉性惩戒条款的设置不失为一种启示。

从正面激励和负面激励的对比来看，正面激励的办法在当前乡规民约的实施过程中所面临的合法性问题和执行阻力都较小，实施效果也更好。

---

① 徐晓光：《"罚3个120"的适用地域及适应性变化——作为对黔东南苗族地区"罚3个100的"补充调查》，《甘肃政法学院学报》2010年第1期。

在很多地方，即使乡规民约设置了惩罚性条款，实际执行程度也不尽如人意。相当一部分村庄干部对执行乡规民约的惩罚条款有较大疑虑，诸如担心村民不服，担心执行惩罚会得罪受罚村民及其家族，担心影响自己再次当选等。一些乡规民约虽然写有奖惩两方面措施，但在实际操作中，罚款、减少福利待遇等惩罚条款往往难以执行，乡规民约的实施实际更多依靠奖励性措施，如"劝说""宣传""以奖代惩""小福利"等，比如有的乡规民约规定在修建自家住房后按时清理房屋周围建筑堆放材料的奖励500元，还有的村庄规定遵守规约的优先给予老人福利和大学生补贴等。奖励措施的激励力度取决于村庄的财力水平。也正是因为很多乡规民约的效力保障事实上来自经济利益的驱动，很多乡镇、村级干部在谈及如何加强乡规民约的执行效力时，都不约而同地建议通过"将经济发展与乡规民约挂钩"的方式来保障乡规民约的执行。农村社会大体而言是一个熟人社会，简单运用处罚的方式往往会在执行上遇到很多问题。同时，如前所述，当前乡规民约的惩罚性条款在合法性来源以及惩罚的裁量尺度等方面都存在争议。相较而言，化惩为奖可以减少乡规民约执行上的一些弊端。因此，整体而言，乡规民约的执行激励机制应以奖为主、奖罚结合，实现村规民约执行方式的多样化。在奖励方面，也应注重形式的多元化。比如适当赋予村级自治组织以一定的福利发放权限，在合理合法、程序透明公正的前提下，准许村两委结合村民遵守乡规民约的情况进行差别化发放。同时，可考虑开展诸如遵守乡规民约模范户评选等正向激励活动，对模范户进行张榜公示、发放奖状、奖励一定金额等。对有一定经济基础的村庄，可以适当设立奖励项目进行奖励；对经济条件相对薄弱的村庄，乡规民约的执行更多要依靠道德约束和舆论监督，可以通过张贴奖励通报等方式进行精神鼓励，提高奖励的区分度，设置不同的奖励层级，激发村庄成员的善行善举。

除了上述正反面激励措施之外，乡规民约制定程序的规范性问题也是影响其执行效力的一个关键因素。当代乡规民约产生于村庄成员的合意，本质上是一种基于同意的社会权力，它的形式依据是一套合法程序。这包含两个要点：一是，乡规民约的制定应该是村庄全体村民充分参与的结果。如前所述，乡规民约是一种民间规约。规约即是以同意或合意为约束力基础的约定性规范，它的核心在于约定，也就是，人们是以约定的方式而形成某种共同的行为规范。这意味着共同规范的约束力来自"约定"的过程，是因为参与了约定的过程，相关主体对于规范才具有服从的义务。因此，可以说，参与约定是规约的合法性基础。只有经过村民充分参与而制定的乡规民约，才能获得较好的实施效力。二是，乡规民约的制定和修改应该有一套公开透明的民主程序。很多村庄本身在制定村规民约时就缺乏民主程序，未经村民充分参与，以至于村民对规约的内容较少了解甚至根本不知晓。这样的规约在执行的过程中自然会受到村庄成员的质疑和抵制。这也是为什么要重视规约制定和修订程序合法性的原因。严格保证乡规民约制定和修订程序的民主性，确保其真正成为村庄成员民主讨论同意的结果，才能防止乡规民约被滥用或沦为村庄内多数暴政的工具，也才能使得乡规民约得到村庄成员真正的尊重和执行。

我国目前实行的《村民委员会组织法》对于乡规民约的制定和修订没有明确的规范，在实际过程中，乡规民约制定和修订的程序、频率、时限都具有较大的随意性。虽然法律要求乡规民约作为村落共同体内部的契约性行为，应由村党支部、村委会和党员、村民代表共同制定，并由村民大会或村民代表大会表决通过，但实际上，"在村民自治章程的基础上加以修改而成"或"参考政府范本制定"这两种情况的比例较高。制定过程大多由两委主导完成，多数未经过村民大会或者村民代表大会表决，还有部分村庄召开村民大会或村民代表大会时，到会村民没有达到法定人数，这些情况都严重影响了乡规民约的合法性。有的地方乡规民约的制定虽然有"几上几下"的民主过程，但也大多是由上级（村两委或乡镇有关职能部门）拟定初稿，再下发至村民征集意见，鉴于村民的知识水平及时间精力限制，征求意见稿能在多大程度上反映村民的心声依然是个大问题。另外，一些村庄也存在有民主程序，但规约的产出结果严重不合理的情况。比如在一些地方，乡规民约在户口、集体收益分配等方面存在歧视性规定，这种规则通常与村庄宗派和家族势力等因素结合起来，冠以多数之名，往往难以得到矫正。这些规约程序上也看似民主和公正，但这种"多数人同意"的结果是侵害了少数人的合法权益。另一个隐形的问题在于，一些村规民约中村民的权利和义务严重不对称，几乎完全是"规制性"规范，而很少有或几乎没有"授权性"规范。具体而言，就表现为乡规民约的条款对村民的约束较多，对干部的约束较少；对村民的禁止性、义务性

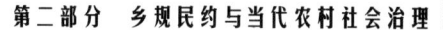

事项规范较多，而对诸如村干部的监督和罢免问题、村民对村级事务的建议权、管理权和决策权等问题规范较少，甚至几乎没有。严格意义上来说，一个只规定了义务而未规定权利的契约是不成立的，一个经过充分协商讨论和民主表决的规约理应能避免这种情况。而实践中大量类似单向约束性乡规民约的存在，就反证了规约订立过程中可能普遍存在的程序合法性、民主性问题。

提高村民的参与度才能保障乡规民约的"合法性"，这是一个不言而喻的道理。乡规民约要"大家定"，才能"自觉守"。村民的全程参与，有利于解决乡规民约难执行问题，树立乡规民约在农村治理中的规范效力。在制定和修订乡规民约中广泛征求村民意见的过程，实际上也就能起到面向村民宣传乡规民约、增强共识的作用。当前不少乡规民约更像是一个官方文件，大都站在管理者的角度对村民的行为加以规范，村民缺乏参与权，处于被动接受的状态，更有大量乡规民约照抄照搬样本模板，缺少针对性、实用性，村民对这类乡规民约的遵守意愿普遍较低。因此，在乡规民约的制定和完善过程中，要充分吸纳村民的自觉参与，保证其制定的主体正当，避免村委会干部商量和修改代替村民参与的现象。只有在乡规民约的制定和修订中能充分保障村庄成员的参与，让村庄成员逐渐形成"自己村里的规则自己定、自己受、自己监督"的观念，同时也通过广泛的村民参与真正让乡规民约体现社情村情民意，乡规民约的执行保障问题才能得到根本性解决。

除了提高村民的参与度之外，程序的规范性也是乡规民约实行效力的重要保障。乡规民约是村民自我制定、自我约束的规范，在村域范围内具有"立法"的性质，因此必须有科学的、规范的制定程序将村民的有效参与贯穿始终，确保其能充分反映民主、自治与法治精神，充分反映全体村民的共同意志。具体而言，乡规民约的制定和修订程序应包括如下基本步骤：第一步，村委会广泛宣传，动员村民参与，征求民意。第二步，由村民会议民主推选乡规民约制定小组成员。村民会议应当由本村18周岁以上公民的一半以上，或者本村三分之二以上住户的代表参加。第三步，由制定小组起草乡规民约，坚持因地制宜，体现地域性和乡土性特色，将达成共识的民意写成简明易行的乡规民约并提交到村民会议讨论修改。第四步，充分讨论。在本村范围内对草案反复征求意见并进行修改，进一步凝聚共识，培养村民的民主意识和自治能力。第五步，召开村民会议讨论、表决，经到会人员的半数以上通过。依据《村民委员会组织法》第 17 条规定，表决乡规民约的村民会议，应当由本村 18 周岁以上的过半数的人参加或者由本村三分之二以上户代表参加，并经全体到会人员过半数通过。第六步，基层司法部门或村法律顾问审核把关。第七步，报乡镇人民政府备案，确认其合法性。《村民委员会组织法》第 20 条第 1 款明确规定，"村民会议可以制定和修改村民自治章程、村规民约，并报乡、民族乡、镇的人民政府备案。"乡规民约应受到国家法律、政策的制约，而制约的方式则集中体现在备案制度上，通过备案审查，确认其合法性，从而确认其效力。第八步，公布实施。采用召开村民会议、张榜公布、广播等方式正式公布乡规民约，使之家喻户晓，以保证执行效果。

四　推进乡规民约建设的几个着力点

上文就如何对乡规民约进行现代化改造，如何明确乡规民约的内容定位，以及如何保障乡规民约的实行效力这几个较为突出的问题做了讨论。从进一步发挥乡规民约对于当前农村社会治理的有效作用出发，可以考虑从以下几个方面着手推动乡规民约的建设和发展：

一是挖掘乡村文化传统。乡规民约和乡村文化建设实际上是一个双向促进的关系。一方面，如前所述，乡规民约对农村社会治理所能发挥的作用除了体现在提高村治制度化程度、调解基层矛盾纠纷、协调多元利益关系之外，更重要的是体现在文化层面，也就是通过乡规民约促进乡村社会良好社会风尚的形成，增强村庄共同体成员的价值认同、构建良好的精神秩序，形成乡村社会自觉治理的格局。简言之，透过文化达到治理的效果；另一方面，乡村是文化、情感和精神的共同体，关于村庄的集体记忆、历史共同情感、价值规范和道德取向都深刻影响着乡村治理的有效性。中国传统文化和民间习俗中葆有大量有益的文化成分，这些元素与现代国家治理的价值理念十分契合，也能为乡规民约提供有力的支撑，为村民认同和遵守乡规民约提供良好的文化氛围。

因此，在符合现代社会法治观念和价值导向的前提下，整合乡村社会有益的传统文化资源，挖掘其中蕴含的思想观念、人文精神和道德规范，并结合时代社会需求对其进行创造性转化和创新性发展，是推动乡规民约建设、促进乡村社会治理的一个重要着力点。为此,一方面,应该挖掘和整理传统文化资源,根据村落具体情况和特色,挖掘和整理出本村的文化传统,通过地方志、村史、文化历史名人故居和资料、歌舞民俗等文化资源展示村庄历史、乡贤历史、民俗文化,寻找一些能够凝聚人们共同情感认同、唤起人们道德自觉、文化自信的符号和象征性事物,提升村庄认同感、凝聚力,为村庄社会发展提供良好的道德和文化基础。比如湖北长阳土家族自治县的"年猪宴""巴山舞""萨尔或"等具有浓郁民族特色的仪式,抑或北京周边郊区县的历史史馆参观、名人讲堂等文化活动,都是对村庄文化资源的一种深度挖掘,在凝聚村庄共同情感、促进文化自信和道德自觉方面都能起到一定的效果。另一方面,也是更重要的,是要在基层日常生活中弘扬忠厚仁义、敬老爱亲、扶危济困等传统道德,提倡宽容、互助、诚信、勤俭等传统德性,用这些传统文化的有益成分引导、教育民众,让良好的德性成为民众普遍认同和自愿自觉遵从的价值标准和道德规范,成为民众自我约束的准绳,使乡村社会形成良好的价值秩序。一些村庄通过道德评议、红白理事会、村民议事会等方式,利用村庄内成员在熟人社会中讲情面、重舆论的乡土心理,用社会监督、集体督促的形式提高村民的道德自觉和行为规范,起到了很好的治理效果。以广东云浮地区某村为例,该村针对村庄内血缘纽带日渐松弛、德孝观念日渐淡薄,老人赡养问题、婆媳矛盾等家事纠纷日渐频繁的现状,采取一系列措施,如建立德孝大讲堂,宣讲孝老爱亲的好人好事,利用传统佳节举办各种形式的孝老活动,通过评选德孝模范、对不敬老的行为进行监督教育,取得了较好的社会效应,优化了村庄社会风气和精神面貌。

  虽然乡村社会在经历了集体化以及市场化的几轮强烈冲击之后,文化传统流失严重,但时至今日,对于大多数乡村而言,其社会基础并没有全部毁坏,许多共同的传统习俗或价值观念仍然存在。典型的体现是,家族亲缘性关系的维系和邻里的生产生活性互助仍然是农村社会生活的一个重要方面。这一点在广大南方地区以及少数民族地区尤为明显,这些地区可探索利用较好的文化传统优势推动建立适合自身情况的乡规民约。另外,即使在那些文化传统优势不十分明显的农村地区,乡土社会大量社会生活事务,如各家各户的婚丧嫁娶等事宜,仍然体现出较高的地域内相互依存性，也承载着共同的传统和习俗。前文已经论及，当前很多农村地区，村庄甚至几个相邻的村民小组之间围绕婚丧嫁娶红白两事往往表现出极强的自组织能力，并且形成了一套行之有效、约束力超强的规则体系，这是十分值得注意的。这些都是进一步挖掘乡村共同文化传统可资利用的资源。

二是重塑乡村社会精英。乡村社会的精英流失是自近代以来就存在的一个严重问题，而乡村社会的良治需要一个乡村社会精英群体充当中流砥柱，因此，找寻或重构乡村社会精英是提升乡村建设内驱力的题中之意。纵观古代农村社会治理，乡绅群体是核心力量。乡约本是"绅民之约"，由这个农村精英群体引领的乡村治理模式被费孝通称为"双轨制"，也是传统中国能在基层社会维持"简约治理"的原因。这些乡绅居于官与民之间，起到了上承教化、下达民情的重要桥梁纽带作用。而当前农村社会，人口大量外移，尤其是乡村精英群体流失更为严重，致使农村社会发展和治理的中坚力量较为缺乏，一些地区农村社会甚至出现了黑恶化现象。虽然21世纪初以来，国家不断从外部加大对乡村社会的政策倾斜和资源输入，但正如前文所述，以项目制为代表的资源输入模式下，一些基层干部和村庄公权力掌握者往往化身营利性经纪人，从中攫取下沉资源，而村庄内分利群体的蚕食也往往使得外部资源的实际效率大打折扣。可见，任何外部政策和资源的输入，最终都要通过人的力量来转化落实。人的状况是决定乡村治理实际效果的一个关键因素。也正因此，农村治理的一个重要课题就是如何重构农村社会的精英群体，使一批有德、有识、有能的人成为农村社会的中坚力量，从而使乡村建设的各项具体举措和资源投入真正落到实处、发挥效力。针对这一问题，当前一些地区已经进行了一些尝试。

前述广东云浮和浙江德清乡贤理事会的例子就正是重构乡村乡贤群体，带动农村建设发展和社会治理的有益探索。类似的实践创新还有多种形式。例如，与乡贤理事会不同，湖北省宜昌市长阳土家族自治县在乡村社会治理中将目光对准"无职党员"群体，致力于让无职党员成为助力乡村社会发展和振兴的新乡贤，成为当前农村社会形势下重构乡村精英的一个典型例子。所谓"无职党员"就是拥有党员身份却不承担任何党内和行政职务的人员。在我国农村，无职农村党员事实上是一支庞大的队伍，占

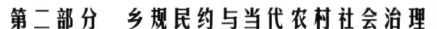

据农村党员队伍的绝大多数。但长期以来，由于平台缺乏、能力不足、队伍弱化等原因，大量无职党员并没有有效地参与农村社会管理和建设。长阳土家族自治县在基层治理中就重点对准无职党员这个群体，引导无职党员参与村级事务管理。具体而言，这一实践重点聚焦于如何对无职党员进行设岗定责，如何对他们加强教育培训，如何完善无职党员与有职党员、村两委、村民代表的联动作为这几个方面。其具体措施包括：一是对无职党员定期组织教育宣传活动，强化其党员身份意识和责任意识，重点对无职党员进行农技、电商、水利建设、信贷金融等方面的培训，引导无职党员成为农村建设和各项事业的中坚力量；二是通过一名党员对接若干普通农户的办法，发挥无职党员在引导普通村民发展生产、调解家庭和邻里纠纷、树立文明村风改善卫生环境等方面的作用；三是建立村级重大决策党员意见征询制度，对凡是涉及村级发展和村民利益的大事，通过党员大会的方式征集党员意见，改变了以往村两委少数干部独揽大权的传统。同时，建立村级事务定期通报制度，对于村级重点工作、民生工程等方面的情况通过各种渠道向外出党员和其他不在村庄的党员进行通报，以促进村级事务公开和党员村务监督。上述各项举措，核心意旨就是让无职党员变得有职、有责、有为，使其成为乡村社会的新乡贤。

对于当下的农村社会而言，新"乡贤"区别于传统社会的"乡绅"，它可以是一个丰富和宽泛的概念，既包含那些仍然居住于乡村的族老，也包含那些从乡村走出去的经济、文化能人，或者是具有较强威望和能力的老党员、老干部等。概言之，新乡贤可以包含一切有能力、有热心和意愿为村庄经济社会建设发展做出贡献的人士。具体而言可以分为三类：一是村庄内部的制度性精英，这主要是指村干部。虽然行政化色彩使得很多村干部日益失去村民自下而上的信任，但他们拥有体制所赋予的合法性权威，对村庄治理仍然发挥着举足轻重的作用；二是村庄内部的非制度性精英，例如一部分宗族色彩较重的村庄，仍然存在一些德高望重的宗族老人或族长之类的人物。他们能利用自己的德行和声望在乡村社会纠纷调解、利益沟通协调、道德示范等方面发挥重要作用；三是村庄外部的非制度性精英，主要指那些从村庄走出去的经济、政治、文化能人。在市场化和城市化的浪潮中，村庄外出发展的一部分人往往通过自己的努力在经济、文化、政治等领域斩获成功，他们成为村庄走出的精英、"能人"。在相当多的地区，落叶归根、衣锦还乡、忠孝仁义等传统观念仍然较为浓厚，大批从乡村走出的社会精英怀有反哺家乡的情结，这事实上是农村发展和乡村治理的一个潜在资源。借助于现代科技和通信技术的发展，乡贤的"不在村"并不一定意味着乡贤的"不在场"，他们可以利用所掌握的资源助力乡村的建设，同时也能透过其资源能力和更为开放的理念来影响村庄的治理格局。

当然，在重构乡村精英群体的过程中，需要警惕的是，一些"官、商、黑、痞"可能摇身一变而成为乡村贤达，以"新乡贤"名义把持村庄公权力，破坏基层社会秩序。因此，政府的监督和村庄自身的民主程序在此过程中始终不能缺位，基层政府应对新乡贤参与村庄建设和治理的方式方法加以引导和规范，而村庄民主程序则确保乡贤对于村庄的作用在于助力和激发，而不是把持和控制。

三是探索乡村自治的有效单元。近年来，随着乡村自治组织涣散、自治虚化和空转等现象的日益加剧，探索新形势下村民自治的有效实现形式成为乡村建设相关领域的一个重要话题。而这其中，究竟什么是合理有效的农村基层治理单元无疑是一个充满争议的话题。[1] 以往的以行政村为基本单元的村民自治被认为在实践中存在治理范围过大、不利于自治开展的弊端，而自然村、村民小组等更小范围的自治单元则被认为有望成为破解自治困境的有效载体。我国农村现有行政村的区域面积较大，一个行政村内部往往涵盖多个自然村落，虽然行政村内部在经济、文化、社会习俗等方面大体趋于接近，但实则存在大量内部差别和不平衡性，而这种差别和不平衡对于村庄公共治理会产生较大影响。例如，对于山地村庄而言，居住于山顶高地的村民与居住于山谷低地的村民在涉及灌溉、蓄水池等农田水利工程建设的事务领域就可能存在根本分歧，这可能导致一项关于村庄公共设施建设的项目无法达成合意。再例如，一个自然村内部家户之间在婚丧嫁娶方面的相互依赖度要远远高于其与自然村外部之间的依赖度，这

---

[1] 关于什么是当前农村基层治理的合理单元，目前学界有不同的看法，以徐勇、邓大才为代表的一部分学者认为农村自治单元应该下沉到自然村、村民小组等更小的范围，以更好地激发自治活力，找回自治。但另一部分学者则持相反观点，认为如果将农村治理单元下降到自然村一级将势必带来行政管理成本的进一步增加，同时也无疑缩小了村民的民主权利，因此从节约行政成本、提高公共服务效能、增强基层民主的角度出发，都应该进一步扩大而不是缩小乡村治理的规模。

无疑使得村民对自然村内部的情感关系与外部明显不同。因此，对于农村社会而言，基于山川地理等自然空间和日常生活场域而形成的一个个更小范围往往构成了农村事实上的基本社会单元。相比行政村而言，自然村中的邻里关系、族群关系更切近和稳固，人们之间的信任关系更容易建立，家户之间的依赖性更强，公共物品的需求和供给合意也更容易达成。这些小单元事实上更容易获得村民的心理认同，从而构成一个真正意义上的社区共同体。

在当前各地实践中，也出现了一些缩小自治单元、下沉自治重心的典型案例，典型的包括广东清远的"小组自治"、湖北秭归的"村落自治"、四川都江堰的"院落自治"、广西河池的"屯自治"等。以湖北省秭归县为例，该县地处山区，按照"利益相关、地域相近、文化相连、规模适度、群众自愿"的原则，将原本平均面积十平方公里、人口两千人的行政村按照自然地理单元划分为若干个面积在1—2平方公里、人口在30—50户的自然村，将自治单元下沉到自然村落，成立村落理事会负责主持村落自治事宜，解决了很多以往行政村难以解决的问题。广东清远也从2012年底开始探索自治重心下移。该地保留了很好的家族传统，内聚力和自治性较强，因此，该市通过体制改革将村委会下沉到自然村村民小组一级，在村民小组建立村委会开展自治，同时又将行政村发展为片区，建立公共服务站作为乡镇政府的派出机构，承担原来由行政村两委成员所承担的行政性事务，以此减轻村委会的行政负担。[①] 这种将自治功能和行政功能剥离开来，还原自治机构功能，下沉自治单元的做法也获得了较好的收益。

什么才是合理有效的村民自治单元，无论在理论界还是实践界，都仍然存在较大的争议。上述地方在探索自治单元下沉的同时，也不乏一些地区正在进行行政村合并、扩容等反向探索。无论如何，涉及村庄自治单元的改革应该是一种因时因地制宜的探索，不可一哄而上。但是，合理的自治单元和有效的自治形式无疑是两个高度相关的问题。乡规民约是一定地域范围为界的、基于村庄全体成员合意的社区性自治规约，它作为一种可

---

① 张向东、李晓群:《整合与分立：中国农村基层治理的单元组合研究——以广东清远、浙江杭州农村基层治理改革为例》，《华中师范大学学报》（人文社会科学版）2020年第1期。

能的自治形式，必定要以合适的自治单元为基础。从理论上讲，较小的自治单元一般具有、也更容易建立起较为紧密的利益联结、较高程度的文化认同和社会关联，因此也就更容易达成共同体范围内的集体行动，形成更强的横向整合能力。这也是自治重心下移后乡规民约能更好地建立与施行、并取得更好治理效果的原因之所在。①

---

① 方帅：《村民自治重心下移的结构与困境》，《求实》2020 年第 3 期。

结语　理解农村社会的内在结构，从利治走向善治

今天为什么要重拾乡规民约这样一种本土性治理资源？答案其实存在于国家和社会两个方面。从国家的角度而言，乡规民约的历史嬗变和现实实践，实际上反映了国家如何实现对农村基层社会的整合，如何将农村基层社会纳入国家权力体系的过程。一般而言，现代国家构建的基本逻辑就是在能力所及的前提下不断加强对社会的渗透控制。但我们通过乡村社会治理自古至今的嬗变可以看到，不论哪一时期，也不论国家政权向基层社会延伸的意愿和能力如何强大，国家与农村基层社会仍然存在不同程度的分离。随着国家权力渗透性的增强，社会自治空间相应缩小，国家与社会的互动就会产生失衡，引发新的国家治理难题。因此，国家对基层社会的治理需要不同程度地借助基层社会自身的力量，运用乡土社会既有的治理资源，尊重乡土社会本身的创造性与活力。今天，乡村社会治理所面临的基本局面并没有发生本质的变化，尽管今天国家政权在其深入基层社会的能力方面已经有了空前的提升，但国家对基层社会的治理仍然面临成本—效益的考量，仍然需要借助基层社会自身的力量。乡规民约正是这样一种自发的秩序、内生的资源。也正因此，它在农村社会治理中仍然有其存在的价值和空间。

从社会的角度而言，很难想象一个群体在自身完全没有组织化能力的情况下，仅依靠外界力量而得以实现其利益。基层社会秩序变迁的历史也证明了，如果乡土社会自身不能构建处理内部公共事务的组织及机制，乡村事务就难免假手于基层官僚，那么杜赞奇所讲述的营利性经纪人[1]现象

---

[1] 参见［美］杜赞奇著《文化，权力与国家——1900—1942 年的华北农村》，王福明译，江苏人民出版社 2003 年版。

便始终难以避免,农民的切身利益便始终无法得到根本性保障。乡村建设和治理的根本目标在于农民生存状况的改善。在今天工业反哺农业,城市反哺农村,国家大力推进新农村建设、促进乡村振兴的背景之下,我们更需要清楚地意识到,在农民自身的力量完全缺席的情况下,仅仅依靠外部资源的输入,乡村振兴这一目标是难以很好达成的。乡村建设和治理不仅仅需要外部资源的输入,更需要乡村社会内生力量的培育和激发,需要从根本上改变乡村建设和乡村社会治理中农民主体缺位、隐身、被遮蔽甚至虚化的状况。尤其在城市化快速发展和乡村社会空心化问题日益突出的今天,如何涵养当代农村无疑已经成为乡村社会治理最为急切的问题之一。

当前乡村建设的整体思路是外部输入模式,国家向乡村社会投入了大量资源,但在很大程度上,这一外部输入模式存在着投入与产出不成正比的问题。究其原因,一方面,在经由项目制等典型模式的政策落实和资源下沉过程中,基层党员干部居于公权力和村庄共同体中间,很多变成了营利性经纪人,主宰了乡村的利益分配格局;另一方面,在外部权力和资源深度介入村庄共同体的过程中,乡村社会内生的结构、已有的运行方式被忽视了。加之资源下沉过程中配套性制度供给不足,导致许多对乡村社会民众利益攸关的事情在程序上、制度上缺乏足够的透明度和可信度,以致影响了村庄内部的公平感、公正感,也影响了党和政府政策的公信力。尤其是,当特定政策针对特定利益群体的时候,它往往深刻影响了村庄内部的人心秩序。这也是为什么很多看起来清晰、完整、准确、系统的政策,落到基层时却走了样,让许多人、包括基层干部产生"钱多了、人变了、事难了"的感慨。

因此,庞大的、沉默的农村空间、农民群体应该是思考基层社会治理的一个重要关切。乡村社会要达成更好的治理效果,应该尤其注意以下两方面:一方面,基层治理过程应追求政策和价值的统一,在给政策、给资源的时候,要输入好的价值。好的政策必须同时也是能给予老百姓正确价值导向的政策。这一点是以往常常被忽视的;另一方面,除了外部资源的给予和输入之外,也必须真正切实地去理解农村社会的内在结构,并进而调试现有治理方式,从粗放、颟顸的治理走向更加细致、细腻的治理。具体来说,在治理方式上,应更多地激发法治、自治、德治,减少管治、利治。长期以来,在党政政治伦理结构之下,基层政府对人民群众有着近乎无限度的责任。因为权责利关系的严重不对称，一些基层政府习惯了要么依靠行政强制和施压，要么依靠妥协、赎买、置换来解决问题，治理方式经常在管治和利治两端徘徊。事实上，乡土社会自然存在一个权力、责任的均衡，当外部公共权力以政策的名义、用行政的方式干预了乡土社会自然的权责关系，就可能使得国家对乡村社会的强制力量和外部资源投入陷入一个需要不断追加的恶性循环之中。因此，在当前乡村社会治理中，冗余的行政资源投入应更加慎重，反过来，应着眼于优化现有的治理结构和资源，深入细致地了解乡土社会的内在特点，更加注重激发乡土社会内生力量。根本而言，当前乡村社会治理应致力于构建国家和乡村社会民众之间更为均衡的权利和责任关系，形成更加良性、健康、可持续的基层社会治理秩序。

也正是从上述意义上来说，以乡规民约为代表的治理传统仍然具有重要的价值和意义。乡规民约是共居同一村落的村民在生产、生活中根据习俗和共同约定而共信共行的社会规范。在传统及至近代中国的历史发展中，乡规民约虽有高低起伏，但始终绵延不绝，并以其自生自发性特征构成了维系民间社会秩序的一个重要的"小传统"。在当前农村社会治理中，乡规民约作为一种非正式制度、社会资本，抑或软法，能在提升农村治理制度化水平、激活和培育农村治理社会资本、完善多元化纠纷调节机制，以及促进多元主体利益沟通等方面发挥切实有效的作用，推动农村社会的稳定、和谐和发展。从推动国家治理体系和治理能力现代化的角度来看，乡规民约具有鲜明的地方性、道德性和契约性特征，适合于规范大量法度之外、情理之中的事务，因此，把正式制度体系与具有非正式制度和深层次文化特征的乡规民约有机衔接起来，有利于增进政府治理、农村社会自我调节、村民自治之间的良性互动，使得多主体共治的农村治理体系真正有效运转起来，改变单靠"一个声音喊到底、一套模式管到底"的传统管理方式，从而实现对农村基层社会的低成本、高效能治理，推进农村社会治理的现代化。

从更深层次而言，乡规民约也启示我们从文化的层面思考国家治理的现代化转型问题。善治不仅依赖于外在的制度约束，也依赖于内化于心的文化、道德和传统。后者能最大限度地降低治理的成本、凝聚社会的共识，让社会治理真正运转起来。对乡规民约的发掘和弘扬也正是在文化这个深层面寻找推动基层社会治理的有效途径。时至今日，《吕氏乡约》所提出的"德业相劝、过失相规、礼俗相交、患难相恤"仍然不失为乡村社会善政良治的一个简明纲领，它代表了儒家文化将德润乡里、化民成俗的德治原则与经济、政治等乡治举措相融合来经世治乡的一个典型方案，反映了传统中国儒家士大夫对于乡土社会治理的最高理想，事实上也与当前国家治理现代化的目标高度吻合。文化传统是一个国家现代化的起点和基石，各个民族、各个文明的现代化都不可能脱离其自身的文化土壤，也都需要从自身的文化传统中为现代化寻找并树立价值基础。透过乡规民约这一文化传统，我们看到了沟通传统与现代的可能：在传统性一端，乡规民约始终尊重并依托于村庄的道德规范和文化习俗，强调葆养乡土社会的伦理色彩和情感联结；在现代性一端，乡规民约又以其基于村庄成员合意而订立规则的规约属性，指向规则之治、制度之治，并致力于推动乡土社会资本从基于血缘、关系的传统性社会资本向基于规则互信的制度性社会资本转化，推动乡土社会整合从身份性、行政性整合向契约性整合转变。因此，可以说，乡规民约是内生于中国乡土社会和传统文化的治理资源，是传统中国的重要文化遗产，而它在经过了现代性改造之后，亦可以成为当前国家治理现代化进程中一种融合传统与现代的重要力量。

当然，在当前农村不同地区的治理实践中，乡规民约的制定和实施仍然面临着一些突出的问题，例如乡规民约的现代性改造问题、乡规民约与国法和村民自治章程的关系问题、乡规民约的效力保障问题等，都需要进一步寻找规范和改进的办法。但这其中，最为关键的可能在于两点：一是乡规民约能否被作为一种村民自治的有效实现形式、乡村社会治理的有效手段，在乡村治理实践中被赋予切实的作用空间。二是，在乡规民约的制定和实施中，基层政府能否扮演好提策、看护的角色，发挥其推动、引导、监督的作用，同时避免过度干预，真正帮助村民围绕"什么是村庄的重要公共事务"以及"这些事务应该如何决断"这两个核心问题形成和订立自己的规则，并使之运转起来，使乡规民约真正成为村民自我管理的有效平台。

此外，我们也需要在类型化的基础上讨论乡规民约如何发挥作用的问题。中国乡村社会形态十分多样，无论在地理位置、产业形态、富裕程度、人口结构、文化风俗抑或其他维度，都呈现出巨大的差异性。在不同类型的村庄，乡规民约发挥作用的空间、方式和效力也必然有所不同，因此需要区别对待。这一方面也有待进一步的实践探索和理论研究。

参考文献

一 古籍

（汉）毛亨传，（汉）郑玄笺，（唐）孔颖达疏，（唐）陆德明音释：《毛诗注疏》，上海古籍出版社 2013 年版。

（汉）许慎：《说文解字》，中华书局 1963 年版。

（唐）魏徵等：《隋书》，中华书局 1973 年版。

（宋）程颢、程颐：《二程集》，中华书局 2004 年版。

（宋）吕大临等撰，陈俊民辑校：《蓝田吕氏遗著辑校》，中华书局 1993 年版。

（宋）张栻：《张栻集》，中华书局 2015 年版。

（宋）朱熹：《晦庵先生朱文公文集》，朱杰人、严佐之、刘永翔主编《朱子全书》（修订本）第 20—25 册，上海古籍出版社、安徽教育出版社 2010 年版。

（明）何瑭：《柏斋集》，《影印文渊阁四库全书》第 1266 册，（台湾）商务印书馆 1982 年版。

（明）黄佐：《泰泉乡礼》，《影印文渊阁四库全书》第 142 册，（台湾）商务印书馆 1982 年版。

（明）季本：《永丰乡约》，陆湄等纂修《清康熙二十三年刻本永丰县志》，吉安数字方志馆藏。

（明）刘宗周：《刘子全书》，《中华文史丛书》第 57 册，（台湾）华文书局 1968 年版。

（明）陆世仪：《论学酬答》，王云五主编《丛书集成三编》第 15 册，商务印书馆 1936 年版。

（明）陆世仪：《思辨录辑要》，王云五主编《丛书集成初编》第 670 册，商务印书馆 1936 年版。

（明）陆世仪：《治乡三约》，王云五主编《丛书集成三编》第 21 册，商务印书馆 1936 年版。

（明）吕坤：《实政录》，北京图书馆古籍出版编辑组编《北京图书馆古籍珍本丛刊》第 48 册，北京图书馆出版社 2000 年版。

（明）聂豹：《聂豹集》，四库全书存目丛书编纂委员会编《四库全书存目丛书》集部第 72 册，齐鲁书社 1996 年版。

（明）田汝成：《炎徼纪闻》，《影印文渊阁四库全书》第 352 册，（台湾）商务印书馆 1982 年版。

（明）王守仁：《王阳明全集》，上海古籍出版社 1992 年版。

（明）王廷相：《浚川奏议集》，四库全书存目丛书编纂委员会编《四库全书存目丛书》集部第 53 册，齐鲁书社 1996 年版。

（明）文林：《文温州集》，四库全书存目丛书编纂委员会编《四库全书存目丛书》集部第 40 册，齐鲁书社 1996 年版。

（明）佚名：《明太祖实录》，上海古籍书店 1983 年版。

（明）章潢：《图书编》，上海古籍出版社 1992 年版。

（明）邹守益：《东郭邹先生文集》，四库全书存目丛书编纂委员会编《四库全书存目丛书》集部第 65 册，齐鲁书社 1996 年版。

（清）陈梦雷、蒋廷锡编：《古今图书集成》，国家图书馆藏清雍正四年内府原刻本。

（清）冯桂芬：《校邠庐抗议》，（台湾）文海出版社 1971 年版。

（清）顾炎武撰，黄汝城集释：《日知录集释》，上海古籍出版社 2007 年版。

（清）林则徐译：《四洲志》，王锡祺撰，小方壶斋舆地丛钞补编，上海着易堂铅印本。

（清）刘锡鸿：《英轺私记》，岳麓书社 1986 年版。

（清）佚名：《钦定大清会典事例》，续修四库全书编委会编《续修四库全书》第 804 册，上海古籍出版社 2002 年版。

（清）佚名：《清圣祖实录》，中华书局 1985 年版。

（清）于成龙：《于清端公政书》，《影印文渊阁四库全书》集印第 1318 册，（台湾）商务印书馆 1982 年版。

（清）余治：《得一录》，《同治八年得见斋刻本》，（台湾）华文书局1969年版。

（清）张廷玉等：《明史》，中华书局1974年版。

（清）郑观应：《盛世危言》，中国近代史学会主编《中国近代史资料丛刊：戊戌变法（一）》，神州国光出版社1953年版。

（清）郑经：《现行乡约跋》，一凡藏书馆文献编委会编《古代乡约及乡治法律文献十种》第3册，黑龙江人民出版社2005年版。

二 专著

曹善寿主编：《云南林业文化碑刻》，德宏民族出版社2006年版。

常建华：《明代宗族研究》，上海人民出版社2005年版。

常建华：《明代宗族组织化研究》，故宫出版社2012年版。

陈戍国点校：《周礼·仪礼·礼记》，岳麓书社1989年版。

楚雄彝族自治州档案局编：《楚雄历代碑刻》，云南民族出版社2005年版。

董建辉：《明清乡约：理论演进与实践发展》，厦门大学出版社2008年版。

段自成：《清代北方官办乡约研究》，中国社会科学出版社2009年版。

费孝通：《费孝通民族研究文集新编》，中央民族大学出版社2006年版。

费孝通：《费孝通全集》，内蒙古人民出版社2009年版。

费孝通：《乡土中国》，生活·读书·新知三联书店1985年版。

冯尔康：《中国宗族社会》，浙江人民出版社1994年版。

公葬王鸿一先生办事处编：《王鸿一先生遗文》，1936年。

故宫博物院明清档案部汇编：《清末筹备立宪档案史料》，中华书局1979年版。

广西民族研究所编：《广西少数民族地区石刻碑文集》，广西人民出版社1982年版。

贵州省地方志编纂委员会编：《贵州省志·文物志》，贵州人民出版社2003年版。

桂林市文物管理委员会编：《桂林石刻》，中央文献出版社2006年版。

郭丽、徐娜主编：《民国思想丛刊——乡村建设派》，长春出版社2013年版。

黄遵宪：《日本国志》，上海图书集成印书局1898年版。

强世功：《法制与治理：国家转型中的法律》，中国政法大学出版社 2003年版。
瞿同祖：《清代地方政府》，法律出版社 2011 年版。
李启良、李厚之：《安康碑版钩沉》，陕西人民出版社 1998 年版。
梁启超：《戊戌政变记》，《饮冰室合集：专集之一》，中华书局 1989 年版。
梁漱溟：《梁漱溟全集》，山东人民出版社 2005 年版。
梁漱溟：《乡村建设大意》，山东邹平乡村出版社 1936 年版。
梁漱溟：《乡村建设理论》，山东邹平乡村出版社 1937 年版。
梁漱溟：《中西文化及其哲学》，中华书局 2013 年版。
刘笃才、祖伟：《民间规约与中国古代法律秩序》，社会科学文献出版社 2014 年版。
刘娟：《民国山西村治研究》，知识产权出版社 2018 年版。
罗豪才主编：《软法与公共治理》，北京大学出版社 2006 年版。
米迪刚、尹仲材：《翟城村》，中华报社 1925 年版。
莫金山：《金秀瑶族村规民约》，民族出版社 2012 年版。
宁可、郝春文辑校：《敦煌社邑文书辑校》，江苏古籍出版社 1997 年版。
牛铭实：《中国历代乡约》，中国社会科学出版社 2005 年版。
秦晖：《传统十论——本土社会的制度、文化及其变革》，复旦大学出版社 2003 年版。
山西村政处编：《山西村政汇编》，1928 年。
山西省政协文史资料研究委员会编：《阎锡山统治山西史实》，山西人民出版社 1981 年版。
山西政书编辑处编：《山西现行政治纲要》，大国民印刷厂 1921 年版。
苏力：《法治及其本土资源》，中国政法大学出版社 1996 年版。
孙焕仑：《洪洞县水利志补》，山西人民出版社 1992 年版。
孙鞲：《黔东南苗族村寨村规民约研究》，西南交通大学出版社 2014 年版。
汪晖：《现代中国思想的兴起》，生活·读书·新知三联书店 2008 年版。
王铭铭、王斯福：《乡土社会的秩序、公正与权威》，中国政法大学出版社 1997 年版。
萧公权：《中国政治思想史》，辽宁教育出版社 1998 年版。
谢晖、陈金钊主编：《民间法：第三卷》，山东人民出版社 2004 年版。

徐勇：《国家化、农民性和乡村整合》，江苏人民出版社 2019 年版。

徐勇：《中国农村村民自治》，华中师范大学出版社 1997 年版。

阎伯川先生纪念会编：《民国阎伯川先生锡山年谱长编初稿》，（台湾）商务印书馆 1988 年版。

晏阳初：《晏阳初全集》，湖南教育出版社 1992 年版。

燕继荣：《投资社会资本——政治发展的一种新维度》，北京大学出版社 2006 年版。

杨开道：《中国乡约制度》，商务印书馆 2015 年版。

张冠梓：《论法的成长：来自中国南方山地法律民族志的注释》，社会科学文献出版社 2002 年版。

张广修：《村规民约论》，武汉大学出版社 2002 年版。

张静：《基层政权：乡村制度诸问题》，上海人民出版社 2007 年版。

赵秀玲：《中国乡里制度》，社会科学文献出版社 1998 年版。

周庆智：《官治与民治：中国基层社会秩序的重构》，社会科学文献出版社 2019 年版。

朱鸿林：《孔庙从祀与乡约》，生活·读书·新知三联书店 2015 年版。

朱鸿林：《致君与化俗：明代经筵乡约研究文选》，三联书店（香港）有限公司 2013 年版。

［美］埃莉诺·奥斯特罗姆：《公共事物的治理之道：集体行动制度的演进》，余逊达、陈旭东译，上海译文出版社 2012 年版。

［美］白德瑞：《爪牙：清代县衙的书吏与差役》，尤陈俊、赖骏楠译，广西师范大学出版社 2021 年版。

［美］道格拉斯·诺斯：《经济史中的结构与变迁》，陈郁、罗华平等译，上海人民出版社 1994 年版。

［美］罗伯特·帕特南，燕继荣审校：《独自打保龄：美国社区的衰落与复兴》，刘波等译，北京大学出版社 2010 年版。

［日］和田清：《支那地方自治発達史》，东京：中华民国法制研究会 1939 年版。

［日］酒井忠夫：《中国善书的研究》，东京：国书刊行会 1960 年版。

［日］铃木博之：《明代徽州府の乡约について》，《山根幸夫教授退休纪念明代史论丛》，东京：汲古书院 1990 年版。

[日]清水盛光:《中国族产制度考//中国乡村社会论》,东京:岩波书店1951年版。

[日]清水泰饮:《支那的家族和村落的特质》,东京:文明协会1927年版。

[日]佐藤仁史:《近代中国的乡土意识——清末民初江南的地方精英与地域社会》,北京师范大学出版社2017年版。

Francis Snyder, "Soft Law and Institutional Practice in the European Communit", S. Martin, *The Construction of Europe*, Kluwer Academic Publishers, 1994.

Joseph P., "McDermott. Emperor, Elite, and Commoners: The Community Pact Ritual of the Late Ming", *State and Court Ritual in China*, Cambridge: Cambridge Unviersity Press, 1999.

Kuang-chuan Hsiao, *Rural China: Imperial Control in the Nineteenth Century*, Settle: University of Washington Press, 1960.

Putnam R. D., *Making Democracy Work*, Princeton University Press, 1994.

Sue Goss, *Making Local Governance Work: Networks, Relationships and the Management of Change*, Palgrave Macmillan, 2001.

Yijia Jing, *The Road to Collaborative Governance in China*, Palgrave Macmillan, 2015.

三　期刊文献

安海涛、程蓉菁:《厦门同安:家事审判的"安心术"》,《人民法院报》2015年2月8日。

蔡禾、胡慧、周兆安:《乡贤理事会:村庄社会治理的新探索——来自粤西Y市D村的地方经验》,《学海》2016年第3期。

曹国庆:《明代乡约推行的特点》,《中国文化研究》1997年第1期。

曹国庆:《王守仁的心学思想与他的乡约模式》,《中国哲学史》1995年第2期。

陈锋:《分利秩序与基层治理内卷化——资源输入背景下的乡村治理逻辑》,《社会》2015年第3期。

陈寒非:《风俗与法律:村规民约促进移风易俗的方式与逻辑》,《学术交流》2017 年第 5 期。

陈寒非、高其才：《乡规民约在乡村治理中的积极作用实证研究》，《清华法学》2018 年第 1 期。

陈柯云：《略论明清徽州的乡约》，《中国史研究》1990 年第 4 期。

陈睿超：《王阳明〈南赣乡约〉的思想、现实基础及其当代启示——一个传统中国的"简约治理"个案》，《哈尔滨工业大学学报》（社会科学版）2020 年第 6 期。

董建辉：《"乡约"不等于"乡规民约"》，《厦门大学学报》（社会科学版）2006 年第 2 期。

段自成：《略论清代乡约领导保甲的体制》，《郑州大学学报》1998 年第 4 期。

段自成：《论清代北方乡约首事选任条件的演变》，《石家庄学院学报》2008 年第 5 期。

段自成：《清代乡约长的官役化与乡约教化的效果》，《平顶山师专学报》2003 年第 3 期。

方帅：《村民自治重心下移的结构与困境》，《求实》2020 年第 3 期。

福建省委党校课题组：《关于健全村民自治制度的调查与思考——以福建省村民自治制度为例分析》，《福建省委党校学报》2004 年第 1 期。

黄晗：《运用乡规民约推动农村社会协同共治》，《学术交流》2018 年第 11 期。

黄熹：《乡约的命运及其启示——从吕氏乡约到南赣乡约》，《江淮论坛》2016 年第 6 期。

姜明安：《软法的兴起与软法之治》，《中国法学》2006 年第 2 期。

李德芳：《因利协社不是中国近代第一家合作社》，《北京师范大学学报》2000 年第 3 期。

李祖佩：《项目进村与乡村治理重构——一项基于村庄本位的考察》，《中国农村观察》2013 年第 4 期。

梁剑兵：《软法律论纲——对中国法治本土资源的一种界分》，罗豪才主编《软法与公共治理》，北京大学出版社 2006 年版。

梁漱溟：《村学、乡学须知》，《乡村建设旬刊》1934 年第 3 期。

林雪霏、周治强：《村庄公共品的"赋能式供给"及其制度嵌入——以两村用水户协会运行为例》，《公共管理学报》2022 年第 1 期。

刘笃才、祖伟：《中国民间规约引论》，《法学研究》2006 年第 1 期。

卢志朋、陈新：《乡贤理事会：乡村治理模式的新探索——以广东云浮、浙江德清为例的比较分析》，《云南行政学院学报》2018 年第 2 期。

鲁西奇：《下县的皇权：中国古代乡里制度及其实质》，《北京大学学报》（哲学社会科学版）2019 年第 4 期。

陆铭、李爽：《社会资本、非正式制度与经济发展》，《管理世界》2008 年第 9 期。

罗豪才、宋功德：《认真对待软法——公域软法的一般理论及其中国实践》，《中国法学》2006 年第 2 期。

骆东平、汪燕：《从村规民约的嬗变看乡村社会治理的困境及路径选择——基于鄂西地区三个村庄的实证研究》，《湖北民族学院学报》（哲学社会科学版）2016 年第 2 期。

马飞、黄晗：《梁漱溟的新礼俗思想——一种儒家式现代化治理模式》，《哈尔滨工业大学学报》（社会科学版）2021 年第 6 期。

孟宪实：《论唐宋时期敦煌民间结社的组织形态》，《敦煌研究》2002 年第 1 期。

米迪刚：《三十年所衷怀所志之自剖》，《村治月刊》1930 年第 11 期。

米鸿才：《我国历史上最早出现合作社的地方是河北翟城村》，《河北经贸大学学报》1996 年第 1 期。

宁可：《关于〈汉侍廷里父老僤卖田约束石券〉》，《文物》1982 年第 12 期。

钱海梅：《村规民约与制度性社会资本——以一个城郊村村级治理的个案研究为例》，《中国农村观察》2009 年第 2 期。

秦晖：《传统中华帝国的乡村基层控制：汉唐间的乡村组织》，《中国乡村研究》2003 年第 1 期。

渠敬东：《项目制：一种新的国家治理体制》，《中国社会科学》2012 年第 5 期。

盛晓明：《地方性知识的构造》，《哲学研究》2000 年第 12 期。

施紫楠：《浙江德清发布地方标准，让"乡贤参事"有标可依》，中国新闻网，2019 年 4 月 28 日。

陶行知：《中国乡村教育之根本改造》，《中华教育界》1927 年第 10 期。

汪俊英：《农村基层"准"法律——村规民约》，《法学杂志》1998 年第 4 期。

汪小红、朱力：《"离土"时代的乡村信任危机及其生成机制——基于熟人信任的比较》，《人文杂志》2013 年第 8 期。

王国勤、汪雪芬：《村规民约的权威塑造》，《江苏大学学报》（社会科学版）2016 年第 2 期。

王鸿一：《建设村本政治》，《村治月刊》1929 年第 1 期。

王力中、赵方正、严红枫：《浙江德清探索"乡贤参事会"乡村治理模式》，《光明日报》2016 年 6 月 22 日。

王日根：《论明清乡约属性与职能的变迁》，《厦门大学学报》（哲学社会科学版）2003 年第 2 期。

王耀：《创新村民自治的运行机制》，《学习论坛》2002 年第 9 期。

温铁军：《半个世纪的农村制度变迁》，《战略与管理》1999 年第 6 期。

温莹莹：《非正式制度与村庄公共物品供给——T 村个案研究》，《社会学研究》2013 年第 1 期。

文新宇：《"供全村吃一餐"的出发规定所反映的苗族习惯法文化——对三个苗族村村规民约的考察分析》，《甘肃政法学院学报》2010 年第 6 期。

吴大旬、王红信：《从有关碑文资料看清代贵州的农业管理》，《中国农业大学学报》（社会科学版）2009 年第 3 期。

吴飞：《从乡约到乡村建设》，思想与社会编委会编《教育与现代社会》，上海三联书店 2009 年版。

谢长法：《乡约及其社会教化》，《史学集刊》1996 年第 3 期。

徐晓光：《罚 3 个 120 的适用地域及适应性变化——作为对黔东南苗族地区罚 3 个 120 的补充调查》，《甘肃政法学院学报》2010 年第 1 期。

晏阳初：《农村运动的使命及其实施的方法与步骤》，《民间》1934 年第 11 期。

杨开道：《中国农村自治的现状》，《农学杂志》1929 年第 3 期。

杨亮军：《论明代国家权力与乡约的调适和融通——以黄佐〈泰泉乡礼〉为中心》，《兰州大学学报》（社会科学版）2016 年第 3 期。

尹华广：《枫桥经验：以乡规民约促进基层治理法治化的实践与启示》，

《学术纵横》2015 年第 12 期。

于建嵘：《失范的契约——对一示范性村民自治章程的解读》，《中国农村观察》2001 年第 1 期。

郁建兴：《基层社会治理：推动自治、法治、德治融合》，《南方周末报》2018 年 8 月 23 日。

张广修：《村规民约的历史演变》，《洛阳工学院学报》（社会科学版）2000 年第 2 期。

张静：《互不信任的群体何能产生合作：对 XW 案例的事件史分析》，《社会》2020 年第 5 期。

张明新：《从乡规民约到村民自治章程——乡规民约的嬗变》，《江苏社会科学》2006 年第 4 期。

张明新：《乡规民约存在形态刍议》，《南京大学学报》（哲学·人文科学·社会科学）2004 年第 5 期。

张向东、李晓群：《整合与分立：中国农村基层治理的单元组合研究——以广东清远、浙江杭州农村基层治理改革为例》，《华中师范大学学报》（人文社会科学版）2020 年第 1 期。

张中秋：《乡约的诸属性及其文化原理认识》，《南京大学学报》（哲学·人文科学·社会科学）2004 年第 5 期。

折晓叶、陈婴婴：《项目制的分级运作机制和治理逻辑——对"项目进村"案例的社会学分析》，《中国社会科学》2011 年第 4 期。

郑文宝、姜丹丹：《乡规民约的当代意蕴——基于传统与现实的问题意识思考》，《安徽师范大学学报》（人文社会科学版）2016 年第 1 期。

周飞舟：《从汲取型政权到"悬浮型"政权——税费改革对国家与农民关系之影响》，《社会学研究》2006 年第 3 期。

周家明、刘祖云：《传统乡规民约何以可能——兼论乡规民约治理的条件》，《民俗研究》2013 年第 5 期。

朱鸿林：《从沙堤乡约谈明代乡约的研究问题》，《中国社会历史评论》第 2 卷，天津古籍出版社 2000 年版。

朱鸿林：《明代嘉靖年间的增城沙堤乡约》，《燕京学报》2000 年第 8 期。

朱鸿林：《明代中期地方社区治安重建理想之展现——山西、河南地区所行乡约之例》，《中国学报》（韩国）1992 年第 32 期。

[日] 井上彻:《黄佐"泰泉乡礼"の世界——乡约保甲制に关连して》,《东洋学报》1986 年第 3—4 期。

[日] 井上彻:《"乡约"の理念について——乡官、士人层と乡里社会》,《名古屋大学东洋史研究报》1986 年第 11 期。

Kandice Hauf, "The Community Covenant in Sixteenth Century Ji'an Prefecture, Jiangxi", *Late Imperial China*, 1996 (17: 2).

四 学位论文

侯怡宁:《民国初年山西村治中的村禁约制度研究》,硕士学位论文,山西大学,2018 年。

李斌:《变迁中村规民约研究——以对山东省三个村庄的实证调查为例》,硕士学位论文,山东大学,2008 年。

苏媛媛:《清末新政时期的乡村民变成因研究》,硕士学位论文,西北大学,2010 年。

王海燕:《清末江浙地区乡民毁学现象研究》,硕士学位论文,华东师范大学,2004 年。

张爽:《家国之间:明代中期的乡礼与乡治——以黄佐〈泰泉乡礼〉为中心》,硕士学位论文,武汉大学,2020 年。